政客希拉里

我想成为冠军

吴韵汐◎著

时事出版社

序言

我想成为一个冠军和斗士

世界历史风云几千年，触摸政治的脉搏可以感知，这是男人的舞台，很少有女人的独舞。女人只要有机会站上去，就已经是传奇。

社会日益开明而进步，渐渐地有更多女性登上世界政治舞台，成为改变世界格局的力量。她们要比男性政治家更为苛刻地要求自己，让自己无懈可击，才能获得夹缝中的力量，克服严苛的舆论环境。

说到女性政治家，无人可以忽视希拉里的名字。她用实际行动证明，她不是男人世界里的“粉红色点缀”，而是真正的“历史缔造者”。一张女强人的标签，也不足以覆盖她人生的每一个横切面。

她是被刻意培养坚毅性格的倔强女孩，也是由自卑走向自信的校园少女；她是爱情面前落落大方的幸福姑娘，也是在最美时光里觅得良缘的甜蜜新娘；她是为丈夫大选艰难奔波的军师，也是桃色新闻里黯然心碎的受害者；她是自强不息走出男人身后的女政治家，也是精心经营维护家庭的温柔妈妈；她是胸怀宽广、气质优雅的国务卿，也是斗志昂扬、志在必得的总统候选人。

男人最喜欢的话题是政治和女人。而希拉里作为这两者的完美结合，便成了男性视角中最引人注意的主角。人们依靠报刊媒体上的只言片语，来拼凑她的性格与人生，对她投射过高的赞誉，或者过低的损毁。

人们喜欢按照自己的期待去听故事，讲故事。真相也在这其间被悄悄换了样貌。而在所有的故事里，最真实的那一个，应该拥有千般情感，多种角度，那么我们不妨忘记所有刻板印象，走近她的多重身份，在细枝末节中寻找完整。

目录
Contents

第十章
声音的来源不是嘴巴
——美国利益的维护者

第十一章
打破美国“最高天花板”
——人气超高的总统候选人

第一章
还没有遇见克林顿的那些年

像男孩一样
长大的
倔强女孩

·第一节·
别样父爱铺就童年底色

人们常常将目光聚焦于传奇，而褪去光芒后，我们才能更接近传奇的真相。

命运的渲染、家庭的熏陶，铺就命运的底色。时光逆流，定格在 20 世纪的美国，在 1947 年的芝加哥北区的埃奇沃特医院，一个 8 磅重的女婴出生了。这个小女婴是罗德姆一家的第一个“小公主”，也是他们人生中第一个孩子。

这个孩子的降生给这个芝加哥的富商小家庭带来了欢乐和希望，但是他们或许从未想到自己的孩子会在几十年后的美国政坛大放异彩。这个孩子便是后来闻名世界的女政治家希拉里。

作为这个家庭的第一个孩子，希拉里的童年并未如同寻常人家的孩子一般轻松自得，但也正是这段并不被宠溺的童年经历让希拉里变得越发早熟和坚毅。熟悉罗德姆一家的人都知道，希拉里的父母在教育孩子的问题上异常专制和严苛。他们认为勤勉、严谨是实现梦想的必然出路。

作为罗德姆夫妇的第一个孩子 ，希拉里首当其冲，成为他们教育理念下的第一个“试验品”。

回忆起自己的童年生活时，希拉里曾这样评价她的父亲："他是相信棍棒底下出孝子的人。"正如希拉里描述的一般，她这位严苛的父亲休·罗德姆确实是一个挑剔严苛的人。作为罗德姆家的一家之主，幼年的希拉里对休是又爱又惧，充满矛盾的。但无可厚非的是在希拉里性格的养成上，休有着无可替代的影响力。

希拉里曾经在她的回忆录《亲历历史》中写道："小时候，我非常崇拜父亲。我会热切地在窗口张望他的身影，一看到他下班回家就立刻冲到马路上去迎接他。在他的鼓励和指导下，我学会了玩棒球、橄榄球和篮球。每次我都会努力考出好成绩以博得他的欢心。"

由此可见，休·罗德姆对希拉里的影响。这个郁郁寡欢而又执拗的休·罗德姆成为希拉里整个成长岁月中又爱又恨的对象，甚至后来有人在攻击希拉里时，提到希拉里有恋父情结。

但这位被女儿崇拜的父亲，生活得并不顺心。似乎整个罗德姆家族都有抑郁症的倾向，这或许是性格造成的，也可能是受到家庭环境的影响。他最小的也是家中最有本事的弟弟拉塞尔就在 1948 年第一个患上了抑郁症。这是家人始料未及的，这个原本在他们眼中的优秀孩子开始疯狂酗酒。他本来是个内科医生，有着光鲜的职业和不菲的收入，但因为抑郁症的影响，他最后靠着在酒吧做服务生来维持生活，而且不停地尝试自杀。虽然休·罗德姆曾经尽全力阻止，但最后拉塞尔还是死在了一场意外的火灾中，结束了自己年轻的生命。

这或许只是一个偶然，但是当休的大哥也去世时，就不得不让人深究罗德姆家是否有家族遗传抑郁症。

休的大哥威拉德死在休的父亲去世之后。虽然最后的验尸报告上写着他是因为冠状动脉血栓而死，但是他的家人们更相信是因为他长久以来陪伴在父亲身边，而在父亲死后，他感到孤独绝望，才告别了人世。

这世上没有什么比失去亲人朋友更加残酷。在父母和兄弟们相继去世之后，休·罗德姆也感到了孤单的蔓延，他也身处抑郁症的困扰之中。正是因为如此，他的脾气变得愈发暴躁，而且性格也越来越孤僻。这也是为什么希拉里在童年的回忆中，一直对父亲又爱又恨的原因，因为她永远不知道原本安静待在那里的休·罗德姆何时会爆发。

或许对希拉里而言，她的童年仅仅止于3岁之前那段在芝加哥的一居室生活的日子，而其后她面对的便是罗德姆夫妇近似军事化的严苛教育。

在罗德姆夫妇的教育理念中，儿女3岁之后便不能再把他们当作孩子对待。这样的观念或许与休·罗德姆早年的军旅生涯密不可分。休·罗德姆曾经参加了第二次世界大战时期的海军陆战队的吉恩·滕尼训练营，作为海军军士长训练士兵。早期的军人经历显然没有随着休的退役而消退，而是被他完全套用在了对孩子们的管理上。

希拉里的两个弟弟相继出生后，父母也没有放松对希拉里的教育。在休的观念中，女孩并没有什么被优待或者懦弱的特权，因此希拉里跟她的弟弟们一样成为休军事化教育的对象。

他非常严格地规定了3个孩子的日常作息和处事原则，如有人违背了规则，他就会大加责骂，甚至是责罚。

休·罗德姆崇尚武力，这个特点也遗传给了他的两个儿子。两个男孩常常打架惹祸。

希拉里的好朋友贝齐曾回忆自己第一次去希拉里家时的情景：“希拉里是两个顽劣的小男孩的姐姐。我第一次到他们家时，休吉7岁，托尼4岁。休吉把托尼从阳台上扔到了路边，托尼很快就跳起来，然后笑嘻嘻地走过来。他们整天在外面打架，而他们的父亲却很喜欢他们这样。他们很崇尚武力，在家里玩耍时，他们经常会打碎东西，而他们的父亲也很喜欢儿子这样。”

儿时的希拉里是3个孩子中最让人省心的一个，不同于弟弟们的顽皮叛逆，希拉里总是对父亲的教导绝对服从。或许是对父母给予她平等学习和掌握技能权利的感念，抑或是对父亲的崇拜和尊重，希拉里鲜少违背父亲的意愿。

但在这个压抑严肃的家庭中，听话并不意味着会获得赞赏和表扬，至少对于休·罗德姆而言，表扬孩子并不是什么值得推崇的事情。

一次，当希拉里将自己只有一个B，其余全是A的成绩单拿给父亲的时候，休非但没有夸奖希拉里，反而问她为何还有一个不是A，并讽刺这次的试题太过简单了。休·罗德姆的挫折式教育激励着好强的希拉里不断努力。

在休·罗德姆看来，孩子的成长需要更多的挫折而不是无用的甜言蜜语，于是在这个家庭中孩子们只能从母亲多萝西那里得到自己梦寐以求的嘉奖。但即便是这小小的安慰，在休的眼中也是不允许存在的，每当多萝西表扬孩子的时候，休总是在一旁冷嘲热讽，甚至过分地谩骂多萝西：“你这个愚蠢的女人。”

见微知著，从这件小事上就能够看出希拉里的父母性格迥然不同。在这个家庭中，休·罗德姆如同一个专制暴君一般掌控着家庭中的每一个人，他脾气暴躁易怒，不允许别人反抗。而多萝西的性格同样坚毅固执，于是当夫妻二人意见不同时便会火花四溅、争吵不断。

多萝西的隐忍缘于她比别人具有更快修复创伤的能力。她对休·罗德姆的隐忍并不仅仅是在婚后，在结婚之前，她的行为也曾经让身边的人难以理解。

多萝西在担任休的秘书期间开始跟休交往，而在这交往的过程中，休一直跟另外一个女人保持着暧昧不明的关系，也是因为如此，多萝西在与休交往5年后才决定嫁给他。但在多萝西怀疑休时从未跟休当面对质过。

这样纠结的性格或许跟她悲惨的童年境遇有着密切关系。希拉里在《集全村之力》一书中曾经对多萝西的童年经历进行了描述，在她的演讲中也多次提及。

多萝西在出生后不久就被亲生父母抛弃了。多萝西的母亲德拉·默里·豪厄尔15岁的时候在芝加哥生下了多萝西。让这个年轻女孩提早成为母亲的人同样处于无法为自己的人生负责的年纪。多萝西的父亲埃德温·豪厄尔仅仅17岁，是名消防员。在叛逆的青少年时期的结合注定无法走得太久，在多萝西8岁的时候父母便离婚了，而他们谁也没有能力照顾年幼的多萝西和她更加年幼的妹妹——3岁的伊丽莎白。因此多萝西妹被送到祖父祖母家中。在这里她们的童年宣告结束，寄人篱下的日子里，多萝西一直都要忍受祖父的冷脸和疏离，以及祖母永无止境的谩骂和惩罚。

这种让多萝西一直想要逃离的煎熬生活一直持续到14岁。这一年她遇到了一个影响她一生的雇主。她找到了一份保姆工作，因为这家雇主的善良和慷慨，她得以进入学校读书。后来在跟女儿提起曾经的这段经历时，多萝西说道："如果不曾遇到过这样温暖和谐的家庭，我或许根本就不会管理家务，更不知道该如何去照料孩了。"

童年的悲惨经历让多萝西对家庭充满了渴望，而曾经遇到的温暖相待则让她学会了为了家庭的和谐和平静而牺牲。这是她的不幸，因为与脾气暴躁的休·罗德姆组建家庭注定了她必须把隐忍当作常态；这又是她的幸福，因为最终她的家庭完整地走到了最后。

多萝西的隐忍并不代表她在教育孩子上也会灌输给孩子委曲求全的思想。这一点在她对希拉里的教育上就可以看出。她希望希拉里能够更勇于表现，也更加强势。她告诉希拉里遇到问题时哭泣是没有用的，要学会大胆反击。

在希拉里4岁的时候，她被一个比她大的女孩欺负和恐吓，这对大人而言或许只是一个恶作剧，可希拉里却因此吓坏了，总是躲着那个女孩，吓得不敢出门。多萝西知道后对希拉里说："我们家没有胆小鬼的位置。"并且鼓励希拉里正面面对问题。从母亲那里得到勇气的希拉里成功反击了吓唬她的女孩，当着几个男孩子的面给了她一巴掌。

多萝西的教育方式也让希拉里在日后面对打击时能够勇于承担，在政治舞台上将反击进行得利落漂亮。但其实希拉里最初的梦想跟政治毫无关系。其实这是每个人童年都会经历的事情。

在年幼的时候，人们有着太多天真的愿望，希望成为科学家、成为拯救地球的大英雄……这些梦想里充满了对未来的好奇和渴望，希拉里也不例外。她的梦想是成为一名宇航员，甚至她曾经写信向宇航局自荐，但结果让人无比失望，宇航局回信："我们并不需要女宇航员。"对希拉里的梦想，尽管多萝西并不赞同，但却没有直接进行打击，而是放手让孩子自己去尝试，尽管她心中希望希拉里以后能成为一名高级法官。

这是多萝西给予希拉里童年的宝贵财富，在希拉里的求学和从政生涯中，这些多萝西式的教育依然能够在希拉里身上寻得蛛丝马迹。但这并不是对希拉里性格形成的最主要影响，对希拉里而言，在家中拥有至高无上权威的父亲，才是影响她童年最深的人。

家家有本难念的经，每个家庭的幸与不幸或许只有身处其中的人才真正有资格评判。对罗德姆一家而言，最值得庆幸的是在这种近乎苛求的家庭教育中，希拉里和她的弟弟们对罗德姆夫妇的热爱一如既往，并没有因为不堪受教而怨恨父母。对父亲那些常人难以理解的苛责，希拉里和弟弟们回忆时曾笑称："这是父亲伟大培养计划的一部分。"在他们眼中，这是"爱之深，责之切"的表现，正是经历了这样的挫折，才让他们成长得更加茁壮。

在希拉里生活的社区之中，他们家对邻居而言一直是熟悉又陌生的存在。

熟悉之处是大家都知道休·罗德姆是生活在这里的异类，他经常冷嘲热讽、脾气火爆，仿佛周遭的一切都让他难以接受。即便大家对这个社区里的怪人都有所耳闻，却并不能够深入了解，因为休从不参加任何社区活动，以至于幼年时期的希拉里更像是生活在一座名叫罗德姆家的孤岛中，在父母的完全掌控中一点点地长大。

父母是孩子的第一任老师，对被父母禁锢在这片小天地的希拉里而言，父母更是她整个童年生活中最重要的思想启蒙。这些童年时期形成的性格和习惯在希拉里日后的生活中依然有迹可循，能够让人在希拉里的身上看到她的父亲休·罗德姆的影子。

在社交生活上，休·罗德姆或许是失败的，但这并不代表他的事业也是如此。这个看似尖酸冷酷的男人在生意上有着敏锐的判断，他投身于花边编织和装饰行业，将事业经营得风生水起。休的口才并没有完全浪费在日常的口舌之争和冷嘲热讽上，而是在事业中发挥得淋漓尽致。希拉里的弟弟曾说："我的父亲是在生意场上我见过的最好的终结者，没有他搞不定的买卖。"

事实也正是如此，休大学毕业之时，正是美国经济大萧条时期，求职并不是件容易的事情，但休却果敢地选择了跟他父亲一样的装饰事业，并且一步步把客户拓展到宾馆、办公、航空等领域。这位高瞻远瞩的生意人在享受积累财富乐趣的同时，也在不断地继续创造财富。

在休·罗德姆的理念中，唯有依靠自己才是出路，因此在事业上他亲力亲为，在经济上也从不依靠他人，甚至他从未用过信用卡。正因为如此，休·罗德姆在女儿 3 岁的时候全款购买了帕克里奇的一栋房子，结束了在芝加哥一居室的生活。幼年的希拉里大部分的时光便是在帕克里奇度过的。

生活上希拉里从未被苛责，但是即便生活富裕父母也并未让希拉里处在享乐之中。女儿富养的观念与这个家庭格格不入，作为休·罗德姆的孩子，希拉里和弟弟们从小就被培养成独立勤劳的性格。每当父亲的店里忙不过来的时候，孩子们都要无偿去店里帮忙。

这不过是休的吃苦型教育的冰山一角。为了让孩子们能够体会金钱来之不易和奋斗的艰辛，休经常在周末带着孩子们去威诺拉湖畔的小木屋度假。这名为“度假”的家庭旅行并不是常人印象中那种鸟语花香、休憩散心的休闲之旅，而是忆苦思甜的净化之旅。这座位于威诺拉湖畔的小木屋是希拉里的祖父和休一起建造的，这里没有暖气、没有浴室，一切都是最简朴原始的样子。无疑，这样的旅行对孩子们回归初心、感恩现在有着最直观有效的作用。

忧患与苦难是培养坚毅品质最好的发酵剂，休无疑是懂得这个道理的。在希拉里的童年中，父亲经常带他们探访芝加哥的煤矿、贫民窟，这些都在她幼小心灵上成为无法磨灭的印记。

·第二节·
懵懂年纪里的政治启蒙

童年的经历往往会植根在人的记忆深处，成为性格养成路上不可磨灭的印记。对希拉里而言，人生中这段既甜蜜又苦涩的童年记忆是她整个政治旅途上无法忽略的风景。

作为希拉里整个人生的启蒙导师，休·罗德姆无疑成为打开她通往政治征途的领航者。熟悉休·罗德姆一家的人都知道，休是个狂热的塔夫脱·戈德华特派保守的共和党分子。因此在孩子的教育上，他也无时无刻不在灌输他的政治信仰。在家里，年幼的希拉里和弟弟们在父亲的要求下必须收看每四年一次的共和党全国代表大会转播，而当电视转播到民主党的新闻时，休则会毫不犹豫地转台。

幼时潜移默化的影响不容忽视。虽然如今希拉里已经是众所周知的民主党代表，但早期的希拉里是支持共和党的。休·罗德姆对希拉里的影响由此可见一斑。

在罗德姆家中，休·罗德姆的话无疑代表着权威，因此他的政治偏执也深深植根在整个家庭之中。尽管多萝西内心实际上是民主党的支持者，但在这个几乎没有话语权的家庭中，她如同往常解决每一次分歧一样，最终选择了妥协，从不曾向丈夫和孩子提起自己的政治信仰。3个孩子就在父亲“填鸭式”的灌输中开始了自己的政治启蒙。

事出皆有因。休·罗德姆之所以在党派问题上如此极端和狂热，或许与他早年的经历有很大关系。作为一个威尔士移民家庭的孩子，休·罗德姆早期的人生并不顺遂，而或许就是这曲折多难的生活让他变得越来越乖张和孤僻。这样的性格让他在受到打击之时更易陷入偏执之中。年轻时候的休·罗德姆曾是理查德·戴利领导的具有传奇色彩的民主党的狂热信徒，甚至因此展开了自己的第一次政治尝试。

1947年，休·罗德姆作为亲民主党的无党派人士参加了芝加哥的市议员选举。只是满腔热情终究付诸流水，他遭到了民主党的极端打击，这次伟大的尝试就这样灰溜溜地落幕了。希望越大，失望便越大，这样的打击让休很是鄙视、抵制民主党，而随着时光流逝，这种憎恶的情绪也与日俱增。

这样的人生轨迹与希拉里从早期对共和党的推崇直到后来成为民主党的一员有着相似的成长轨迹。这种矛盾统一的过程其实不仅仅是在政治上，在生活上也无时无刻不在罗德姆一家中上演。

童年的希拉里的生活永远逃离不了父母之间的争吵和谩骂。在外人看来，罗德姆夫妇有着太多的不同，他们的政治信仰相悖；他们的性格中，休是固执专制的，而多萝西则是隐忍坚毅的。这样性格迥异的两个人组成了家庭，于是这个家便无可避免地面临着战火连天的局面。

少数几个到过希拉里家的朋友都曾经见识过休和多萝西之间的冲突。毫无疑问，这些冲突的起源是休·罗德姆，作为一个家庭中的绝对权威，他不允许家人的反对意见存在，更加不允许被质疑。于是希拉里家经常上演这样一幕：当多萝西表现出与休不同的意见之时，休便开始了无休无止的谩骂，他激昂的演说从餐厅一直持续到卧室。而这时多萝西往往是沉默隐忍的，小小的希拉里则捂着耳朵躲在角落，瑟瑟地望着父母，将这一次又一次的争执印在了心里。

在希拉里的政治生涯中，每当面对激烈的政治斗争之时，她这段童年的家庭生活便成为她跟政敌之间斗智斗勇的原始力量。有得必有失，并不完美的家庭和略显压抑的童年铸就了希拉里不同于其他人的强大心脏。

这个在整个帕克里奇特立独行的家庭，他们培养出的孩子也同样如此。因为父亲休·罗德姆灌输给小希拉里的政治启蒙，让她从很小就开始了对政治的关心。当她进入小学的时候，其他女孩都对漂亮的衣服和装扮感兴趣，希拉里却对别人眼中“一点都不酷”的政治表现出了极大的关心。这样与众不同的女孩注定是班级中独特的存在，但却并不是所谓的异类。

希拉里的交际能力在小学时已经初见端倪。人生的社交圈的起步或许就是在这小小的校园之中，希拉里在学校如同“假小子”一般的存在，让她在男生和女生中都左右逢源。这种洒脱的性格既赢得了女同学的喜欢，也让像她一样爱好棒球、橄榄球的男孩们无法不亲近他。整个小学生涯中，带着厚厚眼镜片的希拉里对校园生活完全适应。

学校的生活并没有磨灭休·罗德姆对希拉里的影响，而是让这种影响渗透到了希拉里的日常生活之中。1960 年，正值美国总统大选之际，希拉里与罗德姆一起支持了当时共和党候选人理查德·米尔豪斯·尼克松。而这场人生中第一次参与的政治运动也在希拉里幼小的心灵上留下了无法磨灭的一笔。

当时的希拉里是梅因东区中学一名高二的学生，正是热血沸腾的年纪，遇到人生中第一场政治运动，内心的激动和雀跃可想而知。她和她的朋友贝齐·埃布林一起为了这场选举到处奔走：她们打电话给市长办公室质疑民主党选票的公正性；她们一起走入贫民区帮助共和党核对选票信息。

这是希拉里最早接触的真正意义上的政治运动，但令人遗憾的是，她的热情并没有得到相应的回报，最终获得选举胜利的是民主党的约翰·肯尼迪。但这场属于青春热血的付出并不是一无所获，希拉里在这场运动中见识了政治的残酷，也在和挚友走访的一个个贫民家庭、黑人社区中受到了极大的震撼，这些成为影响她其后政治主张的重要因素。

一场轰轰烈烈的政治选举就此落幕，但属于希拉里的竞争却刚刚开始。在中学时代，希拉里的竞争意识得到了前所未有的体现。她曾经的同班同学阿特·柯蒂斯说："我喜欢希拉里的竞争意识，并因此被深深地吸引，她与班里那些讨论化妆和男孩子的女生太不同了。"

在学校里，希拉里一直是品学兼优的好学生，她知道如何让老师青睐，更知道怎样让自己更加夺目。但随着年龄增长，希拉里开始意识到人外有人，天外有天，自己并非最优秀的人，想要成功就需要付出比别人更多的汗水和努力。

一个优秀的人在任何时候都要清楚准确地对自身做出评估，并以此来确立奋斗的方向和目标。这并不是件容易的事情，但是这种能力却也是希拉里政治路途上的助力。

在自身平均成绩已经在班级前 10 名之外时，希拉里更在意的是让自己能够均衡发展。她在辩论赛中大放异彩，积极参加领袖职位的竞选——学生会主席竞选。当时，希拉里非常崇拜缅因州参议员玛格丽特·蔡斯·史密斯。英雄惜英雄，这位美国历史上第一位获得共和党总统候选人提名的女性，也成了希拉里日后的奋斗目标。

希拉里对玛格丽特的崇拜不仅仅因为她在政治上的突出成就，更是因为她在一个对女性尚有歧视的年代证明了女性也可以拥有与男性抗衡的力量。在希拉里参与学校的竞选时，有男同学讽刺道："如果女生能够在竞选中获胜的话，那简直太蠢了。"

这并不是仅仅几个男学生的观点，而是当时许多人的心声。在整个帕克里奇地区，在希拉里之前，从未有女同学参加过学生会主席的选举，希拉里的这一举动引起了极大的轰动。即便如此，希拉里依然堂堂正正地参加了这场竞选，用一种光明磊落的方式宣扬了自身的信仰。

希拉里将自己在辩论方面的天赋充分融入竞选演说之中，她慷慨激昂地宣扬自己的竞选演说，宣传自己心中的“母性光辉和美国精神”。她的精彩演说让整个学校为之沸腾，也让全校师生赞叹不已。但掌声并不代表着胜利，竞争永远是冷酷无情的，在政治上如是，在学校中亦如是。在这场领袖之争中以希拉里以第一轮落败惨淡收场。

事后提起这场竞选，希拉里并没有太多的负面情绪，正如她给自己的教会牧师信中写的那样：“我早已预料到可能是这样的结果。”这样的回答并不是因为希拉里心中心存抱怨，而是一种对于现实深深的无奈。

在当时的社会环境下，女生想要出人头地太过困难。在希拉里的竞选中，人们会因为她的慷慨激昂暂时被点燃热情，但并不会被她彻底游说。追求女性的平等权利任重而道远，或许这段经历也潜移默化地影响了希拉里的价值观，让她在之后的政治路上一直没有停止对妇女权利的争取。这场竞争对希拉里而言更像是一场与自我的博弈，是自我精神的胜利。因此在竞选落败后，她很快便恢复过来，投入到日常的学习工作之中。

如果说父亲休·罗德姆影响了希拉里的整个少年时代，那么唐纳德·琼斯的出现则让处于青春时代的希拉里转变了人生的方向。

1961 年，一位名叫唐纳德·琼斯的青年牧师来到了帕克里奇地区的第一卫理公会。这位牧师与人们传统印象中的牧师截然不同，他更加激进、更加特立独行。这个牧师的到来成功吸引了希拉里的目光，开启了希拉里人生的另一扇窗。

在认识唐纳德·琼斯之前，希拉里最欣赏的是她初中的历史老师保罗·卡尔森，这个老师总是能把古板的历史课讲得生动有趣。但琼斯的到来很快就取代了保罗·卡尔森，他带领希拉里进入了这个思想和行动的全新世界。

每个周四和周日，希拉里都会去听琼斯的课程，这些课程不同于学校的传统教育，更多讲述的是激进政治、反传统文化的思潮。这种新思想的注入慢慢让希拉里心中原本根深蒂固的思想动摇，进而一步步消散。对于休·罗德姆而言，女儿的这种行为无疑触动了他的逆鳞，随着希拉里和琼斯接触逐渐加深，休和希拉里的矛盾也日益激化。

琼斯对希拉里的影响不仅仅是在政治上，在精神文化上也为希拉里开启了一扇新的窗口。放学之后，琼斯所在的教堂成为了希拉里最常访问的地点。对琼斯跟她讨论的每一件事，希拉里都觉得新奇而有兴趣，他们一起对保罗·蒂里奇、莱因霍尔德·尼布尔的文章进行分析和探讨，这是希拉里第一次接触到现代新教神学的理念，而在之后的希拉里从政之路上也一直跟她的宗教信仰息息相关。

在后来回忆跟琼斯的这段交往，希拉里曾提到一段趣事。如同往常一样，在一次她去办公室找琼斯交谈的时候，琼斯推荐给她一本塞林格的《麦田里的守望者》，并告诉希拉里："你应该读一读这本书，以后我们可以一起讨论。"不同于现在《麦田里的守望者》的风行，当时这本书并不被人们喜欢。希拉里也抱着同样的态度，但在一次次的阅读中，希拉里的想法也随之改变，并对她产生了巨大的影响。书里的霍尔登·考菲尔身上有着太多美国青年的影子。

这只是琼斯引领希拉里的精神世界的一个小插曲，真正让希拉里难以忘怀的是在琼斯的引荐下，她得以见到一直以来的偶像——马丁·路德·金。在芝加哥的音乐厅内，马丁·路德·金在这里进行了一场名为《革命中必须保持警惕》的演讲，演讲结束后，琼斯将希拉里和同行的学生介绍给了马丁·路德·金。能够跟这位伟大的民权领袖近距离接触，对希拉里而言意义非凡，也让她更加关心黑人的前途和命运。

琼斯对学生的引导不是口头的说教，因为如果仅仅通过语言的表达，根本无法在人心中留下深刻的印记。他更喜欢将现实直观地展示在学生们面前，让他们自己悟出其中的道理。

唐纳德·琼斯经常带学生去探访贫民区，了解贫民的生活，而希拉里也经参与其中。直接面对黑人的生活、贫民的生活，希拉里的内心受到了巨大的冲击，这个中产阶级家庭的小女孩从来没有想过这世界上有人跟她的生活如此的不同。她开始发现这个世界的不同侧面，内心对这些贫苦人们的同情洗涤着她的心灵。在希拉里看来，人生而平等，都有追求自由的权利。

基于内心的震撼和对这个世界新的认识，希拉里对于黑人、贫民等弱势群体的关注也逐渐增多。于是，年仅 14 岁的希拉里和朋友贝齐·埃布林一起去听了马丁·路德·金的演讲，也是在此时她意识到种族歧视的悲哀和不公。这些在她之后的政治主张中都有所体现，在 2015 年 6 月希拉里的首次竞选演讲中她就提出重视底层民众的生活，提高低收入者生活水平的主张。然则这已经是后话。

对希拉里的改变，罗德姆夫妇并不知晓，而他们的女儿希拉里却逐渐悄无声息地成长了起来。这种对于黑人和贫民的同情，对社会不公的愤慨在日后她的政治生涯中也逐步体现了出来。

在告别高中的前一年，希拉里从梅因东区中学转到了梅因南部的中学。新的学校不同于原本的学校只有白人学生的情况，这里的学生包含了多个种族，这里不再是闭塞的象牙塔，而是跟现实世界更为贴近的地方。十几岁的希拉里已经开始具有自己的政治思想，这或许与周边的大环境并不相同，但这种思想却是具有长远影响和深远意义的。

环境的更替、信念的转变让希拉里的政治观念和宗教信仰也一步步发生了变化。未来是无法预知的，前路尚未可知，但正处青春的希拉里充满自信、无所畏惧。这些曾经发生的轰轰烈烈的青春运动让希拉里崭露头角，也为她日后尚未可知的未来积蓄了无穷无尽的能量。

·第三节·
以勇士的姿态去批判

“雏鸟终将离巢，雄鹰终会展翅”。成长就意味着飞往更高更远的地方。帕克里奇这方小小的天地，终究成为希拉里成长路途中的一个过去。随着希拉里高中毕业，告别这方土地的日子也即将到来。

在希拉里选择大学的过程中，一度陷入了纠结之中。不同于过往单纯的学校生活，大学已经是接近成年或者是成年人的乐园了。人生中这一次的选择无疑会成为由青春岁月走向成熟的转折点，因此这次的抉择比以往任何次都要慎重。从未走出帕克里奇的希拉里面临的选择是离家不远的中西部大学和更远处的女子学院。出于对远方的渴望和外面世界的向往，希拉里心中的天平明显地倾向于后者。而最终决定就读韦尔斯利学院是因为那里有如同家乡维诺拉湖一般美丽的瓦班湖。

怀揣着对未来的好奇和渴望希拉里离开了家乡，来到了韦尔斯利女子学院。对 17 岁的希拉里而言，这是一个崭新的开始，前方有着无限的可能在等待着她。

但梦想往往就是越靠近便越容易破灭，正如肥皂泡一般，在太阳下闪烁出绚丽的光彩，但轻轻一触便成了泡沫。对大学生活的欣喜并没有持续很久，希拉里就遭遇了大学中的第一次挫败。曾经在帕克里奇的风光不再，这里优秀的同学比比皆是，自己再也不是鹤立鸡群的佼佼者。因此希拉里自信心受到了一定的打击，心里的落差也随之加大。

刚刚进入校园的希拉里发现这里没有对女性的歧视，这座女子学院让她明白即便是女孩子也无需在男生面前示弱，大家都有平等竞争的机会，女生并不比男生差。这样的学习氛围无疑对希拉里而言是欣喜和备受鼓舞的。但凡事都有两面，在这个新环境中，同样水平的竞争者甚至是更加优秀的竞争者比比皆是，希拉里在接受新的思想洗礼的同时也感受到了前所未有的压力。

她曾经打电话给父母，很沮丧地说："我好像什么都差别人一些，好想要退学。"这种自我否定并不是空穴来风：这里很多同学精通多门外语，大学预测的时候得高分因而免修课程的比比皆是；而反观希拉里，还在艰涩的地质课上叫苦连天，法文课也表现平平，甚至被法文教授讽刺道："姑娘，你的天赋大概在别的地方。"在这精英云集的校园里，这个原本骄傲自信的姑娘不得不承认，自己并不是最好的。

挫折会让人生出自我防御的保护壳，变得更加坚毅勇敢。这小小的挫败不过是大学生活给予希拉里的下马威而已，并没有将希拉里打倒。不得不佩服的是童年休·罗德姆的苛刻尖酸的教育方式让希拉里受益良多，她很快从沮丧中振作了起来。

条条大路通罗马，意识到自己与其他人的差距之后，希拉里果断地选择了另辟蹊径。这世上成功的方法有千万种，无须以卵击石，而是要扬长避短。希拉里无疑是懂得这个道理的。因此她更加刻苦地主修学业，对于政治的热情也日益高涨。她的大学同学回忆："她对政治充满了热情，对这个世界也无比关心，仿佛没有什么事情是她不知道的。"

大学时代的希拉里本身就是个矛盾的综合体。她看上去与周围的环境格格不入。在一群花枝招展、青春洋溢的漂亮女学生中，希拉里仿佛是个异类一般——带着瓶底厚的黑框眼镜，穿着简朴保守的衣服、一成不变的法莱绒衬衫，一副老学究的样子。这样的装扮似乎与韦尔斯利学院古板苛刻的着装要求完全吻合。但是希拉里并不是为了当个迎合学校的保守规范的学生，而是她对于时尚毫无关心。

这样的外貌打扮一度让她被同学们排挤，但是外在未必是内在的体现，希拉里的内心并非如此保守古板，反之，她在政治上的复杂思想和在学院的活跃行动完全与这身装扮相矛盾。

然而，对希拉里而言，自身的矛盾斗争并不仅仅是这样，更多的是心中逐渐对立的两种思想的较量。初入校园的希拉里，仍然是罗德姆家族教育出的虔诚的共和党保守份子，她甚至在行李箱里携带着一本戈德华特写的《一个保守派的良心》。在大学一年级之时，她甚至还是学校内的青年共和党主席。

只是同很多来自中西部的保守女大学生一样，随着新的世界逐渐展开，希拉里的政治轨迹也逐渐延伸到了新的方向。大环境对人的影响有着不可估量的力量，而 1965—1969 年希拉里就读大学的这段时间里恰逢美国社会的转型时期，各种思想、文化、信仰相互激荡，希拉里也在这段时间迎来了自己政治信仰上的转型。

在韦尔斯利学院中，学校在招生上限制黑人学生的招入，在规定上也有许多古板苛刻的地方。这些都引起了当时大学生极大的不满。而此时希拉里正担任学院的学生自治会主席一职，她带领学生们向学院抗议施压，表达了她们的不满。这是希拉里引导的第一次学生运动，在学院内取得了显著效果，自此之后，韦尔斯利学院加大了招收黑人教员和学生的力度，原本的古板制度也有所改善。

希拉里的思想开始觉醒，她写信给中学同学约翰·皮沃伊，并在信中提出这样的质疑：“为何我一点都不害怕呢？难道我跟别人一样，将来也要过那种莫名其妙的老套生活吗？”

答案显然是否定的，希拉里注定不会平凡。时代和大环境造就了与众不同的希拉里。她不甘愿将自己束缚在小小的天地之中，同时也敢于不断质疑和不断地自我批判。

到大三的时候，希拉里已经发现自己的政治观念与共和党完全相悖了，在此之前她便毅然地卸去了青年共和党主席的职位，开始支持反战的明尼苏达州民主党联邦参议员尤金·麦卡锡。

其实这一行动并不是冲动而为之，早就从她的中学时期便埋下了伏笔。在希拉里对贫苦人民和黑人逐步了解和投入关心的过程中，她开始对共和党的民权和越战政策产生了质疑。正是她中学毕业的这年，休·罗德姆崇拜的共和党领导人巴里·戈德华特输掉了总统选举。

“蚍蜉撼大树”，这一点一滴的质疑和纠结最终让希拉里的信仰倾向了另一方。然而希拉里的这些思想并没有得到父亲休·罗德姆的认同。从希拉里大学期间和休的通信中就能看出，休对希拉里的民权主义、女权主义以及反战的思想不屑一顾。随着分歧的加深，这对父女之间的矛盾也日益激化。

慢慢适应大学生活的希拉里不但让内心逐渐强大，性格也不再孤僻。同学们开始对这个衣着奇怪的姑娘刮目相看，被她的博学和机智幽默所吸引。希拉里欣然接受同学们的赞赏，她从不否认自己对认可的欲望。早在大一的时候她便引起了校园的轰动——带了十几个黑人一起去教堂做礼拜。她落落大方地将自己的宗教信仰和反歧视的态度展现在众人面前，而且还会自我解析道：“人们一定会觉得那个白人女孩做出这样的行为是为了显示自己的与众不同和思想开放。”

校园生活如鱼得水，希拉里同时也迎来了人生中最初的悸动。韦尔斯利学校向来有与常春藤名校联谊的传统，而正是在大一的一次与哈佛大学的联谊上希拉里邂逅了自己的初恋——杰夫·希尔兹。

这个长相帅气、体型健硕的年轻人是希拉里真正意义上的第一个男朋友，两个人交往了3年多的时间，还经常一起参加家庭聚会。从当时他们的通信中可以看出，希拉里在恋爱中褪去了坚硬的保护色，展现出一副温柔可人的小女孩形象。

不过对希拉里而言，恋爱不可能成为生活的全部，她对学校里那些不务正业的学生向来嗤之以鼻。

她的世界太大，感情生活在其中占的比例永远不可能太多。不论是跟杰夫·希尔兹的交往还是日后与克林顿的婚姻生活都充分体现了这一点。

即便是与杰夫·希尔兹的情书往来中也经常能够看到希拉里对社会的批判和不满。她曾经因为密歇根湖的湖水污染，导致岸边死鱼密布的事情在信中跟杰夫表达了自己的不满：“如果我能拥有足够的影响力，我会用大部分来保护人类，其他的用来保护动物。”

这样的胸怀和抱负注定希拉里要走上权利的巅峰。然而生活并不是一帆风顺的，在外人看来希拉里交友广泛、在学校中受到老师和同学的喜欢，甚至还有一个哈佛大学的男友，一切都已经是尽善尽美。但金无足赤，人无完人。大学期间的希拉里虽然从一开始的沮丧厌弃情绪中振作了起来，但是忧郁的情绪却仍然时不时困扰着她。

或许是有一部分家族遗传的因素在内，希拉里的伯父、父亲和弟弟都有一定程度的抑郁症，而生长在这样家庭的希拉里情绪也难免比其他人更加敏感。她在写给朋友的信中写道：“从去年圣诞节到现在，我经历了三又二分之一次蜕变……从疏离冷漠的大学生、事事关心的假嬉皮、教育和社会的改革者，变成半吊子的孤芳自赏者。”

自我的怜悯和嘲讽或许便是这种忧郁情绪的来源，也是希拉里自我批评的开始。但自身的这种负面情绪尚且不能让希拉里绝望，真正让她感到绝望的是1968年4—6月，著名的黑人运动领袖马丁·路德·金和联邦参议员罗伯特·肯尼迪接连遭到暗杀，而此时美国已经卷入了越南战争中，经济危机和通货膨胀不断加剧……所有的一切都让希拉里感到厌烦和绝望。

希拉里身处的韦尔斯利学院一贯支持学生文明地参与政治，此时的国内形势更是让这批对政治充满热情的大学生陷入了狂热地讨论之中，希拉里也不例外。校园里、人群里都时常浮现希拉里的身影。对她而言，这场关于国家利益的大讨论不仅仅只是讨论而已，而是他们对于整个国家的热爱和关心。

除此之外，希拉里还积极参与了反战的罢课活动中，甚至领导了学校内的游行示威组织。正是这段时间，希拉里意识到爱国是一种责任，而且可以通过多种不同的方式表达。

1968年的夏天，希拉里迎来了人生中一段难以忘怀的体验——在华盛顿的国家机关进行了为期9周的实习。这是希拉里真正意义上接触到国家机器，开始近距离了解政府的运作。

或许在那个夏天，希拉里并没有想到若干年后她会成为白宫的女主人。除却这个让人惊喜的实习之外，希拉里也在这时认识了乔治敦大学学生戴维·鲁珀特，开始了一段新的恋情。

整个大学时代是希拉里人生重新被洗礼的时代，同时也是整个韦尔斯利学院动荡转折的时代。以希拉里为首的这批学生深深影响了韦尔斯利学院。他们让学校开设黑人研究课程，对必修科目进行了修改，这期间学院也开始招收黑人学生和教员。

1969 年，希拉里终于结束了她的大学生活，与此同时，她也成为第一个在韦尔斯利学院毕业典礼上进行演讲的学生。

四年春夏秋冬的更迭，大学的初始并不算十分美好，但是希拉里用自己的能力和人格魅力为自己的大学生活画下了一个圆满的句点。人生五味杂陈，成长亦是如此。成功破茧成蝶的希拉里虽然经历了蜕变羽化的痛苦，却为自己的未来插上了翅膀，让自己能够在更广阔的天地里自由翱翔。

第二章
青春就是用来热血的

追求
完美的
工作狂律师

·第一节·
校园里的“维京大盗”

离开韦尔斯利学院的希拉里人生再次走向分岔路口——她先后接到了哈佛大学法学院和耶鲁大学法学院的录取通知。

这看似摇摆不定的天平很快就有了倾斜。或许人生正是如此，面临的选择林林总总，但每次选择的契机却未必复杂。在选择学校之前，希拉里曾经到过哈佛大学法学院去探查。正是这次难忘的经历让她坚定了选择耶鲁大学的决心。当时接待希拉里的哈佛大学法学院教授对她说，“我们从不需要势均力敌的对手，也不需要更多女人。”

细节决定成败，很多时候这些小事情就能够衡量出整体的价值。希拉里无疑是个果断的决策者。身为一个维护女权的姑娘，毋庸置疑希拉里不会选择对女性歧视较多的哈佛大学，所以她选择了耶鲁大学，成为这一年耶鲁大学法学院录取的 27 个女生中的一员。

或许这不足录取总人数 1/10 的女学生录取比例依然显示着整个社会对于女性的歧视和不公平，但在当时的环境下已经是非常了不起的进步了。然而当时的希拉里不会知道她的这一个小小的选择会让她日后的生活发生天翻地覆的变化。向左走或向右走，不过是个简单的选择，但两条背道而行的路上风景却截然不同。

新的环境中人、事、物都在不断更替变化，但自身的魅力却不会因此消减。从韦尔斯利学院到耶鲁大学，一路走来希拉里的政治野心逐渐浮出水面，也开始将自己的政治理想一步步付诸实践。

中学时代结识的挚友琼斯牧师曾经这样评价希拉里："她不是绝代佳人，但却十分漂亮。男孩们并不是因为她卖弄风情而喜欢她，而是被她的人格吸引。她总是能跟男生们平等交流，侃侃而谈。"正是因为这种特质，让希拉里很容易交到朋友，同时也吸引了很多异性的目光。在耶鲁大学的这片新天地中，希拉里将自己的能力体现得淋漓尽致，她积极参加各种民权运动，为维护女性权利和平等工作的机会奔走呐喊，让学院的教授赞赏有加。

这一切都让她跟克林顿的邂逅变得水到渠成，这个热情聪颖的姑娘吸引了比尔·克林顿的注意。克林顿在1970年完成了牛津大学的课程，进入耶鲁大学法学院学习。正是在比尔·克林顿进入耶鲁大学的这个秋天，希拉里返回耶鲁大学开始了第二学年的课程。

不同于一般恋人邂逅的浪漫情结，希拉里和比尔·克林顿的初识充满了滑稽的色彩。当时的希拉里在法学院的休息室第一次见到了比尔·克林顿。这个体型魁梧，长相英俊，但是却一脸红棕色胡须和满头卷曲浓密的头发的小伙子在希拉里眼中颇有几分"维京大盗"的感觉。更可笑的是，一进入休息室，希拉里便听到比尔·克林顿正对着一群围在他身边的同学吹牛道："我们家乡种了全世界最大的西瓜！"这让希拉里不禁好奇地询问朋友："他是谁啊？"朋友答道："他是从阿肯色州来的比尔·克林顿。"这是希拉里对克林顿的全部初始印象。

之后两人鲜少有交集，偶尔在校园遇上也不过是擦肩而过。彼时的希拉里只是对这个有着"维京大盗"模样的大男孩留下了印象，而当时的克林顿甚至都不知道希拉里的名字。不过是点头之交的两人从不曾想到他们命运的轨迹会交汇在一起，继而携手一生。

在耶鲁大学最初的时光里，希拉里和克林顿仿佛是两条平行线，在各自的小天地里做着相似的事情，怀抱着各自的梦想，却不曾相知相许。当时已经在耶鲁大学完成一个学期课程的希拉里早已经是校园里的风云人物。

1970年的美国正处于政治动荡之中，人们对于越战的质疑声此起彼伏，而此时的耶鲁大学也深陷学生思潮的动荡之中。校园内关于越战征兵的讨论和抗议声越演越烈。而此时纽黑文市爆发的联邦法院审判黑豹党的活动更是引起了轩然大波。国家和社会的动荡中学生群体往往是最激进、最先锋的一批人。正是因为如此，耶鲁大学也在这场社会动荡中走在了前面，15000名学生和民众聚集在耶鲁大学举行示威活动，抗议尼克松政府的战争政策、种族主义。

激进的学生活动、众多的示威群众，大多是一场无可避免的校园大动乱，但结果却出奇的平静和有序。这样的结果希拉里功不可没，在示威游行之前，希拉里组织学生示威团体进行会议讨论，力争让示威活动更加有组织、有纪律，继而达到预期的长远效果。事实证明，希拉里的目光是长远的，这场声势浩大的游行引起了广泛注意，并且未造成任何的伤亡。

这场活动中希拉里的政治手腕和果决雷厉的作风已经初露头角，也为她日后踏上政治之路打下了良好的根基。曾经在耶鲁大学与希拉里一同学习的友人曾经提到："相对于法律学术研究，希拉里似乎对于将法律应用于为人服务上更感兴趣。"因此作为耶鲁大学《耶鲁法律与社会行动评论》杂志的创刊编委之一，她杂志的主要议题便是战争问题和黑豹党问题。显而易见，这本杂志成立的初衷便是用法律的武器来捍卫穷人的利益。

领导学生运动、创办法律刊物，甚至还参加了学校妇女选民联盟的青年顾问委员会，希拉里在忙碌的学生活动中逐渐打响了自己的名气。其实在初入耶鲁大学之时，希拉里就知道她要的是什么——做政治需要名气，而耶鲁大学能够为她提供这个平台。从没有一蹴而就的成功，希拉里的政治之路在一步步的计划中步入稳步发展的轨道。这些学生运动给予她荣誉和认同的同时，也壮大了她的人脉网络。弗农·乔丹、戴维·米克斯纳和彼得·埃德尔曼这些她的好友都成为日后30年里克林顿集团的中间力量。

在相同的地点，不同的时间里，有人正在进行着与希拉里相似的生活。如果说缘分真的是命中注定的话，希拉里与克林顿之间的缘分从学校生活中就可以窥探一二。

从英国归来进入耶鲁大学的克林顿，对政治的热忱丝毫不输于希拉里。如果说希拉里的信仰中对宗教的热情和人文关怀尚且占了很大比重，而克林顿则更加明确成为总统的梦想。这个一进入耶鲁大学就开始积极参与民主党的活动，热衷于各种学生运动并且心中对种族歧视深恶痛绝的年轻人与希拉里的人生轨迹慢慢靠近，他们注定的相遇也随之而来。

希拉里和克林顿的正式相识，已经是在希拉里在休息室的一瞥之后很久。一天，希拉里在图书馆内自习，而比尔·克林顿正在和友人讨论着加入法学杂志社的事情。只是很快这个帅气风流的小伙子的心就飘走了，不再集中于友人的高谈阔论中，而是望向了在一边自习的希拉里。或许是他的目光太炙热，希拉里很快便发现了一直望向自己的比尔·克林顿。

不同于其他同龄女孩的扭捏做作，希拉里很大方地走向克林顿，调侃地说道："如果你继续瞪着我看，我也会回瞪你的。与其这样，不如我们互相认识一下，我叫希拉里·罗德姆。"

后来比尔·克林顿回忆起这段经历仍然感到十分甜蜜，他说："当时简直太尴尬了，我十分感激她能那么说，让我认识了她是谁，在那之后我们便慢慢地密不可分了。"

对于希拉里和克林顿的感情，世人有诸多揣测，有人说希拉里对于克林顿在很大程度上是政治上的志同道合而非感情。我们无法否认这种因素的存在，但不得不说在这段感情萌芽的期初或许并没有太多功利的因素。诚然比尔·克林顿的出现改变了希拉里的整个人生，但这其中爱情的发酵也不容小觑，正如希拉里在回忆录《亲历历史》中写道的那样：“他是我人生中唯一让我感到快乐的人。”

既然已经相识，便向着相知的路迈进了一大步。希拉里和克林顿之后的交往便水到渠成了起来。他们身处同一个学院，有相同的课程，经常在下课之后，希拉里走出教室就能够看到等在不远处的克林顿。

这种刻意的邂逅是年轻男女追逐爱情时常用的伎俩，风流公子克林顿也不例外。一次，下课之后希拉里再次遇到等在一旁的克林顿，而此时的希拉里正要去学院办公室注册。比尔·克林顿跟希拉里说自己也没有注册，两人便一同前往。但到了学院，老师看与跟希拉里一起来的比尔·克林顿之时，不禁疑惑地问道：“比尔，你昨天不是注册过了吗？”一句无心之问就让比尔·克林顿的心思暴露了出来。

这次小小的尴尬在两个人之间激起了一波暧昧的涟漪。之后，克林顿约希拉里去花园散步。小小的一方天地间，一对年轻男女比肩而坐、侃侃而谈。比尔慢慢靠向了希拉里。谁也没有打破这种暧昧不清的氛围，但心中的爱情之花却悄悄绽放。此时的希拉里尚且有约会的对象，但心中却开始慢慢出现缺口，让这个叫比尔的男人走了进来。

堤坝一旦出现裂口，洪水便会渐渐倾泻而出，爱情亦是如此。随着跟比尔·克林顿的交往加深，希拉里的心中对这个风流青年的好感与日俱增，心也慢慢向着克林顿倾斜。他们彻夜长谈，聊政治、谈艺术，逐渐拥有了共同的朋友圈，一起参加学校的派对。只是那层朦胧的情感之纱尚未捅破，希拉里依然跟约会对象保持着交往，克林顿也并未袒露心声。

但即便是成熟如希拉里和克林顿，面对爱情的燎原之火也无法做到克制冷静。终于在一次希拉里生病之时，比尔·克林顿向她表达了爱意。当比尔·

克林顿带着自制的鸡汤和橘子汁去看望希拉里时，希拉里便知道她已经深陷到这个浪漫温柔的男人编织的爱情之网中了。很快希拉里便结束了跟原来男友的交往，开始了与比尔·克林顿的交往。

一场始料未及的爱情在希拉里和比尔·克林顿之间展开。当时克林顿与室友在海边合租了一套房子，经常逃课去帮助约瑟夫·拉斐康涅狄格的参议员竞选。这是克林顿政治生涯的第一次难忘经历，尽管最终的结果并不尽如人意，但收获的经验却不容忽视。那时面对政治挫败和前女友离去嫁人双重打击的克林顿并没有想到自己的爱情之花会如此之快地绽放。但是希拉里的出现让他意识到这个特别、果敢的魅力女生是他不能放弃的灵魂伴侣。

与克林顿交往逐渐加深的希拉里，经常拜访克林顿当时居住的海边小屋。不同于其他情侣柔情蜜意的相处模式，他们之间的相处更像是旗鼓相当的对手之间的博弈。从小生活在中西部的希拉里性格中似乎有一种与生俱来的不同于小女生性格的豪爽和直率，而克林顿这个南方大男孩反而更婉转一些。于是经常有朋友听到希拉里向克林顿抱怨："比尔，请你说话直接讲重点好吗？"

男人与女人之间的爱情，有时就像是火星与地球的碰撞，正是因为不同才造就了与众不同的火花。但这火花四溅的两个人往往因为对彼此的欣赏而惺惺相惜。希拉里跟克林顿经常在一起谈论当前的政治时局和自己的理想抱负，而当时克林顿是少数明确表明自己毕业后想要回家乡担任公务员的学生。正是这一点让希拉里深深感动，她觉得"比尔拥有我们大多数所没有的归属感"。

同样是对政治抱着极大热忱的热血青年，也各自了解自己希望的人生道路。当时很多人都惊羡于希拉里和克林顿之间的契合。他们无疑是当时耶鲁大学里一道无法忽视的风景线，这两个深沉的年轻人随着交往的深入，发现自己与对方的价值观、生活理念和政治理想都朝着同一个方向延伸。对希拉里而言，比尔·克林顿不同于她曾经的交往对象，而是在她不安心灵上一个强有力的支撑，是引导她从少女的爱恋走向寻觅人生伴侣的重大转折。

只是相遇相知容易，相守相伴却很难。过往的小小感动和精神上的逐渐接近对一向理智冷静的希拉里而言，并不足以俘获她的整颗心。直到希拉里去加利福尼亚州实习的那个暑假，克林顿才真正攻陷了希拉里的芳心。当时希拉里联系到加利福尼亚州奥克兰一家名叫“特里伊哈夫特，沃尔克与伯恩斯坦”的小律师事务所，准备去做实习助理，而比尔·克林顿则计划好去佐治亚州南部，去参加民主党人乔治·麦戈文的总统候选人竞选的活动。

彼此都已经订好了计划，但让希拉里没有想到的是，在她动身前的几天，比尔·克林顿告诉她，自己放弃去佐治亚州的计划了，要陪她一起去加州。这个突如其来的消息让希拉里惊喜之余又感到十分不解，于是向克林顿询问原因。而这个南部小伙彻底抓住了这个取悦佳人的机会：“我好不容易找到另一半，我确定要相守一生的人，不能让她一个人去加州。”短短的一段话，并不算什么了不起的海誓山盟，但却足以让希拉里感动和欣喜。

一直以来希拉里都是独立坚强的，她似乎从不需要依赖别人，即使当时她跟克林顿已经确立了恋爱关系，也并没有让人感到她已经痴恋到非卿不可的地步。但无论内心多强大的女生，内心也有柔软纤细的一面，没有表露只是因为没有遇到可以让她吐露内心情感的那个人。而克林顿的一番话恰似一颗小小的石子在希拉里原本平静的心湖中荡起层层波涛，也让希拉里的心一点点靠向了克林顿。

整个暑假，希拉里和克林顿开始了甜蜜的同居生活，他们在加州租住了一所小公寓，与所有热恋中的小情侣一样：下班后窝在家里享受甜蜜时光，分享听过的歌曲和读过的书籍，偶尔到郊外去散心……

这样甜蜜温馨的小日子一直延续到新的学期，回到纽黑文的希拉里和克林顿几乎形影不离，他们租下埃奇武德街 21 号一楼的简陋公寓，共筑了这一方独属于他们的小天地。爱情在细水长流中升温，默契也在日夜流转中不断完善。当曾经“假小子”般的厚眼镜小姑娘遇上海外留学归来的“维京大盗”，爱情的芬多精净化着耶鲁大学法学院的空气，一种叫作“希拉里和克林顿”的爱情效应在整个校园中发酵。

·第二节·
幸福就是阿肯色州的红房子

相爱是刹那的火花，绚烂却易逝，而相守则是细水长流，在昼与夜的流水叮咚中越发源远流长。对希拉里而言，曾经情窦初开的恋情恰如烟火一般满足了她少女时代的幻想，而在耶鲁大学与克林顿的相知相守则是她人生的重新洗涤和一种新的信仰。

在耶鲁大学的日子紧张而愉悦，希拉里和克林顿之间的默契也与日俱增。如果说在两个人交往之初还会有人怀疑他们之间的交往不过是各取所需——古板强势的女战士和风流浪漫的花花公子的结合，那么在这其后的岁月里大家都不得不承认这两个令人瞩目的风云人物绝对是配合得天衣无缝的绝佳伴侣。

1972年，耶鲁大学举行了一场别开生面的模拟庭审大奖赛，正是这次大赛让人们见识了希拉里和克林顿之间的完美合作。虽然这次比赛希拉里和克林顿所在的队伍并没有取得最终胜利，但他们在比赛过程中的默契配合却让所有人都感受到了他们之间微妙的平衡：犀利敏锐的希拉里和幽默浪漫的克林顿，性格互补、能力应用成为他们之间角色分工的平衡点。

风风雨雨一同走过，携手相伴数十载的岁月，这段感情之所以在风吹雨打中屹立不倒，依赖的除了默契，或许更多的是包容。原本应该在1972年毕业的希拉里为了克林顿，主动申请延迟一年毕业。这样的选择本不在希拉里的规划之中，对当时的她而言，选择毕业到华盛顿的新天地中开始自己的事业才是最明智的。但奈何那个“维京大盗”一般的克林顿早已经住进了她的心里，而她的人生也因为克林顿在悄然改变着。

在他人眼中，这个穿着古板，永远用一副黑框眼镜来遮掩自己魅力的强势姑娘是冷静克制的，充满男性气概的。但是面对感情，希拉里依然有小女人的一面：她会在周末拉着克林顿去逛便宜的二手家具店，用心布置两个人简陋却温馨的小家，也会为了克林顿钻研厨艺，时不时烤出可口的桃子派来慰劳爱人的胃。

两个人在耶鲁大学的日子就在这样温馨甜蜜的时光中缓缓流逝。1973年春，希拉里和比尔·克林顿从耶鲁大学双双毕业。这是真正走向社会的分岔路，是人生的重要转折点。但浪漫的克林顿，他将那些未来的彷徨先放置一边，带着希拉里去欧洲旅行了。

对克林顿而言，这是曾经的留学之地，是对于青春和年少岁月的故地重游，而对希拉里来说，这段旅行同样是难以忘怀的经历。因为在这异国美景中，她和克林顿的未来摆在了自己面前，让她不得不面对。

在夕阳西下的英格兰艾维戴尔湖畔，波光中闪烁着夕阳的余韵，一对恋人行走在湖边。这是希拉里第一次直面克林顿的深情——克林顿向希拉里求婚了。

希拉里深深地爱着克林顿，但是面对婚姻她却无法坚决地给予回应。在希拉里的家庭教育中，婚姻是一辈子不能轻易改变的承诺，在这一点上希拉里的母亲多萝西对希拉里的影响很深。而外祖父和外祖母曾经失败悲惨的婚姻以及母亲和父亲在婚姻中的矛盾重重都让希拉里对婚姻充满了恐惧和不安。诚然，克林顿给予的爱情并没有让希拉里产生绝对的安全感。所以此时她对克林顿的回答是：“不行，现在我还不行。”

这便是希拉里式的克制和冷静，即便在热恋之中也不会迷失自我。希拉里已经为了比尔·克林顿牺牲了很多，但这并不意味着她会头脑发热地接受比尔的求婚。回忆起这段浪漫的经历，希拉里曾经表示她对比尔的热情充满担忧，更害怕他的承诺不过是责任的羁绊。

如果比尔·克林顿因此退缩了，那么这段感情或许在此时也便画下句点了。显而易见，克林顿是执着的，之后他的求婚依然在继续，而希拉里的拒绝也依然在继续。多年以后希拉里回忆起这一次次的求婚，她剖白了自己当时的想法：“对于比尔的爱我坚信不疑，但我也明白他的生活将会在阿肯色州开始，而当时的我并没有信心在一个远离亲人朋友的地方生活下去。”

这或许并不是全部的理由，但却是此时横亘在两人之间最首当其冲的问题。直到从欧洲归来，希拉里去了阿肯色州，她才开始庆幸自己冷静的拒绝是多么明智的选择。

在耶鲁大学的最后一年里，克林顿曾经多次到帕克里奇希拉里的家中做客，但希拉里并未礼尚往来地拜访阿肯色州。在帕克里奇，虽然希拉里的父亲罗德姆对这个企图“抢”走自己女儿的小子并不看好，但是克林顿却用自己的热情和耐心赢得了希拉里一家的心。

每当到帕克里奇拜访，他总是跟多萝西在一起聊天，对多萝西读过的一本哲学书他们可以讨论一下午。不同于罗德姆家的男人们，这个风流倜傥的南方小伙从不吝惜自己的友善和贴心。他帮多萝西一起洗碗，跟罗德姆一起玩扑克牌、看球赛转播，甚至跟希拉里的两个弟弟也成了很好的朋友。

只是当希拉里踏入克林顿的家，却没有出现同样的温馨场面。忐忑地踏上阿肯色这片土地，希拉里望着恋人期盼的眼神，却很遗憾地无法感同身受他的喜悦。从得知希拉里要来阿肯色州看他，克林顿就满怀欣喜，他迫切地希望与自己所爱的女孩分享家乡这片土地带给他的荣耀与自豪。克林顿滔滔不绝地讲述着阿肯色州的奇闻逸事，承诺要带着希拉里去探访那静谧的乡村、美丽的山谷……

但事与愿违，希拉里的心情并没有因此晴朗起来，因为她做不到像克林顿那样，全心全意地接纳他的家人。阿肯色州之行对希拉里而言，不仅仅是对爱人家乡的一次探访，更是对他整个家庭的靠近。

其实早在1972年，希拉里便已经见过了克林顿的母亲弗吉尼亚。弗吉尼亚是个美丽的女人，她总是画着很浓的妆，热衷于一切跟穿衣打扮有关的事情。这简直与衣着朴素低调的希拉里格格不入，可想而知，两个女人的初次会面对对方的印象有多么的糟糕。

在希拉里的记忆中，与弗吉尼亚的初会面便是这样的印象：她头上顶着白色挑染的条纹图案，画着夸张的口红，一双眼睛在厚重的假睫毛下忽闪着，显得一副桀骜不驯的样子。而弗吉尼亚同样对这个自己儿子爱上的姑娘充满了敌意，那糟糕的印象用一句话就可以概括了：丑得恐怖的“北方佬”。

两个深爱着克林顿的女人却又如此的不同，她们无法理解对方，也不愿意张开怀抱去拥抱对方。

对希拉里而言，在她所接受的家庭教育中是无法出现弗吉尼亚这样的人的。弗吉尼亚就像是一匹桀骜不驯的野马，自由奔放、毫无拘束。

希拉里的母亲对她的教育几乎完全符合一个保守传统妇女的典范，因此希拉里骨子里对于婚姻的态度也是从一而终、尽力维护、不轻言放弃。但是弗吉尼亚显然不是。她先后经历了三任丈夫。第一任丈夫名叫威廉·杰斐逊·布莱斯，他们相恋于第二次世界大战时期，当时弗吉尼亚在护理学校学习，在与威廉邂逅之后，两人一起定居芝加哥。然而好景不长，威廉车祸去世了。这让怀孕的弗吉尼亚失去了依靠，而克林顿的出生更是让她的生活愈加窘迫，就在这时，罗杰·克林顿出现了，为了生活，弗吉尼亚嫁给了罗杰·克林顿，而比尔也跟随了继父的姓氏。

然而让烈马停止奔跑几乎是不可能实现的事情。弗吉尼亚与罗杰的婚姻并不美满，他们同样是放荡不羁、热爱自由的人。罗杰在婚后依然与许多女性保持暧昧的关系，而弗吉尼亚也不遑多让，身边依然有追求者围绕。最终，这段婚姻在双方的躁动和家暴中走向了终点。

成长环境对人的性格往往有着无法磨灭的影响。弗吉尼亚的成长环境注定了她日后婚姻的不圆满结局。弗吉尼亚的母亲曾无数次向弗吉尼亚抱怨自己丈夫的不忠行为，而她母亲和内科医生的暧昧传闻也被传得风风雨雨。正是这样的家庭环境注定了弗吉尼亚不会把对性行为的克制作为自身信仰的一部分。而克林顿亦如是。从克林顿复杂混乱的家庭关系中或许已经能够预见他的感情世界必定不会单调。

对于这一切希拉里并非一无所知，在克林顿决定与希拉里共度一生时已经含糊地交代了自己家族的感情史。但或许正是因为克林顿遇到了希拉里，他才没有完全重复自己父母的情感轨迹。这是两个性格互补的人产生的效应。然而这是后话，当希拉里走入阿肯色州，面对克林顿的整个家庭之时，内心尚未强大到与这个风流青年许下一生。

除了克林顿的母亲外，克林顿的弟弟罗杰同样不欣赏希拉里。他对希拉里的印象大部分来自于母亲的描述，在他的眼中希拉里张扬任性而且长相平凡，跟他风流倜傥的哥哥并不般配。如果说克林顿的家庭中尚且有人能够得到希拉里真心的亲近，那便是弗吉尼亚的第三任丈夫杰夫·德怀尔了。

这位开美容院的造型师对人很亲近，他没有像妻子一样排斥希拉里，反而经常鼓励希拉里，开解她。杰夫总是告诉希拉里不要气馁，只要耐心等待，弗吉尼亚会敞开心扉接纳她的。然而遗憾的是这位善良的长辈并没有亲眼看见希拉里和弗吉尼亚握手言和的那一天，便早早地因为心脏衰竭离开了人世。这曾经带给希拉里和克林顿很大的打击。

阿肯色之旅让希拉里更接近克林顿，同时也变得更加纠结。这世上从没有完全圆满的事情，此时的希拉里便正站在两条通往未知方向的分叉路口上，不知该走向何方。

回到阿肯色州的克林顿已经开始为自己和希拉里的未来勾勒宏图，他在阿肯色州的一所大学担任老师，准备慢慢开始熟悉家乡的政治环境，同时为今后的竞选做准备。与此同时他也鼓励希拉里跟他一起报名律师考试。

面对克林顿的家庭以及他始终变化多端的感情，希拉里无法彻底安心地跟从。一步错便有可能步步错，对希拉里而言，接下来的每一步都至关重要，爱情或者理想，似乎永远没有完美平衡的方法。但深爱着克林顿的希拉里最终还是不忍心让爱人失望，她与克林顿一起报名了阿肯色州的律师考试。谨慎如希拉里，并不会让自己孤注一掷，她同时也报名了华盛顿的律师考试。

短暂的阿肯色拜访之旅结束，克林顿并没有如愿地把希拉里留在这片土地上。就当时的情况而言，如果希拉里选择在阿肯色州留下，摆在她面前的两条路无非就是去学院教书或者去律师事务所工作。显然，这些选择都与希拉里内心的宏伟理想格格不入，于是在权衡之下，希拉里暂时告别了恋人，选择去马萨诸塞州的坎布里奇，在一家新创办的儿童保护基金会工作。

这是希拉里和克林顿第一次真正意义上的分离，也是希拉里独立面对生活的第一步。在克林顿开车送希拉里去小石城机场的路上，希拉里看到一所标着出售的红色房子，虽然只是短短的一瞥，但希拉里的目光还是被这所可爱的房子所吸引，她跟比尔说："你看，那边那所红色的房子真可爱。"此时的希拉里并不知道在她其后的人生中会与这所房子结下不解之缘。

阿肯色州的红房子随着飞机的起飞被希拉里渐渐淡忘，她和比尔各自展开了自己的新生活，而他们之间的爱情并没有因为距离的相隔而消失不见。分别是为了更好的相遇。虽然当时的他们或许并没有留下太多的希冀，但这句话却完美诠释了他们之间的故事。

分别后的希拉里每天都与比尔·克林顿保持着通话，虽然无法相见，但他们依然密不可分。他们一起分享彼此的生活近况，畅谈对未来的憧憬和梦想。一根电话线慰藉了两个热恋男女的相思，也让他们在这电流的传播中更靠近彼此，为彼此的进步而骄傲。

1973 年的感恩节，克林顿来到坎布里奇，他问希拉里："上次我们经过的那所红房子你还记得吗？我已经把它租下来了。"克林顿跟她描述关于那所红房子的一切，告诉希拉里他有多喜欢这个傍河而建的可爱住所。

从克林顿的描述中希拉里似乎也能身临其境，那白水河畔的小木屋，阳光映照下玻璃反射出的七彩光芒似乎都浮现眼前了。对于未来克林顿也有了更明确的规划和更充足的准备。他告诉希拉里他已经开始为国会议员的选举做准备，并且正在努力寻觅一个能够对抗共和党国会议员约翰·保罗·汉默施密特的民主党候选人。

在彼此无法触及的地方，希拉里和克林顿都悄悄地成长了，但这并不足以支撑希拉里投向克林顿的怀抱。克林顿曾经在最后一次求婚时对希拉里说："以后我不会再跟你求婚了，但我会一直等你，如果你哪天想结婚了，请你告诉我。"这是克林顿对希拉里的承诺，尽管他的深情并不足以维持他对于整个婚姻的绝对忠诚，但在克林顿的心中希拉里始终是他愿意相伴一生的伴侣。

未来的路在何方尚未可知，但希拉里知道她的幸福或许就在阿肯色州的那座红房子里，即便此时她还无法坚定地伸手触及，但那远方的呼唤终将引导她走向那里。

·第三节·
有光的地方就有阴影

没有波澜便无法见证浪花在阳光下的绚丽，人生亦是如此，如果没有经历风浪便无法收获目标达成的喜悦。上苍似乎格外眷顾年轻的希拉里，但在那些常人未曾触及的地方，在希拉里的幸运光辉背后，依然有阴影的存在。

苦难或幸福，是人生的两面，缺一不可。而一路走来，希拉里让人们看到的更多的是她卓越的领导能力，她不拘于世的坚持和强势，但强大外壳包裹下的希拉里的内心也同样拥有脆弱柔软的一面。

当希拉里暂别自己的恋人，独自一人踏上坎布里奇，她的内心并没有看上去那般轻松。这个一直以来亦步亦趋向着自己目标迈进的姑娘，在到达坎布里奇后内心是犹豫而挣扎的。理智告诉希拉里暂时离开克林顿对她而言是正确的选择。但同时在这陌生的地域、离开爱人朋友的环境中，她生活得并不轻松。看起来特立独行的希拉里实际上并不喜欢独居，而在坎布里奇希拉里则必须面对完全一个人生活的境地。生活方式与以往天差地别，工作同样也并不一帆风顺。

在希拉里朋友们的眼中，如果希拉里没有遇到克林顿，她的生活轨迹或许会更加辉煌璀璨，但是爱上克林顿的希拉里却选择了通过帮助克林顿来实现自己的政治理想。或许这样的方式并不为所有人所理解，但是无论对错与否，在这条与克林顿共进退的道路上，希拉里并没有丧失自我，从她独自来到坎布里奇就可以看出这一点。

纵观希拉里的成长历程，她似乎一直与儿童权益、妇女权益紧紧相连。早在耶鲁大学读书期间，希拉里已经开始为纽黑文的儿童法律机构工作，并且致力于儿童身心发展和辱骂、忽视儿童行为的研究。对希拉里而言，这些都是她对自己人生价值的追求。无论是少女时期跟牧师友人对贫民区儿童的探访，还是在日后从政期间多次提出保障妇女儿童的权益，都能够从中看出坎布里奇之行是她人生路上的必然选择。

事实也正是如此，在坎布里奇的儿童保护基金会担任律师一职，曾经被她称之为她人生中一个充满激情和梦想的选择。在坎布里奇，希拉里的工资微乎其微，但此时的希拉里尚且没有开始重视金钱和财富，这一点与她的男友比尔·克林顿不谋而合。坎布里奇的工作对希拉里而言更多的是对梦想的追求，因此她对儿童保护基金会的创始人玛丽安·莱特·埃德尔曼充满了感激。

但希望总是与失望并存。因为在儿童保护基金会工作的缘故，希拉里更加接近儿童，也更加了解那些隐藏在光明背后的阴暗角落。虽然已经有在耶鲁大学的相关工作经验，但儿童保护基金会的工作对希拉里而言并不轻松。这是一项需要经常出差的工作，因为身为基金会负责调查未成年人犯罪的定性问题的律师，希拉里需要深入各地去搜集证据。然而如果只是身体的负累是无法让这个铁娘子一般的姑娘感到疲惫的，对希拉里来说内心的煎熬才是工作最大的苦痛和折磨。

在一次次的调查走访中，希拉里仿佛又回到了童年时代去探访贫民区的那些日子。每当敲开一户居民的家门，看到那些身有残疾或者因为曾经遭受不幸事故而留在家里的孩子，希拉里的内心便饱受煎熬。这些孩子在本应该是活泼好动，享受快乐童年的年纪，却无法去触碰外面的世界，甚至无法接受学校教育。

回忆起当时的情形，希拉里至今依然历历在目，她始终还记得当她走进一户葡萄牙美籍人家中的时候，那个双腿无法行走的小女孩望向她的澄澈渴求的目光。

那是一个渔人家庭的小女孩，年幼的孩子因为双腿残疾只能凭借轮椅代步，但是她却依然希望能够见识一下外面的世界，希望像普通孩子一样享受学校的生活。这些因为天灾人祸而不幸的孩子让希拉里心痛无比，她从他们的眼中看到了他们对求学的渴望。正是这些炙热的渴求目光让希拉里坚定了决心，开始为了促进残疾儿童保护政策的改进而努力。

雷厉风行向来是希拉里的一贯作风，坚定了自己目标的希拉里开始与同事们一起着手收集相关的调查数据，并进一步写出可行性的报告材料。在他们的不懈努力下，公立学校不再对残疾儿童紧闭大门，而国会也改善了相应的儿童保护政策。

工作上正如鱼得水的希拉里并没有想到，自己这意气风发的日子即将面临打击——她在华盛顿的律师资格考试中落榜了。对一般人而言，这并算不得致命的挫折，但对一直以来习惯了担当资优生的希拉里而言，这无疑是她自信闪耀的人生路上的一大污点。

1973 年 7 月，希拉里在和克林顿一起参加阿肯色州的律师资格考试之余，也参加了华盛顿地区的考试。这是希拉里给自己留下的另一种选择和退路。因为对此时的希拉里而言，与克林顿一起定居阿肯色并不是最明智的选择。可是天不遂人愿，1973 年 11 月，考试结果送到手中，希拉里只通过了阿肯色州的律师资格考试，却与华盛顿的律师资格考试失之交臂。

这样一个晴天霹雳不仅仅堵住了希拉里的另一条道路，更让希拉里的自信心大受打击。从未走上人生巅峰的人永远不会懂得那种从山顶一下跌入谷底的失落和挫败。在此后的很长一段时间里，希拉里郁郁寡欢，一度在自身的阴影中沉溺无措。

苦和甜对应而生，在坎布里奇的第一个冬天，希拉里因为考试落榜而伤心难过，但同时也因为克林顿的关心和爱而甜蜜温暖。此时身在阿肯色州的克林顿已经开始为自己的政治竞选做准备，即便分隔两地，他跟希拉里的联系却从未切断。通过电话希拉里知晓了克林顿在竞选道路上的每一个进步，也跟克林顿分享自己工作中的喜悦和失落。一整个冬天，希拉里内心的寒冷逐渐消散，而充满希望的春天也悄然而至。

希拉里与华盛顿的缘分并没有就此终结，而是开始了另一段奇妙的相遇。在克林顿与希拉里共度圣诞节之后，克林顿回到了阿肯色州。而正是此时克林顿接到了来自约翰·多尔的一个电话，正是这个电话让希拉里跟华盛顿再续前缘。

约翰·多尔曾经受邀担任过希拉里和克林顿在耶鲁大学参加的大律师协会模拟庭审大奖赛的评审。通过大奖赛的短暂交集，希拉里和克林顿对多尔欣赏不已，而多尔同样对这两个杰出的青年留下了深刻印象。正是因为他们之间这样的缘分，多尔在成为众议院司法委员会尼克松弹劾调查的首席法律顾问之时，向克林顿抛出了橄榄枝。约翰·多尔希望克林顿加入弹劾委员会，一起参与对尼克松的弹劾调查，同时希望克林顿帮他推荐几个合适的律师人选。

这无疑是一次难得的机会，但此时的克林顿正在阿肯色州任教，加入弹劾委员会意味着要暂停一年的教学工作。更重要的是在此之前，克林顿已经决心参加阿肯色州的议员竞选，因此他婉拒了多尔的邀请，并向多尔推荐了希拉里。

机遇是留给有准备的人，同时在机遇降临之时能否成功抓住也是至关重要的一点。对希拉里而言，这从天而降的机遇是幸运，同时也是她养精蓄锐的必然结果。所以当机遇来临之时，她毫不犹豫地掌握在手中。

1974 年 1 月，希拉里接到来自华盛顿的电话，正式邀请她加入华盛顿众议院司法委员会的律师团队。此时的希拉里只有 26 岁，但她并未犹豫或胆怯，而是毅然决然地告别了坎布里奇，独自一人来到华盛顿，开始参与弹劾尼克松的调查工作，同时也参与了水门事件的调查。

在平行时空之中，希拉里和克林顿开始为了共同的未来之梦而奋斗。此时的克林顿正在如火如荼地开展自己的议员竞选活动。当时他最大的竞争者便是尼克松忠实的追随者——共和党的议员哈默·施密特。尼克松总统的弹劾工作如果顺利，那么对与他休戚相关的哈默而言无疑是致命的打击。希拉里在踏上华盛顿的那一刻便知道自己即将面对的新工作不仅仅是自己在华盛顿站稳脚跟的机遇，更是她和克林顿日后共同的华盛顿之梦的基石。

机遇往往伴随着挑战，成功是汗水的累积。弹劾小组的工作对于希拉里而言是充实而忙碌的。整个弹劾小组包括律师、秘书、书记员、研究人员和打字员一共 90 个人，而其中律师有 44 个人，但女律师只有 3 个。作为这 3 个律师中的一员，希拉里对这份工作倾注了自己的全部热情。在律师团中不乏声名显赫、富有经验的前辈律师，希拉里努力吸取他们的经验，也用自己的创意和灵感在团队中体现自己的价值。

能够成为参与这项历史性工作的一份子，希拉里异常兴奋。也正是因为这份工作，让她彻底从律师考试的打击中走了出来。在整个弹劾小组的工作中，多尔充分展示了工作的灵活性和机动性。整个调查工作的整体情况只有三四个多尔身边的心腹助手能够全面掌握，而像希拉里这样的受聘律师需要处理的不过是一些烦琐复杂的基础工作。对热情躁动的 26 岁女生而言，这样的工作无疑是枯燥乏味的，但是希拉里的热情并没有因此而消减。

在回忆起那段难忘经历的时候，希拉里始终记得当时一个来自阿肯色州的女律师特里·柯克帕特里克给予她的忠告："阿肯色州的女律师很少，如果你想要成功，必须付出比男人多3倍以上的努力。那里的文化与华盛顿完全不同，你要学会谨慎交友。不过如果他们选择接纳你，那么你就会获得他们的信任和依赖。想要在那里出人头地并不难，在小池塘里你也能成为大鱼。"

这段忠告对于希拉里日后在阿肯色的生活有很大的帮助，或许此时她已经意识到自己最终还是会选择阿肯色州。在这男多女少的弹劾小组中，同事的这段忠告同样适用，希拉里在这里也体现了超乎常人的毅力和努力。弹劾小组一周工作7天，从来没有休息日。大家没日没夜地加班，甚至最多的时候一天工作18个小时。

忙碌带来的并非都是疲惫，对希拉里而言精神的满足足以消除一切劳累和疲倦。当克林顿北上探望希拉里之时，他发现希拉里比在坎布里奇时要更加神采奕奕，面色也红润得多。

在希拉里忙碌的同时，克林顿的竞选工作也正式开展起来。尽管当时的克林顿的知名度和人际资源都远远不如其他竞选者，但他依然充满朝气，满怀希望地开展自己的竞选活动。他奔走于各大选区，为自己摇旗呐喊，跟选民们分享自己的政治纲领。此时的希拉里虽然与克林顿分隔两地，但是却实实在在地感受到了克林顿的努力，她在华盛顿为克林顿出谋划策，同时也为克林顿感到自豪。

距离虽然让相恋的两个人分隔两地，但希拉里却好像此时才进入热恋期。她的情绪被克林顿的一举一动所牵动。在同事们眼中，此时希拉里已经深陷克林顿的爱情漩涡之中，她的喜怒无常和患得患失都只因为克林顿。

和希拉里一个办公室的汤姆·贝尔曾经说："如果希拉里一整天烦躁不

安，那么一定是一天都没有接到克林顿的电话。而在持续几天的暴躁之后，她有时又会兴高采烈地对我说：‘汤姆·贝尔，总有一天比尔·克林顿要成为美国总统的。’”希拉里对克林顿的竞选异常关注，因为这不仅仅是一个国会议员的竞选，还关系到克林顿日后能否顺利进入华盛顿。对希拉里而言，阿肯色州或许是一个必须经历的歇脚点，但不是她的最终归宿。

如果克林顿的竞选情况让希拉里变得喜怒无常，那么让她患得患失的便是克林顿的感情问题了。从接受克林顿开始，希拉里便明白这个喜欢拈花惹草的比尔不可能全心全意地忠诚于他们的爱情。而在此时繁重的工作中，从阿肯色州偶尔传来的克林顿的风流韵事则让希拉里头痛不已。这是异地恋情中不可避免的考验，虽然希拉里明确地知道克林顿对自己的爱，但同时也知道克林顿不可能改掉自己风流的习性。

为了帮助克林顿竞选以及驱赶克林顿身边的莺莺燕燕，希拉里甚至在繁忙的工作之余抽出时间飞回阿肯色州。在克林顿选举的关键时刻，希拉里希望他知道自己与他同在。而在爱情面临危机之时，希拉里不同于自己母亲的委曲求全，也不同于外公外婆的决裂，她选择了努力捍卫。甚至在一次忍无可忍之时，希拉里曾从华盛顿打电话威胁克林顿：“如果你继续这样的生活，那我也不介意在华盛顿找个人上床。”这样的强势和决绝敲响了克林顿心中的警钟，也让他之后收敛了起来。

关于爱情的这些困惑在 1974 年 5 月接到克林顿竞选成功的消息之后，暂时被希拉里抛诸脑后，这一刻没有什么比克林顿的成功更让希拉里感到喜悦的了。在克林顿打来的电话中不难听出他的激动，他开始有些语无伦次，对希拉里说：“亲爱的，恭喜我吧！你知道吗，我第一时间就想到要打电话给你。”

对克林顿而言，过尽千帆，希拉里才是他唯一的归宿，也是他感到幸福时第一时间想要共同分享的人。希拉里完全感受到了恋人的喜悦，这突如其来的幸福让她也跟着一起兴奋起来。

在这之后，希拉里在华盛顿的工作也渐渐进入尾声。8月，尼克松总统辞职，这也意味着希拉里每天18个小时的高负荷工作即将结束。此时的希拉里已经在华盛顿声名鹊起，这是她连续一年努力工作的成绩。华盛顿的著名律师事务所向她抛出了橄榄枝，而她自己也结识了许多国会议员并维持良好的关系，对于整个华盛顿政坛，她已经有了初步的了解。此时如果留在华盛顿，希拉里的光明前途完全可以预见。

但希拉里再次做出了让大家跌破眼镜的决定，她放弃了留在华盛顿的机会，选择了去阿肯色州与克林顿共同奋斗。在她宣布这一决定之后，周边的朋友都认为她已经完全失去了理智，但或许只有希拉里自己明白这本就是她人生规划的一部分。对于曾经一同奋斗的调查小组同事们的劝阻和挽留，希拉里只给出了一句话的回答："比尔爱我，而且他现在需要我！"

人生起起落落，没有人能够预知下一秒将会发生什么，但正是这些未知塑造了生命的各种可能和无限精彩。对希拉里而言，选择放弃华盛顿的高薪工作而选择去阿肯色州教学，这两者之间从来无法衡量所谓的优劣。是非成败都是自己本心的选择，无关于外界的一切衡量标准。

有光的地方就有阴影，反之亦然。从坎布里奇到华盛顿，从华盛顿到阿肯色州，希拉里走过的每一步都是光与影并存。新的地域有新的挑战，阿肯色州亦有新的故事等待希拉里去创造。

第三章
每个梦想都有推手

为丈夫
摇旗呐喊的
妻子

·第一节·
姓克林顿的希拉里

1974年冬天，希拉里自北向南，一路向着温暖而去。这一年尼克松下台，希拉里完成了自己的使命，毅然决然地告别了实现她梦想和荣耀的华盛顿。对希拉里而言，这不过是人生中的暂别，通往阿肯色州的路才能够让她走得更远。

然而选择只是个人的，但注视的目光却来自四面八方。希拉里选择阿肯色州的决定，几乎遭到了周边所有人的否定。当希拉里在德克萨斯认识的好友萨拉·埃尔曼听到希拉里这样的决定之时，他甚至认为希拉里是不可理喻的，他说："她简直是疯了。"在朋友们的眼中，希拉里选择到这个乡下地方当个教书匠，简直是疯狂而不负责任的表现。

毫无疑问，希拉里是众人心目中那颗最闪亮的明珠：她善良坚毅，充满智慧，永远有一种能够引领他人的魅力。

其实对希拉里而言，在别人眼中这草率鲁莽的决定则是她在无数次退缩又无数次为自己加油鼓劲后的慎重决定。无论是与克林顿共度一生的人生抉择还是定居阿肯色州的决定，希拉里在很长一段时间内都处于纠结的状态。

对于这个没有亲人朋友的陌生地域，希拉里没有信心能够完全适应，而对于在情感上尚且处于十几岁少年心智的克林顿，希拉里也没有共度一生的勇气。

人生的每一次抉择或许都是一场赌博，无论如何纠结，最终都要做出选择，并且承担选择的后果。在希拉里看来，选择阿肯色州亦是人生的重要赌注，她赌上自己和比尔的爱情、赌上未知的前程，希冀能赢来一个圆满的结局。

阿肯色州对于希拉里完全是一个陌生的地域，这里是克林顿的主场，希拉里并没有发挥自己女强人特色的有利条件。对局外人而言，如果希拉里不牺牲自己去成全克林顿，她或许能够走出一条属于自己的辉煌政治之路，而投入克林顿的怀抱，选择阿肯色州则意味着希拉里要担任克林顿背后的角色。

虽说“当局者迷，旁观者清”，但此时的希拉里其实很清楚自己选择阿肯色的那一刻就意味着隐去自己的光芒去成就克林顿。她曾经对朋友坦言：“我选择阿肯色州便明白自己将失去在华盛顿或者纽约寻找一份体面工作的机会，也抹杀了自己绽放光芒的可能。”

一直以来，希拉里都是独立、自主、维护女权的代表，但她骨子里接受的传统妇女教育依然根深蒂固。她把自己所有的才华和智慧都用在辅助丈夫的事业上，他们是最好的搭档，也是追梦途中最适合的伴侣。

希拉里的这种想法对克林顿而言简直是天降福音。一直以来，他都希望希拉里能够来阿肯色州跟他并肩同行，正因如此，在得到希拉里要来阿肯色州的消息之后，他几乎动用了他所有的人脉关系，尽其所能地为希拉里找到一份在阿肯色州立大学费耶特维尔分校担任法学教师的职位。

对于前路希拉里充满期待，但同样充满忐忑，她的挚友埃尔曼一次又一次地对她进行劝说，但此时的希拉里早已沉浸在即将见到克林顿的喜悦当中。或许是心疼友人的决定，又或许是为了对友人进行最后的劝解，最终萨拉·埃尔曼决定亲自驱车送希拉里去阿肯色州。

埃尔曼的车装载着希拉里在华盛顿的全部行李—— 一些书、音箱、衣服和鲜少骑到的自行车。这趟本应是1225英里的旅程，他们似乎走了更久。在旅途中埃尔曼和同行的友人艾伦·斯通一路走走停停，带着希拉里游览名胜风景，企图让希拉里能够回心转意。但埃尔曼没有想到的是，希拉里的决心非常坚定。对希拉里而言，如果做出了抉择就一定会义无反顾。

当萨尔·埃尔曼试探性地询问希拉里："你已经确定了吗?"希拉里只是淡然一笑，她告诉埃尔曼，对于未来她并不确定，但她愿意冒一次险。无论旅途风景多好，终究会走向目的地。最终希拉里还是到达了阿肯色州，这个她魂牵梦萦想要跟恋人一起开始新旅程的地方。

如果说在此之前，埃尔曼尚且完全无法理解希拉里，但看到希拉里和克林顿重逢的这一刻，他似乎能够读懂希拉里的决心。在他们抵达阿肯色州立大学后的第二天，希拉里带着埃尔曼一起去听克林顿的演讲。正是这一次演讲让埃尔曼开始了解希拉里挚爱的这个年轻小伙子，并且开始相信希拉里"坚信克林顿总有一天会成为美国总统"的信仰并不是无稽之谈。

希拉里和克林顿或许从未在乎过他人的眼光和看法，但只要他们站在一起，并不需要太多的言语就能够证明他们之间的契合和互补。

希拉里的大学任教生活正式开始了。正如曾经在弹劾小组的同事的说法，融入阿肯色并不是一件很困难的事情。在这里，正如希拉里每一次踏上一片新的土地，费耶特维尔很快就以包容的心接纳了希拉里，或者说希拉里一步步地征服了这座小城。

曾经的陌生变成了一种似曾相识的默契，希拉里在逐渐适应新生活的同时对这个地方的喜爱也与日俱增。这里民风淳朴，居民相互之间亲密友善，没过多久希拉里就认识了很多新的邻居和朋友。对希拉里而言，费耶特维尔不再是让人忐忑的异地，而是亲密相伴的归宿。

生活步入了正轨，事业也一步步开展起来。希拉里在阿肯色州立大学的教学工作非常顺利，这里的学生对新来的土气的北方老师充满了好奇，并且很快被她的个人魅力所折服。

在这个并不发达的小城大学里，希拉里俨然成了一个令人瞩目的独特人物。大家都知道她是比尔·克林顿的女朋友，虽然在他们眼中总是不修边幅、一副大厚眼镜的希拉里跟花花公子克林顿并不相配。同时，大家也听说了她参加过尼克松弹劾工作调查小组的光荣事迹。不过这些对希拉里毫无影响，她依然按照自己一贯严格谨慎的态度教学，在课余时间还参加了当地法律援助中心的穷人救助和囚犯援助的项目。

无论扮演怎样的角色希拉里都力图尽善尽美。在这个自己熟悉的法律专业中担任自己并不熟悉的教学工作，希拉里并未怯场。或许初到阿肯色州立大学的她是因为曾经的辉煌经历和克林顿女友的身份被人们牢记，那么在学生们跟她的接触过程中，曾经的这些都变成了过眼云烟，留下的则是她别具一格的强硬教学风格。

有同事认为她讲课清晰条理，与克林顿的轻松幽默风格完全不同，希拉里在课上是没有废话的，讲述的全是严肃实用的内容。曾经有同事提到希拉里上课的情景："她上课会给你机会思考，并且会不断提问，不断挑战你。她不会冤枉学生，但是如果你没有做好准备，她的批评也丝毫不留情面。"

在课堂上希拉里是严肃古板的，但这并不影响她私下善于交际的性格。原本对于阿肯色州的生活做好了孤独准备的希拉里很幸运地在这里交到了朋友 。随着在这里生活的时间逐渐变长，希拉里发现身边有许多见闻广博的人，也跟他们成为了很好的朋友。这些人不但有阿肯色州本地人，也有许多来自南方或者北方因为各种原因聚集在此处的外地人。

交到朋友的希拉里生活变得更加丰富多彩，她经常和这些新朋友聚在一

起烧 ……橄榄球队野猪队的比赛，激动的时候也
会跟 ……！猪！”俨然已经是地地道道的本地人
做派 ……甚至认识了 70 多岁的法学教授罗伯
特·莱 ……的友谊。在她的整个人脉网络中，以
律师和 ……庆幸的是，她结识了一生中最密不
可分的 ……

和 ……爱的人从华盛顿来到了阿肯色州，
甚至她 ……同小异。相同的经历总是更容易让
彼此之间 ……朋友。

她们 ……而合。希拉里和黛安娜都希望推
动女性的 ……并且期盼政府能够让包括女性权
利和生育权 ……值得一提的是，当时黛安娜的伴
侣吉姆·布 ……拉里和克林顿的人生有着重要
影响。

在阿肯色 ……做的远不止交友、工作这么简
单，她一如既 ……她的朋友黛安娜·金凯德一起
建立阿肯色州 ……挚友之间精神交流的最高表现，她
们用自己特殊的方式证明了维护女性权利的决心。

时光荏苒如白驹过隙，很快希拉里已经在阿肯色州度过了整整一个学年的时间。在这期间她努力适应阿肯色州的生活，为克林顿的竞选四处奔走，但是却并未像在耶鲁大学一样与克林顿生活在一起。

希拉里和克林顿的这种生活状态让耶鲁大学的同窗好友们感到不解，但是希拉里却知道这是明智的选择。尽管希拉里并不喜欢独居，但是面对当时阿肯色州保守传统的风气，为了克林顿的政治前途和声誉，希拉里不得不做出

让步。

希拉里的委曲求全并没有换来克林顿的好名声，当时关于克林顿的各种传言不绝于耳。而其中虽然有恶意的诋毁和抹黑，但也并不是全部空穴来风。克林顿的风流多情似乎与生俱来，虽然他多次表示早已经视希拉里为相伴一生的伴侣，但是却依然与很多女性保持着暧昧的关系，比如自己的女学生、竞选工作组的工作人员。

阿肯色州对希拉里而言是一个不留退路的赌注，但即便已经融入到这里的生活，希拉里依然不知道自己的这场博弈是赢是输。人生如果到了无法抉择的路口，不如跳脱出去，重新审视自己，也重新辨别前进的道路。此时的希拉里便已经走上了迷茫的分岔路，为了能够清晰辨别今后人生的方向，希拉里在学年结束后开始了一个人的旅行。

告别阿肯色州，希拉里踏上了去往芝加哥的回忆之旅。这里是希拉里成长的地方，有她最珍贵的童年记忆和人生最纯真岁月里的友人。她一边观赏沿途风景，一边拜访曾经的恩师和旧友。一场旅行仿佛是一场人生的洗礼，鼓励着希拉里勇敢地踏上前行的路。

在旅途结束之后，希拉里心中已经暗暗做了一个惊人的决定。回到阿肯色州，克林顿亲自开车去机场接希拉里，他对希拉里说："还记得我买下的那所红房子吗？我以后不想一个人独自住在那里了。"这本是一场没有抱任何希望的变相求婚，克林顿早已经准备好面对希拉里的沉默或拒绝，但这次希拉里回答了两个字："好的。"

这天降之喜简直让克林顿不敢相信。表面潇洒的克林顿内心却是脆弱而自卑的，他一直认为希拉里愿意与他共度一生是牺牲大过幸运，他曾经对友人坦诚："我没有想过她真的答应了，她本应该获得更多的。"

面对一直对希拉里充满敌意的弗吉尼亚，克林顿也曾表明过自己的决心：

“我不需要娶一位美丽或者性感的女神，如果不是希拉里，我谁也不想娶。”

相对克林顿的深情和惊喜，这个决定似乎并没有让希拉里的心中生出多少波澜，因为这对希拉里而言不过是对的时间做出的对的选择。对于跟克林顿的婚姻问题，希拉里已经考虑了整整两年，或许在她的心中早就已经认定了这个人，但是母亲从小所受的家庭迫害和对父亲的隐忍态度，让希拉里面对感情时要比一般人胆怯谨慎得多。

无论面前曾有多少分岔路，一旦选择上路就不会再犹豫不前。果决的希拉里在决定嫁给克林顿之后变得轻松自得了起来。她并不在乎婚礼有多么的华丽，甚至婉拒了克林顿为她准备订婚戒指的建议。

爱情是两个人的事情，无需向其他人证明；而婚姻也不过是对于美丽爱情的一份忠诚和承诺，并不需要多么华丽烦琐的形式。希拉里和克林顿的订婚仪式，只是一个小小的派对。他们在温泉郡举行派对，只邀请了身边的至亲好友。这场订婚并没有惊天动地的誓言，但人们从他们紧握的双手依然能够看出他们彼此的深情。

订婚是简单而温馨的，婚礼更是如此。在希拉里的心中，婚礼不过是形式而已，生活才是实实在在的。若说她曾经为婚礼做过的贡献，或许就是在婚礼前买过一套丹麦餐具了。整个婚礼希拉里都交给了朋友安·亨利来处理，从决定地点到招待来宾，她几乎全部没有参与。更离谱的是，直到婚礼开始前一小时，在母亲多萝西询问下，希拉里才发现自己连结婚礼服都没有准备。于是，多萝西带着希拉里去购买了一套绣有花边的维多利亚式套装。

1975 年 10 月 11 日，在希拉里距离 28 岁生日还有 15 天之际，希拉里和克林顿的婚礼在他们红色房子的庭院中举行，休·罗德姆依依不舍地将自己挚爱的女儿交到了克林顿的手中。一对新人在卫理公会的牧师和在场亲朋好友的见证下交换了戒指，希拉里和克林顿迈入了婚姻的殿堂，开始了休戚与共的共伴人生。

从两个单独的个体，通过婚姻的承诺成为一个共同体，这整个过程并不是一个婚礼就可以一蹴而就的。婚姻不仅仅是爱情的归宿，更是相互的包容和磨合的开始。

在希拉里认定了克林顿之后，她的人生不可避免地开始为克林顿妥协和让步。这并不是完全的牺牲和自我丧失，而是为了更长久的将来所做出的必然选择。与克林顿结婚初始，希拉里的名字依然是希拉里·罗德姆。作为一个女性维权主义者，跟从丈夫的姓氏并不符合希拉里的理念。但是身处传统保守的阿肯色州，希拉里的这一举动引起了轩然大波，甚至被指责缺乏传统的家庭观念。

当个人的坚持和克林顿的政治前途产生冲突之时，希拉里只能无奈退让，最终她还是成为了希拉里·克林顿。

以我之名，冠你之姓。从希拉里·罗德姆到希拉里·克林顿的转变，对希拉里而言并不仅仅是为了政治的妥协退让，更是希拉里和克林顿更加贴近的宣誓，从此希拉里的人生已然与克林顿融为一体，成为共进退、同荣辱的共同体。风雨相伴、携手同行，这对年轻的夫妻已经开始积蓄力量，成为政坛上一轮冉冉升起的旭日。

·第二节·
战役中不可缺少的军师

从恋爱到结婚，希拉里迎来了新的人生阶段。然而从她跟克林顿相识的那一刻开始，有些事却从未改变。这对已经经历了一些人生风波的夫妻从邂逅初始便注定了不会像寻常情侣一般相处。他们是人生的绝佳伴侣，更是事业上风雨同舟的伙伴。一纸婚姻契约对希拉里而言，不是锁住她婚姻的枷锁，而是让她跟克林顿更加紧密相连的誓言。

若仅仅只是一对普通的恋人，希拉里跟克林顿的爱情可能无非是，相爱、争吵、磨合、结婚、生子……但希拉里毕竟不同于其他普通女孩，她的人生追求从来都不甘于平凡，因此在跟克林顿相爱初始她便知道，这不但是她心心念念的恋人，更是她政治路途上的合作伙伴。

两个人相伴一生或许是因为始于一段爱情，但相守相伴却需要心灵的契合和理想信念的支撑。在希拉里早年的岁月里，她的政治思想更加倾向于共和党，而随着人生阅历和见解的增加以及与克林顿的相遇，希拉里则是完全的民主党追随者了。这其中的转变跟克林顿的影响不无相关。

这个倔强的北方姑娘在跟克林顿的深入接触中渐渐将自己放在了一个辅

助者的位置，希望自己可以成为帮助克林顿实现政治理想的翅膀。这抑或可以称之为爱人间的惺惺相惜，抑或是希拉里内心的传统女性教育作祟——她愿意成为克林顿成功背后的女人。

虽然这一点在婚后的希拉里身上体现得尤为明显，但她牺牲退让的开始却从她和克林顿的交往中便已经能够寻觅踪迹。当希拉里与克林顿分隔两地时，希拉里就开始扮演克林顿政治路途上的军师角色。

1974年的夏天，希拉里正在华盛顿参与尼克松弹劾工作调查小组，而克林顿也正在为参加阿肯色州的国会议员选举四处奔波。虽然相隔千里，但希拉里始终心系克林顿的一举一动，对于克林顿这政治路途上的第一步更是给予了无限支持。她打电话回家说服自己的父亲和弟弟，让他们到阿肯色州支持和帮助克林顿。

当希拉里的父亲休·罗德姆和弟弟托尼开着凯迪拉克踏上费耶特维尔的土地，克林顿在惊喜之余也感到不可思议。这是希拉里给予他的惊喜，在此之前他从未想到休和托尼会来帮助他。当然，并不是所有人都能够理解希拉里的举动，克林顿选举办公室的志愿者们就戏称休和托尼是希拉里派来监视克林顿的。然而休和托尼并不介意，在与克林顿的相处中，他们已经接受了这个抢走希拉里芳心的“南方佬”，更是心甘情愿地开着写着“克林顿国会选举”标语的凯迪拉克在阿肯色的乡间小路上行驶。

家人的倾力相助是温暖而欣慰的，但却始终抵不上恋人的相伴相持。因此在希拉里结束华盛顿的工作之后，便立即赶到了阿肯色州，她开始了在这里的工作生活，同时也开始了辅助克林顿竞选的工作。

对希拉里而言，克林顿的竞选是他们共同的事业和理想，她不可能置身事外。因此很快这个强势的姑娘就成了克林顿竞选团队中不容忽视的存在。她在竞选团队中抓纪律、搞管理，将原本乱哄哄的竞选队伍打理得井井有条。

一直以来希拉里与克林顿的特质就完全不同，因而在行动上也呈现出绝对互补的趋势。克林顿热情有干劲但却有些散漫，而希拉里做事干净利落且有着丰富的组织管理经验。希拉里的到来对于克林顿的竞选无疑是雪中送炭。

在希拉里刚刚到达阿肯色之际，正是克林顿饱受媒体诟病，深陷逃兵役的舆论风波之中的时候。人们认为一个有过逃兵役行为的人本身在责任心上会有所缺失，这让克林顿一直以来营造的形象大受打击。而希拉里的到来不但帮克林顿把整个团队管理得井然有序，更大大提高了竞选团队的工作效率。有到过克林顿竞选团队采访的媒体甚至称克林顿的竞选队伍是最有效率的集体。这无疑是希拉里的功劳。

随着希拉里的到来，克林顿也改变了自己的形象，他将头发剪成了利落的短发，舍弃了原本“维京大盗”般的络腮胡须，整个人都精神了起来。甚至他们还租用了一辆小型飞机，克林顿坐着它去往阿肯色各个偏远的角落，宣传自己的竞选纲领，寻求选民的认同。努力就有收获，凭借这一系列的举动，克林顿原本脆弱的形象得以扭转，以77%的投票优势击败另外3个候选人，提名为民主党的国会议员候选人。

这场竞选之战才刚刚过半，走向胜利依然需要更多的跋涉。但希拉里和克林顿却满怀希望，充满斗志。选举是人心的拉锯战，而人心也是最难取悦和征服的。

对初入政治战场的希拉里和克林顿而言，前期取得的胜利无疑给他们打了一剂强心针。但人生不如意十之八九，太过容易的胜利也就失去了争取的价值。当选举日来临，希拉里陪着克林顿和志愿者们在竞选的大本营屏息等待结果。意料之中的是，克林顿赢得了曾经努力去宣传的大部分边远地区选民的支持，而对手资深候选人哈默·施密特则在城市中获得了更多支持。最终，哈默·施密特以51.5%，仅仅领先6000票的微弱优势战胜了克林顿。

失之毫厘，谬以千里。6000票的微小差距最终让克林顿的选举梦碎。8个月的忙碌和辛劳最终付诸东流，这让克林顿和希拉里身心俱疲。两个失落的年轻人只能依靠着彼此来相互取暖。

成王败寇，选择了拼搏就要经受的起失败的打击。希拉里和克林顿并没有在失败的泥潭中沉溺太久，而是选择了更加积极的疗伤方式。他们在阿肯色的红房子里举行了婚礼，许下了相伴一生的约定，也在这场婚礼的契机中寻得了新的奋斗目标。

在婚礼当天，希拉里和克林顿邀请了300多人来参加他们的婚礼派对。正是在这场派对中，克林顿得知来参加派对的阿肯色州司法部长吉姆·塔克即将辞职，司法部长一职将面临空缺。这样的机会克林顿显然不会放过，他很快就作出要参加司法部长竞选的决定。

不同于国会议员竞选的复杂和困难，司法部长的竞选对于克林顿来说并不是什么难事。曾经在议员竞选中打响的知名度成为克林顿竞选的助力，而共和党宣布放弃竞选更是大大增大了克林顿竞选成功的可能性。

这次的竞选只有3个民主党的候选人进行竞争，而也是在这次竞选中才充分体现出希拉里的政治才能。在国会议员竞选之时，希拉里更多的是帮助克林顿进行工作团队的管理，但这次希拉里则在管理之余帮助克林顿进行了更为细致的筹划。根据阿肯色州本身教育体制的不完善，整体趋于保守现状，希拉里提出了推动教育改革的方案，让克林顿在选举中大受好评。

民众的选择取决于是否能够为他们带来切实利益，而这一结合阿肯色实际情况提出的方案毫无疑问得到了整个选举的最多票选，让29岁的克林顿成功坐上了司法部长的位置，成为整个阿肯色州最受瞩目的年轻政治明星。

夫妻之间既要懂得风雨同舟，同时也要学会齐头并进。作为一个独立的女性，希拉里从来都不是谁的附庸。即便为了丈夫可以牺牲奉献，却始终未忘却作为个体的自我价值的实现。在克林顿为了赢得司法部长职位而努力的同时，希拉里并不仅仅只是丈夫这场战役中的配角，而是选择在相同的时空中得到了自我的升华。

1976年对克林顿而言或许最重要的便是这场司法部长选举，但是对于整个美国而言则是总统大选。这个跟未来总统结交的好机会希拉里和克林顿夫妇俨然不会错过，他们很快就宣布加入到民主党候选人卡特的竞选团队中，克林顿担任阿肯色竞选委员会的负责人，而希拉里则成为了印第安纳州的调度员。

在一边关注丈夫司法部长竞选的同时，希拉里在印第安纳州的工作也进行得异常顺利。曾经在得克萨斯州帮助麦戈文竞选和为克林顿竞选出谋划策的经历成为了希拉里这次工作的最大财富，而在华盛顿的调查工作履历让她更加挥洒自如。虽然在负责印第安纳州之初希拉里就知道要取得这个选区的胜利几乎是不可能的事情，但她从未想过要放弃。

她与生俱来的政治天赋和社交天赋以及曾经生活在临近印第安纳州的中西部，让她几乎能够完全站在选民的立场上去思考，也为卡特赢得了很多选民。遗憾的是这个共和党拥有压倒性优势的选区，并没有因为希拉里的热忱和投入而出现奇迹，最终卡特并没有赢得这个州。

过程虽然重要，但最终的命运却只能交给结果。索性在整个大选中卡特以50%的选票对共和党候选人杰拉尔德·福特48%的选票，最终赢得了总统选举的胜利。而值得庆幸的是，克林顿在此时也传出了好消息，成为了阿肯色州的司法部长。

希拉里沉浸在这场大选胜利的喜悦中，这不仅仅是民主党的胜利，对于希拉里和克林顿而言，这更是他们向总统之路行进的一大转折。在大选中，希拉里和克林顿的表现得到了卡特总统的大加赞扬，也因为这次大选的契机希拉里和克林顿在民主党内的威望和地位大大提高。

梦想可以无限远大，但生活始终要脚踏实地。在大选过后，克林顿也走马上任，去小石城开始新的工作和生活。与此同时，已经适应了费耶特维尔生活的希拉里也不得不依依不舍地告别自己刚刚爱上的这个地方，跟随丈夫的脚步搬到小石城去。

曾经希拉里对采访她的记者这样形容费耶特维尔："那里的生活很好，一切都是那么闲适缓慢，费耶特维尔的时光是我人生中最美好的时光之一。你可以在那里跟你的朋友促膝长谈几个小时，可以无拘无束地谈论这世界上发生的一切事情，那样的日子真让我想念。"

只是同处阿肯色州，小石城却拥有与费耶特维尔完全不同的面貌。作为阿肯色州的首府，小石城俨然要比费耶特维尔的规则烦琐复杂得多。这些对克林顿而言并不是什么问题，因为他本就是土生土长的阿肯色人，而对于希拉里而言，这所有的一切变动却是她面临的新挑战。

在新的地域中，希拉里必须要扮演好人生面临的一些新角色。她不仅仅是希拉里，更是司法部长克林顿的太太希拉里。在克林顿经营的这一方天地中，她既要保持自我，也要努力配合。

从费耶特维尔到小石城，希拉里面临的首要挑战就是寻找新的工作。原本的大学距离小石城太远，既然选择了跟随丈夫移居小石城，那么继续这份工作便有些不切实际了。于是她辞去了大学法学讲师的职位，同时也面临着新的纠结——该找一份什么工作。担当公职对于希拉里而言似乎是不错的选择，但考虑到克林顿此时的职位，为了选择避嫌，希拉里还是放弃了。于是摆在她面前最适合的路便是加入律师事务所，从自己的老本行干起。

在希拉里的职业选择中，她已经开始有意识地与丈夫进行分工，也开始了一种以克林顿为先的角色担任。无论这是有意为之还是潜移默化的结果，无可厚非的是希拉里和克林顿独特的政治配合已经展开，并且在互补互助的路上越走越远。

从前的希拉里或许从未想过有一天会加入到一个私人的律师事务所，但是当她和克林顿组成了家庭，这个从未列入选项的选择就成了目前为止的最优选择。结婚之后的克林顿如过去一般并没有意识到金钱的重要性，而希拉里此时则已经开始为他们的未来筹划，希望能够有一笔可用的积蓄。因此，私人律师事务所的高薪成功地吸引了希拉里。

定好了工作方向的希拉里不由得想到曾经有过一面之缘的文斯·福斯特。他是阿肯色州最有名气的罗斯律师事务所的合伙人，而希拉里跟他的缘分则是在一年之前的一次会面。文斯·福斯特是克林顿童年的玩伴，当时为了在法学院设立法律援助中心的事情曾经跟希拉里有过接触。因此对于福斯特而言，希拉里并不陌生，甚至对这个雷厉风行的女人非常赞赏。当希拉里跟他提出有意加入罗斯律师事务所之时，他全面充当起了桥梁的角色，跟其他合伙人大力举荐了希拉里。

最终这个从未接受过女律师的事务所接纳了希拉里，但是并不是所有人对于希拉里的到来都感到欢迎。在这个男人掌握话语权的律师界，女性的地位显然要低得多，很多质疑的声音出现了，“她是女人，我们要怎么跟客户介绍她？要知道我们的客户可都是男性。如果她怀孕了要怎么办？”甚至有人针对她是司法部长夫人这一点表示了担忧，认为事务所会因为她敏感的身份产生一些原本不会出现的利益冲突。

质疑的声音并没有让希拉里前行的脚步为之却步，她游刃有余地应对面试，成功通过了罗斯事务所的面试考验。1977 年 2 月，希拉里以 25000 美元的年薪正式受聘为罗斯事务所的一员。这比原本在州立大学的教师工作足足多了 7000 美元的收入。而此时克林顿刚刚宣布就任司法部长 1 个月的时间，在他就任的同时工资也增加到了 26000 美元。

对于收入的增加，克林顿并没有太多的感觉，但是对希拉里而言这些收入则是他们积累政治资金的基础。在风云变化的政治斗争中，金钱的作用不容忽视，希拉里此时早已经意识到要积累金钱以备不时之需。她跟吉姆·布莱尔学习投资，在股市里玩得风生水起，也让自己的财富不断增加。

在希拉里为了两个人的未来不断积累财富的过程中，克林顿的工作也进展得非常顺利。这个年轻的司法部长凭借自己对阿肯色州的熟悉和了解，在工作中表现出了极大的热情和非常高的效率。他深入到阿肯色州的各个角落，也让自己的影响逐渐遍布整个州。这是克林顿在阿肯色州赢取民心的第一步，也是成功而踏实的一步。

希拉里和克林顿的朋友德博拉·塞尔曾经这样形容两个人：“他很依赖她，我同时也觉得她也是依赖他的。他每天早上起床都会去想自己这一天可以做什么，又能够收获什么；而她在睁开双眼的时候便会想今天需要做什么，完成什么，要跟谁见面，又需要怎么做。在他们身上可以感觉到跟一个充满热情，对生命无限热爱的人生活在一起有多么美好。”

因为拥有彼此，生命才得以完整。在希拉里和克林顿身上充分体现了这一点。希拉里的执着谨慎和克林顿的热情洋溢共同勾勒出他们生活的美丽蓝图。在日复一日、年复一年的生活磨合中，他们变得更加无法离开彼此。

·第三节·
站在美国权力中心

阿基米德说："给我一个支点，我能撬起地球。"生活或许不会一直顺风顺水，但只要寻得合适的契机，便能够乘风破浪，向着目标更顺利地前行。如果说希拉里和克林顿相识之初一直属于对未来道路的探索阶段，那待到他们结婚之后，经历了一系列的曲折挫败，也终于积蓄力量寻得了人生的支点。

成为司法部长的克林顿迎来了事业的高峰期，他和希拉里都在民主党内积累了很好的口碑，而且得到了时任总统卡特先生的赏识。天时地利人和似乎都降临到了这对夫妻的身上。因为在总统选举中的突出表现，卡特对克林顿和希拉里尤为重视，他不仅授予克林顿审查总统任命和法官任免的极高权力，甚至帮助克林顿成为法律服务公司的董事会主席。一时间克林顿和希拉里的风头无二，成为民主党内冉冉上升的政治新星。

然而在光辉与荣耀的洗礼下，他们并没有迷失自己，克林顿在担任司法部长期间积累了非常稳固的群众基础；而希拉里也在自己从事律师的事务所内逐渐成为备受瞩目的角色。

1978 年 11 月，克林顿高票当选为阿肯色州的州长，这个年仅 32 岁的州长也成为当时美国最年轻的州长。公众对于克林顿的成功给予了高度评价，《纽约时报》甚至撰文称克林顿是“阿肯色的政坛天才”。在选举成功的当日，克林顿握着希拉里的手，对她深情地说道：“我为我们共同进行的这场选举运动感到自豪。”他们之间早已经荣辱与共，这是他们共同的胜利。

1979年1月10日，对整个阿肯色州而言都是不同寻常的一天。阿肯色州议会大厦众议院会议厅内人声鼎沸，克林顿携手希拉里在此举行就任仪式。这一天克林顿正式宣誓为他所热爱的家乡和人民服务，成为美国历史上为数不多的年轻州长。而希拉里的使命也随之而来，她灵动的双眼注目着整个会场，双手握着圣经自信微笑，她用自己特有的风采宣告自己将成为阿肯色州的第一夫人，与她的丈夫一起完成守护这个州的使命。

对于希拉里而言，成为州长夫人并不意味着要躲在克林顿的身后做一个相夫教子的传统妇女。在她人生的成长学习过程中，她得到的理念是成长为独立的个体而不是某个男人的附庸。因此对于扮演政治人物的妻子这个角色她并不热衷。对她而言，她要做的是希拉里式的州长夫人，而不是被束缚、被规定的州长夫人。

希拉里始终是忠于本心的希拉里，她不会被任何人的光芒所覆盖。在克林顿刚刚担任州长的几年间，她的名望并不弱于克林顿。她早年在华盛顿的工作经历早就为她打开了名气，而在克林顿当上州长之后，希拉里更是将这名气扩散了出去。但她并不沉迷于州长夫人的虚名，对希拉里而言，在幕后默默帮助克林顿制定政治方略和公关政策远比参加政治人士的舞会和上流贵妇的下午茶要有意思得多。

在克林顿为了民生、医疗等各个新政奔走之时，希拉里也不遗余力地为丈夫出谋划策。在克林顿的政治生涯中，希拉里一直无怨无悔地扮演着辅助者的角色。

特立独行必然是个性的展示，但也无可避免地成为争议的焦点。对于希拉里不愿意履行州长夫人的义务，不愿意做个循规蹈矩的传统州长夫人的行径在民风保守的阿肯色州引起了很大的争议。甚至当时的希拉里还没有改为夫姓，依然是希拉里·罗德姆。这在阿肯色简直是不可思议的事情，她几近离经叛道式的处事方式掀起了轩然大波，也让克林顿初上任之时的褒奖之声逐渐变了味道。

《阿肯色民主党人报》在一篇报道中称：“罗德姆女士，只是一个落伍的小孩!”这直白的讽刺之声一定程度上也可以代表当时主流媒体和民众对希拉里的观感。

坚强的希拉里并不会因为外界的质疑就否定自己，而且在当时，希拉里有更重要的事情要去完成，对于流言蜚语无暇顾及。希拉里在成为州长夫人的这一年同时迎来了她和克林顿的爱情结晶——希拉里怀孕了。

曾经被诊断为很难怀孕的希拉里内心一直期盼着能够和克林顿一起孕育一个生命。尽管他们的工作都非常忙碌，但却从未忽略孕育下一代的大计划。为了能够顺利怀孕，希拉里和克林顿甚至已经打算好去进行特别治疗。但皇天不负有心人，在希拉里和克林顿从百慕大度假归来，准备去和预约医生见面时，希拉里发现自己怀孕了。

对于希拉里和克林顿而言，这个小生命的到来简直是个奇迹。克林顿和希拉里都用心祈祷宝宝能够健康出生，多次去参加准爸爸准妈妈课程，为未来自然分娩做准备。

1980 年 2 月，这个备受瞩目的小生命降临人世，希拉里和克林顿给他们的女儿取名为切尔西。这个名字早在知晓这个生命不久就已经被取下。当时的希拉里和克林顿正在伦敦度过希拉里怀孕后的第一个圣诞节。行走在伦敦街头，他们远远听到朱迪·柯林斯演唱的《切尔西的早晨》，而凑巧的是，当时的他们正好在切尔西街头上行走。于是克林顿对希拉里说："如果我们生的是女儿，就让她叫切尔西吧。"

切尔西的到来让这个家变得热闹起来，克林顿迫不及待地跟亲人们分享了女儿诞生的喜悦，多萝西和休也赶到阿肯色，来看望他们期盼已久的第一个外孙。成为妈妈对于希拉里而言是人生的新体验，但这个家庭的喜悦对于一些其他有心人则拥有了另一种意味。

希拉里所在的律师事务所的同事都在打赌希拉里是否会因为女儿而辞职。但这场赌注毫无意义，对于希拉里而言，家庭和工作对她同样重要，在照顾女儿 6 周之后，她便重新投入到工作中去。这是属于希拉里式的雷厉风行，但在很多人眼中这样的妈妈又显得有些冷酷。

人生总是有得必有失。在他们还沉浸在迎接新生命的喜悦之时，不得不接受人生的另一个坏消息：克林顿州长连任失败了。曾经在克林顿的一次宣誓就职仪式上，他讲道："得票数便可以证明我和我妻子为这个州所付出的一切以及我们取得的成就。"但时光流逝，这句话依然有效，在他们出现许多政治性错误之后，得票数也无可厚非地随之减少。对希拉里和克林顿而言，这是悲喜交加的一年，但同样是他们生命中无可取代的养分，为他们的成长积蓄能量。

"我生命中最煎熬也最让人欢愉，同时也最辉煌最伤心的便是这两年。"这是提到 1978—1980 年时希拉里的形容。如人饮水冷暖自知。踏上阿肯色州权力之巅的这一路，甘甜或苦涩只有希拉里和克林顿自己明白。

连任州长的失败让克林顿受到了极大的打击，对他而言仿佛此时世界末日已经来临，而希拉里对于丈夫萎靡不振的状态也非常担心。但颓废不是解决问题的办法，想要东山再起断然不能一直沉溺在失败的痛苦之中。于是希拉里果断地做出了决定，她给曾经参与克林顿竞选的莫里斯打电话，告诉他准备为克林顿筹备两年后的州长选举决定。

如果没有希拉里，我们不能断定克林顿是否能从失败的苦痛中走出来，但可以肯定的是如果没有坚强的希拉里做后盾，克林顿的复原绝对没有那么快。希拉里曾经说：“只有我可以帮他恢复健康。”这是在那个当下希拉里的觉醒，也是最正确的觉醒。

这条路荆棘密布，一旦决定了风雨同舟，那么就会坚定地一起走下去。无论是面对克林顿的颓败还是在过去以及尚未知晓的未来出现的克林顿无数的花边新闻，希拉里都始终没有想过要放弃他。夫妻的意义不应该是大难临头各自飞，而是同甘共苦。他们尚有未完的目标要实现，前路如何无从知晓，但希拉里清楚地知道此时让丈夫重拾信心、东山再起的机会便是重新当选州长。

从哪里跌倒便从哪里爬起来。但在重新崛起之前更重要的便是要认清并接受现实。连任的失败首要之急便是要搬出原本的州长府邸，重新选择住处。这样的转变无疑会产生巨大的心理落差，曾经在州长府邸中有执勤的警卫、有帮忙的佣人、厨师，而离开则意味着一切都重新开始。如果从未有过这样的生活便不会感到失落，但当曾经拥有的一切彻底放手内心便不可能平静如常。

无论如何，现实终究无可逃避，希拉里很快就接受了这样的转变，她一边安慰情绪失落的丈夫，一边开始为了搬家而忙碌。不过希拉里不是贤妻良母型的家庭主妇，她满腔热情地搬回了曾经住过的希尔奎斯特社区，却在装修上搞得一塌糊涂。莫里斯形容希拉里从二手商品店淘回来的那些家具：“那些天鹅绒包裹的维多利亚风格家具把他们的家变成了西部老电影里的饭店大堂，他们家的厨房更像是大学餐厅。更过分的是那些不知道从什么地方弄来的五花八门的杯子和盘子更是乱七八糟、毫不配套。”

新的生活环境条件虽然并不理想，但这些对于当时的他们并不重要。如果想要东山再起，首先就要学会接受现实。虽然克林顿一度因为环境的落差变得更加低迷，但是在希拉里的鼓励下他还是重新振作了起来。退下州长职位的克林顿重新开始了自己的老本行，加入了赖特、林赛和詹宁斯的律师事务所。日子开始归于平静，他们的心也平静了下来。克林顿和希拉里开始总结在任期内的错误行为，以期能够改变形象，为之后的竞选增加砝码。而在这样平淡繁忙的日常生活中，女儿切尔西成了这个家庭的开心果，让他们能够在疲惫不堪的时候放松微笑。

在克林顿的第一个任期中，希拉里离经叛道的形象成为人们攻击克林顿的一大利器。在连任失败过后，希拉里深深地反思了自己，她开始明白无论是为了克林顿还是为了自己，她都要放弃一些无谓的偏执。这样的转变不能一蹴而就，但希拉里一旦决定了便会一步步实施，而人们也确实从日常的细节中看到了她的努力。

曾经伴随了她整个成长岁月的标志性大眼镜被希拉里放弃了，她希望让自己的形象更加柔和一些，原本呆板的眼镜显然成了绊脚石。这个原本对时尚毫无感觉的姑娘为了丈夫和自己的共同事业开始从头到脚转换形象了：她剪掉了一头长发，将发型设计成南希·里根般的细密柔和的模样，甚至连服装打扮也开始向着端庄柔和的样子改变。

形象的转变不过是外在的，希拉里更需要改变的是一些原本固有的处事方式。曾经的希拉里对于交际应酬并不热衷，对她而言用这样的时间多做几件实事要有意义的多。但事实证明，这些看似微不足道的交际应酬却可能成为政治仕途上的缺憾和不足。所以她开始参加各种活动和宴会，努力为克林顿建立人脉网络。

可怜的小切尔西因为妈妈的这一转变失去了许多跟妈妈共处的时光。希拉里因为工作应酬，无暇顾及女儿。在小切尔西刚刚学会说“我要妈妈”的时候，更多陪伴在她身边的却是照顾她的保姆。等到切尔西一岁点的时候，她已经能够清晰地跟别人讲：“我的妈妈去演讲了。”

如果这些改变尚且无法体现希拉里决心的话，那么她从罗德姆到克林顿的姓氏转变则能淋漓尽致地体现出她的妥协。很多一直以来固执坚持的棱角在遇到冷酷现实打磨的时候便显得微不足道了。

关于改变姓氏，克林顿从未对希拉里提出过要求，即便遭到大众的抨击讽刺，他也依然对希拉里说：“这是你的事情，如何决定都在于你。”然而对于希拉里而言，这样的坚持在成为丈夫仕途的阻碍之时，她还是选择了退让和妥协，改变了姓氏。正如希拉里所说：“说到底，这并不是什么大不了的问题。”改变就这么发生了，但这些并不是希拉里的失败，而是她为了向着更高处攀登所必须付出的代价。

1981 年 10 月，新一届州长选举的战役即将打响，而此时的希拉里已经跟莫里斯筹备了一年。这一年的养精蓄锐让希拉里和克林顿信心满满，竞选的准备工作早已经准备就绪，而克林顿也在这一年充分进行了自省和沉淀。万事俱备只欠东风，在切尔西的两岁生日派对上，克林顿正式表示自己将参加新一届的州长竞选。

曾经在克林顿选举的时候希拉里只是担任一个幕后军师的角色，但这次她身体力行，甘愿成为丈夫竞选大战的先头兵。与此同时，希拉里也意识到自己如果再以女权主义的形象示人对克林顿的竞选必定会产生不好的影响，于是她努力塑造自己的家庭形象，甚至带着切尔西去为克林顿造势，充分展示了自己女性柔和、注重家庭的一面。

一年的努力，让整个阿肯色都开始对希拉里和克林顿改观，人们开始不再苛刻地看待希拉里，而是称她“比一般的南方姑娘要更加的活泼”；对于克林顿不断向着民众道歉，用一副传统严谨的新形象谦卑地恳求民众能给予他第二次机会时，宽容的阿肯色人民也对他敞开了怀抱。

最终，克林顿赢得了这场竞选的胜利，重新成为阿肯色州州长。1983 年 1 月 9 日，克林顿就任阿肯色州第 42 任州长，并开始了长达 10 年连任州长的岁月。

重新出任州长的克林顿将自己的精力更多地放在了教育事业上。这无疑是当下最明智的选择。在根基尚且不稳的时期，想要让自己的政治主张更见成效，发展教育显然比发展经济和建设基础设施要明智得多。而此时希拉里临危受命，成为克林顿新成立的教育标准委员会主席。

一直以来希拉里都对儿童教育投入了极大的关心和热情，教育标准委员会主席的职务为她提供了用武之地。但万事开头难，一个新成立的组织想要展开一些新的改革必然会接收到反对的声音。但从未因为困难而低头的希拉里并未动摇，她开始有条不紊地进行自己的教育改革。

对于并不完善的阿肯色课程体系，她积极寻求完善的方案，并且深入调查了解整个州的教育资源、师资配备等基础情况，进而制定了一系列的措施。经过希拉里的努力，州议会通过了她提议的《教师考试法》。

与此同时，克林顿也为希拉里的教育改革提供了支持，他力排众议，成功说服议会为了教育经费的增加而增收 1800 万美元的税收。通过教师资格考试评定和教育改革经费的增加，阿肯色州的教师素质普遍提高，而学生的大学入学率也增加了 20%。花言巧语、海誓山盟都没有见得到的结果更能征服人心。

希拉里和克林顿的教育改革成功赢得了阿肯色州广大家长的心，阿肯色人民甚至因此主动要求提高税收。这一壮举被媒体称为“前所未有的行为”。教育改革是希拉里人生路上的一座里程碑，同时也成为她和克林顿今后 10 年在阿肯色开展政治行动的坚实后盾。

时光荏苒，光阴如梭。克林顿和希拉里在阿肯色这片土地上逐渐大放异彩。连续出任州长的克林顿充分发挥了自己的政治才能，将自己的声望向着全国扩展。

1986年，他成为了全国州长协会主席，成为整个美国政治舞台上不容忽略的风云人物。其他州的州长也对这个优秀的领导人表示了极大的关注，他甚至被称为“美国最优秀的州长”。此刻的克林顿已经是阿肯色这方小池塘里的大鱼，但这片小小的天地却已经渐渐不能满足他的成长。

在1992年克林顿成功竞选为总统之前，他曾经跟这至高无上的权利擦肩而过。1986年5月，曾经作为1988年总统大选民主党候选人的盖利·哈特因为桃色新闻放弃了选举，一时间关于克林顿将接替盖利·哈特成为新的总统候选人的传言喧嚣尘上，但是到底克林顿是否会加入到大选的斗争中，他并没有表态。

事实上，此时在党内和全国声势都空前浩大的克林顿曾经因为近在咫尺的机会而心动过，毕竟这是他一直以来奋斗的目标。但是希拉里却在丈夫的熊熊热火上浇了一盆冷水。

希拉里客观地分析了当时的形势，认为此时丈夫如果莽撞地宣布参选胜算并不大。其一是因为此时共和党内的候选人是时任副总统的乔治·布什，克林顿参选就意味着直接和乔治·布什对抗，就当时情况而言赢面很小。其二，同时也是最致命的一点，此时民主党候选人因为桃色绯闻被迫弃选，而同样一直没有摆脱桃色绯闻纠缠的克林顿参选将成为众矢之的，这不但让竞选压力变大还会严重威胁到他跟希拉里危机四伏的婚姻，甚至年幼的切尔西也会被伤害。

但即便没有表态参加1988年大选，克林顿依然成为媒体关注和攻击的焦点，关于克林顿出轨的消息在整个阿肯色传得沸沸扬扬，而希拉里也备受煎熬。无论这段婚姻如何风雨飘摇，希拉里始终没有想过跟克林顿离婚，她在背后默默支持着丈夫，也希望用自己的信任感化丈夫，让克林顿能够收敛。

不只是因为受到妻子劝阻的影响还是希望为了婚姻和家庭做出努力，克林顿在政治机会和维护家庭上最终选择了后者。1987 年 7 月 15 日，克林顿在小石城的记者招待会上表示为了让女儿有个父亲陪伴成长的快乐童年，他决定放弃这次总统大选。这让媒体震惊不已，但克林顿满含深情地说道："很久之前我便说过，如果我有幸有了孩子，我永远不会让孩子在长大后忘了自己的父亲是谁。"

听着克林顿的深情告白，希拉里内心悲喜交加，她感动于丈夫为了家庭做出的妥协和牺牲，同时也对于错失这次机会感到惋惜。不过回归理智，他们便逐渐释然了，对于他们而言，总统竞选不是毫无准备的赌博，而是一场经过深谋远虑打响的战役。1988 年总统大选的战场并不属于克林顿和希拉里，对他们而言更重要的是为了未来养精蓄锐。

已经连续担任了阿肯色州 4 届州长的克林顿，在 1990 年又一次当选，这是对克林顿政治能力的肯定，也一定程度上弥补了他错失 1988 年大选的遗憾。不久之后，1992 年总统竞选悄然来临，这是克林顿一直等待的新的机会，但在决定参选之前他陷入了迷茫，一时之间，他有些不确定是否要参加这次大选。人生面临一些重要抉择的时候，即便已经准备好了一切，但还是会胆怯无措，此时则需要一个助力，帮助自己继续前行。

克林顿人生的助力便是希拉里。1991 年夏天，克林顿依然为了是否参加大选而举棋不定。一些政治分析家的负面评价和竞争对手的刻意打击让克林顿一度对自己产生了怀疑。此时的希拉里果断地选择帮助丈夫做出决定，她对克林顿说："这是千载难逢的机会，你一定会赢的。"同时，希拉里写信告诉自己的老师斯切克特："我们正要开始一个伟大的冒险。"

在希拉里不断地加油鼓劲下，克林顿宣布参加1992年总统竞选。在宣布竞选的当天，阿肯色州议会大厦围满了支持的群众，他们高举着旗帜和标语，为了克林顿摇旗呐喊。克林顿注视着人群中抱着女儿的希拉里说道："是希拉里和切尔西支撑我迈出了这重要的一步……"

新一轮的竞选大战开始了，此时的克林顿和希拉里已经身经百战，对于竞选的准备工作驾轻就熟，他们很快组成了自己的精英竞选团队，而希拉里也再次成为丈夫的竞选总管。不过不同于以往的是，希拉里不再是竞选团队中强势冷酷的独裁者，而是学会了用更加柔和的方式帮助克林顿。她经常烹饪一些小点心送到市民们面前，积极参加各种公益活动，甚至许下承诺如果克林顿当选，她便辞去自己在律师事务所的职务，全心全意地投入到家庭中。希拉里所走的每一步都向着一个合格的美国第一夫人迈进。

一切都向着美好的方向行进着，但是没有任何竞争是一帆风顺的。关于克林顿的作风问题再次成为竞争对手的主要攻击目标。面对指责，克林顿并没有逃避，他坦然地承认了自己婚姻的不完美，同时也对希拉里深情表白："在我的生命里，没有什么比希拉里和切尔西更重要。"

然而人们不愿意只相信一面之词，在婚姻不忠的话题中，妻子的态度才是社会大众关注的焦点。希拉里在这个问题的处理上一如既往的干练和果决，对于媒体的攻击，希拉里冷静地回应："在经济衰退的这个时期，关注发展和进步比编造桃色绯闻要高尚得多，而且我和比尔的婚姻中最有发言权的应该是我，作为妻子，我相信我们之间的关系是牢不可破的。"

这样漂亮干脆的回应让原本有刁难之心的媒体哑口无言，而其后发生的一个小意外更是全盘击碎了这些不利言论。在一次克林顿和希拉里共同参与的节目中，一盏临时搭建在摄影棚上的吊灯突然掉了下来，而希拉里此时正在吊灯下面，克林顿见状立即把希拉里拉到一边，不断安慰道："没事的，我抓着你，别害怕!”一场有惊无险的意外让观众见证了这对夫妻的亲密无间。这个片段在节目中被反复播放，让人们渐渐忽略了克林顿的绯闻。

1992 年美国总统大选，克林顿战胜了杰里·布朗，成功当选为第 42 任美国总统。与此同时希拉里依照自己的许诺，放弃了如日中天的律师事业，和丈夫一起站上了美国权利的中心。

第四章
遮挡不住的光芒万丈

名声
最大的
第一夫人

·第一节·
争议中站稳脚跟

1992 年 11 月的夜晚，整个阿肯色州灯火通明，克林顿夫妇站在州政府大厦前，面对着聚集在这里成千上万的选民。这个冬夜寒风吹彻，但聚在这里的人们内心却无比温暖，因为这个夜晚克林顿确认当选美国总统！

政府大厦前，人们高呼着“希拉里”，这是难得一见的场面，很少有第一夫人能够受到如此的拥戴。这一夜是狂欢的一夜，美国即将迎来新的领导人，整个国家都有可能因为这个新的局面而改头换面。而此时的希拉里陪伴在丈夫身旁，分享着他们这份共同的喜悦，她知道新的挑战即将开始。

就任总统意味着克林顿夫妇要离开生活十多年的阿肯色，举家搬到华盛顿去。离别的日子来临，阿肯色人民目送这对服务了阿肯色 11 年的州长夫妻，希拉里面对送行的人们内心五味杂陈。曾经充满忐忑地踏上这片土地，而如今十几载光阴过去，阿肯色已经是希拉里的第二故乡。但无论内心多么不舍，离别无可阻挡地来临，这是希拉里和克林顿自己选择的未来。

这一天华盛顿的天空万里无云，温暖的阳光照射在大地上，整个华盛顿都陷入了节日的气氛之中。人们翘首期盼着希拉里和克林顿的到来，一场新任总统的欢迎活动即将举行。希拉里一家在华盛顿人民的夹道欢迎中开始适应这个陌生而又熟悉的城市。这场聚会从白天一直延续到夜晚，整个夜空被绚烂的烟花装点成一幅别致的画卷。

初到华盛顿的克林顿夫妇被安排住进了历任新总统都会临时居住的布莱尔酒店。他们在这里度过了来到华盛顿的第一个星期，此时的克林顿正在为即将到来的就职演说做最后的彩排，而希拉里也陪伴着丈夫谨慎而忐忑地准备着，希望以最好的面貌面对整个美国的群众。

从阿肯色到华盛顿，这一路克林顿和希拉里用了十几年的时间。当克林顿站在国会的宣誓台上，宣誓为整个国家奉献牺牲之时，希拉里一直陪伴在他左右，用手帮克林顿捧着《圣经》，跟丈夫一起对着整个美国许下承诺。这一刻希拉里内心被喜悦和荣耀占据，站上这至高无上的权力中心是他们夫妇共同的荣光也是共同的责任。

整个就任的庆典持续了整整四天，就任仪式当晚便举行了11场庆贺舞会。克林顿和希拉里游刃有余地穿梭于各个舞会，跟朋友们亲切交谈，他们都是天生的外交家，这样的活动对他们说而言驾轻就熟。不过繁华尽处也有落寞，当克林顿和希拉里结束活动回到白宫，早已经筋疲力尽。但这便是他们日后的生活，以白宫为家，背负起整个美国的日子才刚刚开始。

克林顿就任之时只有46岁，是整个美国历任总统中最年轻的一个。从阿肯色的州长到整个美国的总统，一场竞选的胜利并不代表最终的胜利，这巨大跨越的背后面临的挑战远比想象的多。作为克林顿的贤内助，希拉里同样面临着无数的争议和挑战，这些都需要她一一克服。但纵使困难重重，希拉里也不会退缩，因为从克林顿竞选之初，解决争议似乎就成了希拉里的家常便饭。

台上一分钟，台下十年功。这句话在政治舞台上同样贴切。走向第一夫人的这条路希拉里的付出和牺牲并不为外人道。但历数她在克林顿大选过程中承受的一次次指责和质疑便能够看出她内心的强大和倔强。

在克林顿参选的过程中，美国前总统尼克松曾经这样评价希拉里的作用：“一个强悍的妻子会让丈夫看起来过于软弱。希拉里的钢琴弹奏得太响，人们就听不到比尔的声音了。”

尼克松的观点其实并不是空穴来风，在克林顿总统竞选的过程中，关于希拉里在整个竞选中扮演的角色的质疑以及对希拉里本身的抨击屡见不鲜。在克林顿争取民主党内候选人时就有人针对希拉里作为罗斯律师事务所的合伙人提出了争议。

希拉里曾很无奈地表示：“对我工作的质疑真的是件很可悲的事情，似乎这是我们这样想要同时拥有工作和生活的人必然会经历的质疑，但又必须忍受下来。”虽然希拉里早就决定在克林顿竞选成功后辞去律师所的职务，但在这之前记者的穷追猛打还是让她有些愤愤不平：“我已经足够小心谨慎了，现在我想继续我的工作，但是可能大家会觉得我该在家里过过喝喝茶、烤烤饼干的日子吧。”

一句无心之失把希拉里推向了风口浪尖，她原意是想表达自己已经竭尽全力，但是暂时也不会舍弃一直以来的事业。但是这句带有小小抱怨情绪的解释却把希拉里放到了家庭主妇们的对立面，她们认为希拉里这句话是对她们的轻视和侮辱，甚至有人责问：“就你希拉里了不起，我们家庭主妇就有错？”媒体也将矛盾苗头指向希拉里，美联社、CNN（美国有线电视新闻网）纷纷撰稿，对希拉里这一不谨慎的言论大肆报道。随之而来的是涌入希拉里邮箱的上百封抗议信件，甚至批评她为“美国母亲的耻辱”。

身为希拉里和克林顿对立面的共和党更是不会轻易放过希拉里的失误，他们称希拉里是“激进的女权主义者”，进一步让希拉里置身舆论中心。然而这场政治斗争并没有结束，关于希拉里的质疑此起彼伏，越演越烈。

在一次新罕布什尔州举行的竞选活动中，克林顿曾经戏称这次竞选的口号是“买一送一”。一向喜欢开玩笑的克林顿本来是想要让支持者更了解希拉里，同时表达自己在未来的政府工作中会借助希拉里丰富的工作经验，让她继续担任相关工作。但此时已经被妖魔化的希拉里又一次成为众矢之的，通过媒体的扭曲报道，人们开始担心希拉里的政治野心已经到了想要跟克林顿共享总统职位的地步。

面对这些攻击，希拉里一笑置之，正如她在《亲历历史》中谈到的那般：“我们必须对攻击置之不理，而把注意力集中到现实的生活上。”希拉里如是说也如是做。对于这些指责，她感到有些悲哀，并不是为了自己，而是为了身处这个时代的女性。因为追根究底，人们对于女性的过于贬低和歧视才是攻击牵制她的根源。

立足当下、脚踏实地才是希拉里的行事作风，在各种舆论席卷而来，甚至已经开始影响克林顿的竞选支持率之时，希拉里早已经不再纠结社会大众对于女性角色的扭曲认识，而是投身到积极的补救中去。她不再频繁的谈论竞选方针，而是尽量将自己的话题回归家庭，演讲也多围绕自己的女儿和丈夫。

人们很容易看出，在竞选达到白热化阶段时，那个强势的希拉里似乎不见了，她总是低调地陪同在丈夫身旁，甚至公开声明如果克林顿当选，她日后绝对不会参与白宫的内阁会议。这已经不是人们普遍熟知的那个希拉里了，她的隐忍退让让一部分跟她一样身处职场的女性产生了强烈的共鸣和同情之心。而在这样的舆论风向转变中，人们慢慢对于希拉里和克林顿这种夫妻协作的方式不再抵触。

面对妻子的退让，克林顿也忍不住站出来为她发声：“她的强势正是我所喜欢的地方。如果真如人们所说有一天她会竞争总统我也毫不困扰，因为从始至终我们都是最亲密无间、平等和谐的伴侣和伙伴。”

无论是生活或是事业，希拉里都是克林顿最合拍的伙伴。这是一直以来克林顿的认知，而无论是在成为美国总统之前或是成为总统之后，他都坚定地相信这一点。在克林顿就职总统前就表示，他当选后会跟希拉里共同处理事务，而事实他也是如此做的。

在美国的传统认知中，像布什总统的夫人芭芭拉才是“第一夫人”的典范，因为她从不干涉布什的工作。但希拉里跟克林顿的相处模式注定了她不可能成为人们理想的“第一夫人”。

在克林顿和希拉里入主白宫的岁月里，人们把他们的相处模式称为“共同总统”，这对夫妻对于共同处理事务从未遮遮掩掩，他们坦然地共同进退，甚至提倡这种新的权力模式。这并不是克林顿懦弱无能的体现，而是一种优势互补的良好合作方式。

在克林顿执政的第一年，美国正处在经济衰退之中，而克林顿上台后的一系列举措并没有为美国带来复苏的迹象。此时对于克林顿而言制定新的经济改革计划势在必行。克林顿跟希拉里以及他幕后的工作团队商定了政府接下来的计划，并做好了新的经济预案。

但让克林顿感到焦急的是他制定的5年经济预算迟迟未能定案，在召集了政治顾问和经济智囊团讨论之后，很多具体的细节始终无法达成共识。面对这种情况，希拉里站了出来，她尖锐地指出：“现在的讨论毫无意义，我们现在要做的是如何宣传推行它，不然民众永远不会知道这个计划到底是什么。”

希拉里的一席话指出了问题的关键，因为希拉里的发言给了克林顿很大的力量，他的态度也变得强硬起来：“明天我就要去东京了，我希望这件事在我回来之前能够完美解决。”随后他指着白宫办公厅主任麦拉和副总统戈尔严厉地说道：“我希望你们不要等到我从东京回来还在拖，你们最好每天都碰头商量一下如何解决这件事。”

因为希拉里的强势干预，讨论终于有了方向，从7—8月，仅仅一个月时间国会便通过了这项5年预算。这是克林顿政府四年任期中至关重要的一个决定，同时因为这个预算案的通过执行，让美国经济看到了复苏的希望，也为克林顿带来了极大的声望。

饱受争议的第一夫人为克林顿征服美国政坛打下了漂亮的一仗。这是克林顿征服美国的完美开场，但对于希拉里而言，身为白宫的女主人她在协助丈夫之余更要承担起征服整个白宫的使命。

工作上的事情让克林顿和希拉里应接不暇，但这毕竟是两个人相互分担的事情，但生活上的转变则要希拉里一个人挑起大梁，去一步一步地转变。入住白宫之初，希拉里便感觉到了整个白宫对于她的排斥感。虽然在进入白宫之时布什总统一家尚算友好地跟克林顿夫妇进行了交接，而且还在白宫留下了“切尔西，欢迎你来到新家”的欢迎字条。曾经剑拔弩张的竞争对手在尘埃落定后变得云淡风轻了起来，但可惜的是并不是所有人都能够如此友好地敞开胸怀接纳克林顿一家。

白宫的生活要比原本在州长府邸的生活复杂得多，这里有更多的人事物等待希拉里去适应。刚到白宫不久，希拉里便发现这里与其说是他们的新家，更像是一个压抑的玻璃牢笼——所有人都带着审视的态度看着他们，周围充满了并不友好的目光。

这里几乎所有的工作人员都是布什一家留下来的，从管家到招待员，他们都遵循着布什夫妇的管理方式。希拉里敏锐地感应到了他们的敌意，甚至有一位白宫的服务员在克林顿夫妇入住后还在汽车上贴着“布什连任”的标语。这样的环境对于希拉里和克林顿而言压抑而危险，希拉里对于服务他们的员工们始终抱着怀疑的态度。并不是希拉里太过敏感多疑，事实证明她的怀疑是正确的。

一次哈里·托马森和他的妻子琳达来白宫做客，他们告诉克林顿一家一个震撼的消息：克林顿夫妇的私生活被特工泄露给了媒体。一直以来担忧的事情就这样发生了，更换白宫的特勤人员成为克林顿和希拉里的当务之急。

不得不说希拉里是有远见卓识的，早在入住白宫之初，希拉里就对于特工过于接近他们的生活表示了忧虑，而且把这种忧虑告诉了她的朋友文斯·福斯特。因此在泄露事件爆发之后，希拉里经过冷静分析决定把这件事交付给文斯帮忙，并建议他在新的特工人选中选择一些曾经竞选团队中的人。

最终经过希拉里的强硬干预和文斯的不懈努力，原先的许多特工被撤换，总统办公室的特工人数也得以精简，并且公告非执勤特工未被允许进入且不得进入二楼的生活区。

安全问题取得了保障后，希拉里开始全面投入到她“第一夫人”的角色中去。她深知此时的她已经是整个美国甚至是整个世界都注视着的焦点，因此对于履行第一夫人的义务丝毫不敢懈怠。对于克林顿参加的各项晚宴，她都全程陪同，同时对于整个宴会的筹备大到宴会布置小到一个烟灰缸都不敢怠慢，极力表现出身为第一夫人应有的风范。

从入主白宫开始希拉里就明确自己的定位，她努力做好人们期待中的第一夫人，但同时也保有属于希拉里的特色。对于希拉里而言，在遵循传统礼仪、社交方面其他第一夫人是她学习的典范，但在她们所不曾或不敢涉及的领域，希拉里只能做自己的楷模。

不同于其他总统夫人的低调和无为，希拉里在搬进白宫第一天就在白宫的西厅设立了自己的办公室，这是从未有过的壮举。因为白宫西厅一直以来都是总统办公室的所在地，这里是美国政治决策的大本营。但希拉里不想只当一个总统身边的陪衬，她勇敢地打破传统，将自己的办公室设置在此，用行动证明自己跟丈夫默契的合作关系。

在克林顿任期的一系列政治举措中随处可见希拉里的身影。一直以来克林顿都把希拉里当作他政治路途上的军师。克林顿的助手回忆时称："克林顿在做决定时最常说的一句话便是：希拉里，你觉得怎样呢?"而作为跟随在克林顿身边的人，他们早就习惯了"一切事情先找希拉里"的处事模式。

随着时间的推移，希拉里已经在白宫的汪洋中自由徜徉了。无论是外界的批评或是赞美她都处理的游刃有余。在希拉里之前，从未有过一位"第一夫人"如同希拉里一样坦然地站在与丈夫齐肩的位置，而希拉里做到了。她在争议的风波中屹立不倒。

当希拉里开始扎根于白宫这片土地，外界的风吹雨打都已经无力打乱她的阵脚。她开始走访学校、涉足医保、为维护儿童权利奔走、扛起捍卫妇女权利的大旗，甚至帮助克林顿整理内阁……

这段"第一夫人之路"注定了荆棘密布，但希拉里正披荆斩棘而来!

·第二节·
阻碍与质疑粉墨登场

登高远眺可以享受一览众山小的洒脱豪迈，同时也会感受到高处不胜寒的压迫和孤独。对于克林顿夫妇而言，问鼎白宫是他们实现共同理想的标志，同时也是承载整个美国的希望和责任的开端。

克林顿执政之初迫切地希望能够做出一番成绩证明自己的实力。在他执政之后的首要任务便是兑现对广大美国选民的承诺——改善医疗保健制度。这是克林顿准备在总统职位上大展拳脚的第一步，成功改革医疗制度不仅仅是他政治实力的展现，更关乎千千万万选民的殷切期盼。

医疗制度的改革不是能够一蹴而就的事情，历届总统都曾经尝试通过完善医疗制度，服务全体美国公民，但结果并不尽如人意。20 世纪 30 年代，罗斯福总统就对医疗问题的解决做出了积极尝试，而后杜鲁门、约翰逊、尼克松等多个总统都把医疗改革作为重要解决问题。但受到多种因素和环境的影响，这个问题逐渐成为政治家们遥不可及的梦想，迟迟找不到完善的方案。

明知山有虎，偏向虎山行。刚刚成为总统的克林顿充满了热情，对于医疗改革投入了极大的精力。而一向致力于改善民生的希拉里对丈夫提供了无私的支持。在克林顿上任之初，希拉里就因为曾经在阿肯色有过教育改革的经验以及果敢高效的工作作风被委以重任，负责医疗保健改革项目。

为了能够顺利展开医保计划，希拉里做了大量的调查研究，先后300多名专家学者被请到白宫，跟希拉里共同制定医疗改革计划。然而正如希拉里曾经对克林顿的工作团队指出的问题："计划再完美，不能执行都只是空谈，实施才是最重要的。"换言之，医改计划能否成功最关键的是能否被国会议员接纳和通过。

正因为意识到了问题的关键，希拉里在一个月内三次走访国会，就医疗保健改革的相关问题跟议员们进行了广泛讨论。她雷厉风行的处事作风和娴熟理智的沟通技巧在国会内引起了热烈讨论。媒体对于她如此重视医疗改革，在一个月内会晤上百名国会议员的行为表示了惊叹，并称她的这一举动是"在美国历史上绝无仅有的"。

在希拉里为了医改制度而奔波的同时，克林顿对于他任期内这一"头等大事"也做出了积极努力。他邀请伊拉·马加齐纳作为整个项目的高级顾问，协助希拉里推动项目进行。不过他似乎有些急于求成，为了能够让项目尽早实施，他计划在任期百日内便做出完整的医改方案。

这样艰巨的任务和目标给克林顿和希拉里带来了很大的压力，但克林顿下定决心："如果医疗保障不能在美国顺利推广，我宁愿放弃现在的职位。"在这一共同的事业上，希拉里始终与克林顿保持同步，她紧盯整个医改项目的进行，将改革的重心放在了医疗的普及、增加医保开支和可控的竞争3个方面，并且希望能够在5月以前将方案提交国会。

虽然医疗改革是有利于所有美国公民的重要措施，但克林顿和希拉里的激进措施并不被大众看好。医保的弊病已经根深蒂固，一时之间想要改变简直难如登天。对于克林顿夫妇想要短时间内通过并推广医改方案甚至被国会称为痴人说梦。但这对夫妻的决心坚定，并不因为被泼冷水就退却气馁。因为他们明白医改的顽疾只会越拖越严重，彻底的改革已经迫在眉睫。

现实永远比远景残酷。希拉里抱着为了全体国民谋求福利的决心投身到医改的战役中，但这场战役却在尚未开始之前就给了希拉里狠狠地一个伏击。原本新制度的推行就举步维艰，争取国会的支持成了成败的关键点。但纵使希拉里多次走访国会取得的实际效果却并不显著，共和党公开表示将极力反对克林顿夫妇的新医改方案；而民主党内也充斥着各种声音，对于整个医改并不看好。

万事都有两面，虽然医改方案并不被看好，但希拉里通过走访掌握了大家反对的主要原因。想要药到病除，必须对症下药。此时对于希拉里而言，争取民主党内的支持尤为重要，而民主党对于方案最担忧的则是医改的财政支出和税收增加的问题。

于是希拉里针对这一主要异议点开始寻求解决方案。她向克林顿的经纪团队寻求帮助，以求达到降低财政赤字的目标。而为了更顺利地通过医改方案，她选择将医改方案附加在预算调节法案之中，这样如果票数不满60票，只要达到超过50票的多数票方案便能通过。

周密的准备和机智的解决方案让希拉里对于医改方案的信心大大增加，但随着计划按部就班地进行，阻力和困难接踵而至。希拉里一直努力对参议院的彼尔德进行说服，希望他能同意将医改方案放到预算调解案里的提议。但作为参议院中举足轻重的人物，彼尔德并不想拿自己的声望去冒险，对于希拉里的提议并不赞同。这让希拉里无比沮丧，原本近在眼前的希望之火就这样被浇灭了。

屋漏偏逢连夜雨，在希拉里为了医改方案忙得焦头烂额之时，一个噩耗突然传来——休·罗德姆中风昏迷住进了医院。生老病死本是人之常情，当时已经82岁的休身体出现问题希拉里并没有感到惊讶，但面对亲人重病，她依然对于生命的脆弱和无奈感到伤心和失落。

一直以来，休都是希拉里人生道路上的导师和灯塔。曾经伟岸坚强的父亲就这样倒下了，这个从不向命运低头的人此刻插着呼吸器、躺在病床上等待命运的安排，不禁让人唏嘘。

为了能够陪伴在休的左右，希拉里不得不放下手头的工作，带着切尔西赶赴小石城陪伴照顾父亲。从3月底到4月初，长达半个多月的悉心照料并没有挽回休的健康，在希拉里因为有事离开的第二天，休就离开了人世。这是希拉里第一次直面最亲近人的死亡，这一刻似乎一切都静止了。那些童年跟随在父亲身边的记忆涌上心头，想起如今物是人非，希拉里内心悲痛不已。

天人永别这是最残酷的告别，也是每个人都必须经历的成长过程。这世上无人能够陪伴你到永远，虽然希拉里早已经过了依赖父母的年纪，但面对这永不再见的分别也无法全然释怀。但终归日子还要继续，或许是为了转移悲伤，在父亲的葬礼之后希拉里更加投入地献身工作之中，仿佛只有这样才能让人无法发现她的脆弱。

原本想要将医改方案放在预算调解法案中的计划被彻底否定之后，希拉里只能通过正常途径来寻求法案的通过。她充分利用自己在各地的演讲机会，在演讲中向社会大众宣传医疗改革的重要意义。与此同时，她完善医改的财政报告并上交国会，希望能够改变国会的态度。然而这些举措的效果并不显著，要求暂缓医改方案的呼声越来越强烈。来自白宫工作团队内部的质疑和外界对于医改方案的不认同让克林顿备感压力，医改计划也因此而搁置。

接连的打击让克林顿夫妇身心俱疲，在朋友的邀请下克林顿一家前往玛莎葡萄园度假。在这里外界的一切都被隔离在外，希拉里和克林顿享受了长久以来从未有过的放松，同时也积累了满满的能量。

在接受了阳光、美景的清新洗涤，和切尔西一起为克林顿庆祝了47岁生日之后，这场心灵治愈之旅画下了句点。他们回到华盛顿，以勇士的姿态重新迎接刀光剑影的生活。但搁置并不意味着放弃，在沉淀数月之后，克林顿于8月16日再次将医改计划提出来，并发表重要演说。

对于大众广泛关注的医改费用问题，克林顿表示会以进行保险制度改革、简化政府公务手续的方式来进行缩减。9月22日，克林顿在国会联席会议上正式提出医改计划。对于这项计划人们已经等待了太久，此次提出克林顿信心满满，他坚信这次的医改计划能够顺利通过，因为这是符合每个美国人利益的计划。

不同于过去一直以来的质疑声音，克林顿这次的演说引发了会场极大的轰动，人们纷纷鼓掌表示对医改方案的肯定。对于人们对医改方案态度的转变希拉里感到欣慰的同时决定进行最后的一击。9月28日希拉里为了“给美国人应得的健康安全”，前往国会为丈夫的医改方案作证。这是美国历史上第一次有总统夫人为了推动一个对整个美国具有深远经济和社会影响的法案而进行的作证。从上午到下午，接连两场演说都在国会内引起了前所未有的轰动。因为希拉里的努力，医疗改革方案得到了媒体的广泛关注，舆论的声音也逐渐从质疑转向了肯定。

这种充满希望光芒的势头并没有持续太久，美国正面临着内外夹击的严峻形势。风云骤变的国际形势打了克林顿夫妇一个措手不及。在索马里地区当地武装力量击落了美国的直升机，国内关于撤军和增加兵力的争议此起彼伏；与此同时俄罗斯混乱的政局也需要美国给予帮助。这些迫在眉睫的国际事务分散了克林顿医改的注意力，同时削弱了让广大民众对医改的关注。

医改方案一时间进入进退两难的维谷，而此时希拉里所在工作组的失误则成了压死医疗改革方案的最后一根稻草。10月份，希拉里向国会提交了内容长达1300多页的《健康保障法》，因为工作组的疏失，这份提案中缺失了原则大纲的部分。在繁忙的议事日程中，这份提案被压到了国会会议的最后一天，而因为缺少纲领提要，反对派们以内容冗长烦琐为由将法案无限期延后了。

所有的努力都随着法案的搁置成为徒劳，但更残酷的是希拉里和克林顿并没有时间舔舐内心的伤口，轰动全国的“白水案”就发生了。这是一场蓄谋已久的迫害，为此希拉里和克林顿付出了8年的时间去处理。

这场针对希拉里和克林顿的大浩劫缘起于克林顿夫妇婚后经营的一起房地产交易。在克林顿任期的第一年便有独立检察官开始着手调查他们夫妻在这起交易中的不当行为。而之后由这场纷乱复杂的房地产交易又渗透到克林顿夫妇生活的方方面面。一时之间“白水案”成了克林顿总统任期间许多负面事件的统称。政敌们抓住了这次机会，对希拉里夫妇大肆打击。美国主要媒体《纽约时报》、《华尔街日报》、《华盛顿邮报》等争相报道，使得克林顿夫妇深陷腐败丑闻的泥潭之中。

对于这突如其来的打击希拉里措手不及，与其说这场空前绝后的丑闻风波是针对克林顿，不如说这是对希拉里的抨击和批判。1973年，克林顿夫妇和好友詹姆斯·麦克道格夫妇共同创办了白水开发公司，主要在白水河沿岸进行房地产交易。

虽然公司创建时克林顿尚未担任阿肯色州长的职务，但一向对于金钱没有关心的他对于整个公司的经营并未插手，实际从事公司管理经营的是希拉里。但即便如此，在整个“白水案”爆发之际，政敌和媒体依然抓着克林顿竞选经费、家庭财政等方面不放，力图找出克林顿腐败的证据。

正因为希拉里是整个白水公司的主理人和策划者，针对希拉里的调查也越演越烈。对希拉里而言，这场肆无忌惮的大调查是她的耻辱的记忆。美国从未出现过一个如她一般的总统夫人。

整个“白水案”的爆发彻底打乱了希拉里一家的生活，人们毫不忌惮克林顿的总统职位，从他担任州长期间的行为开始展开调查，与此同时希拉里也受到了社会大众的强烈谴责，第一夫人的形象摇摇欲坠。

希拉里组建公司之初时希望能够尽可能地开辟经济来源，也为自己的家庭和事业提供更多的保障。但这原本单纯的愿望却给她带来了灭顶之灾。她感到前所未有的恐慌和无措。而此时希拉里的好友文斯·福斯特的死讯更是让她原本已经千疮百孔的内心再添伤疤。

文斯·福斯特作为一直以来陪伴在克林顿夫妇身边的挚友，一直为希拉里赏识和重用。他曾经是希拉里在罗斯律师事务所的合伙人之一，后来更是帮助希拉里处理了许多白水开发公司和麦迪逊担保银行（白水开发公司合伙人麦克道格买下的银行，曾向白水开发公司提供过 3 万美元贷款）的业务。毫无疑问，文斯·福斯特是最了解这原阿肯色州州长家庭的人，对于克林顿一家的财政事务多有涉及。

文斯·福斯特在自杀之时曾经留下这样的字条：“公众绝不会相信克林顿夫妇以及他们的忠心幕僚的清白了。”这充满决绝的遗言似乎是为希拉里一家做最后的辩解和证明，但却又显得那么的无奈和苍白。人们并没有因为文斯的遗言而减轻对克林顿夫妇的怀疑。相反，对于文斯突如其来的自杀人们心中充满了疑惑，对于克林顿夫妇的各种猜测喧嚣尘上。

“白水案”愈演愈烈，它如同滚雪球一般直接威胁着克林顿夫妇在整个美国人心中的形象。面对着一切，克林顿夫妇保持着沉默。但遗憾的是人们并不会理会你的“清者自清”，越来越多的媒体对“白水案”大肆报道，而随着新一届总统大选的到来，关于克林顿夫妇的各种谣言也越来越多。这已经不是一场单纯的调查案，它渐渐演变成了政党之间、竞选拉锯中的阴谋陷害和刻意诋毁。

克林顿8年的执政生涯在“白水案”的阴谋笼罩中度过，出轨偷情、经济问题、决策失误各种负面报道扑面而来。身为这阴谋漩涡中心的希拉里和克林顿，他们并没有自乱阵脚，而是采取“兵来将挡水来土掩”的方式，一点点地将自己从漩涡中抽离。

“白水案”如同梦魇般的存在让人们不禁担忧克林顿和希拉里的政治生涯即将走向终点，但对于他们而言，只要问心无愧，那么便无绝人之路，阴霾终究有散开的一天。

·第三节·
让“白水案”销声匿迹

有挑战才能成长，有挫折才能变得更加坚强。在残酷的政治舞台上，希拉里和克林顿携手度过了一关又一关。面对“白水案”引发的多米诺效应，他们从不在意到步步警惕，这一路走来历经人情冷暖。虽然早就看透了身在高处必定会经历更多的磨难，也做好了克服困难的准备，但没有想到的是这一场没有硝烟的战争竟然持续了近10年。

在整个“白水案”中，希拉里和克林顿一定程度上可以说是无辜的，但整个事件的发展中他们却也难辞其咎。之所以身处如此矛盾纠结的立场，是因为“白水案”中很多的指控都带有阴谋的成分，而希拉里和克林顿在整件事情中实际上是一种不知情的状态；但同时他们又是事件的主角，如果不是因为他们的大意和疏失，政敌也无法找到攻击他们的软肋。

事件爆发初始，人们对于克林顿夫妇的质疑主要在于克林顿是否曾经假公济私为麦克道格的银行麦迪逊担保银行提供过某些便利，抑或克林顿夫妇在进行炒卖活动的过程中是否接受过麦克道格的银行提供的非法赞助。

这样的怀疑并不是空穴来风，克林顿夫妇和麦克道格夫妇的关系太过密切，让人不得不产生怀疑。甚至还有传言称一向被风流韵事缠身的克林顿跟麦克道格的夫人琳达有着暧昧不明的关系。事实如何我们不得而知，但在社会大众的眼中，他们跟麦克道格夫妇之间的关系确实不同寻常。

在克林顿的第一个州长任期中，麦克道格曾经担任他的经济部主任。而在之后的第二个任期中，麦克道格曾经为白水开发公司实际上也就是克林顿夫妇提供过一笔 5133 美元的收入。这笔“来路不明”的收益在克林顿夫妇申报的个人所得税中从未有过任何体现。然而他们之间的经济瓜葛远不止如此，在克林顿连任州长成功之后，麦克道格为他偿还了 5 万美元的竞选费用。在同时间内，希拉里的律师事务所也与麦克道格的银行有着千丝万缕的联系。

太多的巧合碰撞在一起就形成了引人怀疑的某种可能猜测。这样的质疑在克林顿竞选阿肯色州的州长之时就曾经成为政敌攻击他的利器，而面对克林顿总统竞选的成功，过去的质疑再次浮出水面，并且有计划、有组织的一步步扩散。最终在共和党人和社会舆论的双重压力下，克林顿于 1994 年 1 月 11 日，正式批准司法部门派遣独立监察官着手进行“白水案”的调查。

作为曾经白水开发公司的女主人，希拉里俨然成为调查中的焦点。在整个事件初期，克林顿夫妇对于“白水案”并未有太多的重视，在他们眼中这不过是一次拙劣的政治攻击，而且是非常没有创意的故技重施。他们以为如同州长竞选时期一样，事件很快就平息。

关于白水开发公司的成立希拉里曾经进行了解释。在整个公司成立初期，希拉里和克林顿只是单纯的投资者，跟麦克道格夫妇各占股份的一半，实际的土地交易操作由麦克道格夫妇全权负责。简而言之便是希拉里和克林顿因为依赖和信任朋友，对公司内部运作并不知情，因此公司的一些不合规行为与他们毫无关系。

事实上，希拉里和克林顿确实对公司内部的很多情况并不了解。当时的克林顿正处于州长任期，将所有的精力都放在了政治工作中；而希拉里一面要处理律师事务所的工作，一面要协助克林顿进行教育改革，对公司的管理相对松懈了下来。

正是在这期间白水开发公司出现了很多日后引发隐患的问题，克林顿夫妇信任的朋友麦克道格最终辜负了他们。一直以来麦克道格的性格就比较激进，他渴望成功，对于财富的追求无比狂热。在这种急功近利的心态下他买下麦迪逊担保银行，并且相信在不久之后这个小银行能够为他带来巨大的效益。事实确实如他预料的那般发展，他通过出售优先股的形式来进行融资，大批的资金涌进这间小银行。

随着银行业务的增多，麦迪逊银行看似走上了正轨。但遗憾的是这样的盛况只是昙花一现。麦克道格的融资方式并不符合阿肯色州金融管理机构的规定，更未取得相应的许可。联邦储贷管理的官员在对麦迪逊银行进行调查的时候发现了这一点，并因此撤销了麦克道格的总裁职位。除此之外，很多其他的违法操作也被查实，麦克道格的金融明星梦也就此破灭。但他心中仍有一线希望，这也是他最后的救赎——白水开发公司。

希拉里和克林顿在并不知情的情况下成为麦克道格东山再起的砝码。1986年，白水开发公司正处于低迷不振的时期，当时整个房地产市场并不景气，很多投资者都放弃了投资，希拉里和克林顿也深深知道这一点。此时麦克道格表示愿意收购克林顿夫妇名下的股份。因为对朋友的信任和对市场的了解，希拉里欣然接受了这一提议。整个公司都交付给麦克道格意味着克林顿夫妇将不用继续负担公司的负债，同时也不需要承担公司的相关义务。

在正式转让之前，希拉里敏锐地提出了这一点，但让人吃惊的是，原本理所当然的事情遭到了麦克道格的直接拒绝。一直以来，麦克道格都是公司的实际管理者，各项事务希拉里都几乎全然交付给他，只负责签字。但此时麦克道格的不寻常举动却让希拉里心中疑窦顿生，产生了不好的预感。

虽然希拉里一直秉承着“用人不疑，疑人不用”的态度，一直以来也安心放任麦克道格管理公司，但坦诚和信赖并不意味着希拉里真的粗心大意，相反，希拉里一直都是个谨慎敏感的人。意识到问题的希拉里很快查阅了公司的账目和档案，并发现许多潜在的问题。看着漏洞百出的账目，希拉里内心烦躁不已，就好像突然从云端跌落地面一般，失落的同时也备感伤痛。

塞翁失马，焉知非福。虽然公司经营不善、出现了债务危机，但是因为希拉里及早地发现并补救，一年之后公司将原本漏缴的税款补齐并还清了亏欠的债务。正因为如此，在1990年克林顿连任州长之时政敌针对白水开发公司对其进行攻击的阴谋未能得逞。

在“白水案”爆发之初，克林顿并未同意直接立案调查。因为希拉里认为：其一，事情尚在可控范围内并没有那么严重；其二，同意检察官调查无疑是对于社会舆论的妥协。但并不代表他们毫不作为，为了证明自身清白，希拉里成立了包括白宫办公室、第一夫人办公室精英成员组成的应对小组，专门讨论和解决“白水案”的相关问题。

曾经的阿肯色州若是一条时有波浪的大江，那么现在的总统生涯则是变幻莫测的大海。在江河之中，希拉里和克林顿的一叶扁舟尚能应对风雨的捶打，但风暴席卷的大海则由不得克林顿夫妇掌控方向。

“白水案”向着无法掌控的局面发展开来，关于克林顿夫妇跟白水开发公司的猜测越来越多，甚至股市因此产生了动荡，美国的道琼斯工业平均指数因为“白水案”一度下降。来自四面八方的尖锐指责让克林顿和希拉里疲惫不堪。无奈之下，克林顿不得不通过独立检察官对“白水案”进行调查的提案。

希拉里就此做了最后的努力，她试图说服克林顿改变决定，因为她认为这样的妥协是身为总统的屈辱，而且会让媒体得寸进尺，无休无止的纠缠下去。白宫总法律顾问伯纳德·努斯鲍姆跟希拉里持有同样的观点，他甚至预测：“总统先生，不出一年的时间，他们将会开始调查你的家人、朋友，打着聚光灯调查曾经接触过事件的所有人，永无休止的纠缠你，直到世界末日。”

事实证明伯纳德·努斯鲍姆并没有危言耸听，但此时的克林顿已经被各方施加的压力压得喘不过气来，他认为已经没有其他更好的选择了。他对整个团队说：“我已经打定主意了。”

克林顿一直抱着“我没有错，希拉里也没有错，我们不怕调查”的心态，但是想要证明自己的清白并不容易。即便已经有独立检察官开始着手调查，克林顿和希拉里也针对事件做出了澄清，但社会大众并没有因此仁慈地放过他们。媒体甚至将希拉里刻意塑造成了一个物质至上的丑恶形象，总统和“第一夫人”的威望岌岌可危。

一直想要低调处理这场事件的希拉里最终站了出来，她在白宫的国宴厅进行了长达一个多小时的彻底剖白和解释。4 月 22 日，美国的主流媒体齐聚白宫，希拉里在这里淡定从容地讲述了她在阿肯色州担任律师期间的各项工作，并针对大众关于白水开发公司的种种疑问进行了详细解答。

但一人之力太过渺小，尚且不足以与强大的舆论媒介抗衡。随着共和党人的不断恶意攻击和媒体的大肆夸张报道，希拉里的澄清在人们眼中变成了虚伪的作秀。怀疑的种子一旦种下便会在负面舆论的土壤中生根发芽。在克林顿的整个任期中，“白水案”成了与之紧紧相连的词汇，一直无法抛开。

在克林顿通过了独立检察官调查之后，虽然一直没有抓到克林顿夫妇财政问题的实际证据，但因为这一步的妥协让共和党人变本加厉，他们向国会提出针对举行“白水案”的听证会并获得了通过。

之后，事件越演越烈，曾经由克林顿的司法部长雷诺任命的检察官菲斯克被撤换，新的检察官由共和党人斯塔尔担任。这对于克林顿夫妇而言显然是不利的转变。斯塔尔跟克林顿的矛盾由来已久，这不仅仅是因为他是共和党党员，而是曾经在克林顿上任之后，罢免了他的司法部长副部长职位。

让曾经的政敌站在掌控自己清白和命运的位置显然不是一项明智的决定，克林顿的团队认为斯塔尔担任独立检察官有失公允，希望能够考虑撤换。但任命已经下达便难以更改。

克林顿团队只能通过其他方式跟斯塔尔相互拉扯。正如伯纳德·努斯鲍姆预言的一般，斯塔尔上任后对克林顿展开了全面调查，甚至派遣上百名联邦调查局探员去小石城进行详细调查。克林顿团队也不甘示弱，克林顿和希拉里拒绝把“白水案”的档案资料和希拉里曾经在罗斯律师事务所的账目资料交给斯塔尔。

一方强势，一方不配合，让整个“白水案”的调查进度无限延长。1995年7月，共和党已经成为国会的多数党，他们通过了对“白水案”举行听证会的提议。之后的几个月时间里局面向着更不利于克林顿夫妇的方向发展：先是麦克道格夫妇因银行诈欺罪入狱；之后多名克林顿的幕僚收到来自“白水案”调查委员会的传票，被强制要求配合国会的质询；1996年1月22日，斯塔尔向希拉里发出传票，让她到听证会作证。

此时的希拉里内心已经无比倦怠，“白水案”长时间的悬而未决几乎耗尽了她所有的信心。而国内舆论的恶意诋毁几乎将她一直以来努力维护的形象彻底击垮。《纽约时报》的记者威廉姆·赛费尔针对希拉里在斯塔尔调查取证期间曾经以账目丢失的理由拒绝上交账目，而在1996年伊始白宫声称找到了账目这一反复的行为进行了批判谴责，他撰文称希拉里是“天生的撒谎者”。共和党人更是针对这一点指责希拉里故意不上交账目，企图阻碍调查。

舆论的压力和共和党的咄咄逼人如同一座无形的大山积压在了希拉里的心中，在正式去听证会作证之前她整整消瘦了10磅。但值得庆幸的是，在这条风雨飘摇的孤舟上希拉里并不是一个人，克林顿始终站在她的旁边支持她，甚至为了希拉里，克林顿曾经气愤地对威廉姆·赛费尔呛声：“如果我不是总统的话，一定会打掉你的牙齿。”

一场场的听证会、一次次的调查取证，这场调查案足足持续了8年的时间。希拉里曾经跟友人抱怨：“当总统的又不是我，为何我要忍受这样的痛苦。”身边的朋友、家人都因为调查案深受其害，希拉里的生活也失去了原本的模样。一直以来希拉里对于自己的生活和事业都有着明确的规划，但“白水案”让她偏离了原本的轨道。舆论像一张看不见的大网笼罩在白宫的上空，甚至小小的切尔西也在这场风波中受到了影响。

1996年，克林顿连任总统成功，但“白水案”并没有就此终止。共和党人乐此不疲地为克林顿夫妇制造麻烦，花样百出地刁难希拉里，让她配合各种各样的调查取证。作为一个曾经在尼克松弹劾小组工作的人，希拉里对于共和党的这种伎俩了如指掌，她毫无怨言地配合着调查组的工作，不断为自己进行心理建设，以求能够熬过漫长的调查过程。

再漫长的煎熬也有终结的一天。2003年3月，长达8年的“白水案”终于落下帷幕。负责调查“白水案”的检察官最终放弃起诉希拉里夫妇。这份经过6年时间取证调查、花费7000万美元的冗长调查报告并没有证明克林顿和希拉里曾经有过不当行为。讽刺的是这样的调查结果跟“白水案”立案之后一周的调查结果完全一致。

美国历史上消耗最多资金的这场调查最终以闹剧收场。一份无罪的报告耗费大量人力、物力、财力，虽然证实了克林顿夫妻的清白，但它作为“历史上最昂贵的的报告”也成了美国政坛上最大的笑话。

时间终究给予了克林顿夫妇一个交代，但此时的克林顿已经从总统职位上退了下来。曾经争论的是非对错都已经不再重要，留下的伤疤并不会随着这份调查而彻底抹去痕迹，迟来的证明只是对既定事实的苍白证明罢了。

“白水案”对希拉里而言，并不仅仅是一次政治上的迫害阴谋，而是像一次残酷而充实的成长训练营。白宫八载的光阴里，一场“白水案”让希拉里经历了不同于其他第一夫人的磨砺。她为了平息这场有预谋的风暴而不断奔走，然而这场风暴仿佛拥有起死回生的能力，总是在压制之后再次爆发，爆发后再次被压制，如此循环往复，望不到终止的尽头。

回首走过的这段艰涩岁月，希拉里已经不是当初初入白宫时的希拉里。经过千锤百炼的她已经变得更加成熟、稳重和从容。“第一夫人”的这场旅程在不完美中画下了句点，但希拉里已经准备好以全新的姿态去迎接拥有无限种可能的未来。

第五章

一段惊动世界的桃色新闻

忍辱负重的
“八卦女主角”

·第一节·
色诱陷阱还是情感背叛

在希拉里和克林顿共同度过的岁月中，如果说政治上的抨击曾经让希拉里满身倦怠，那么情感上的伤害则让她的心饱受煎熬。政治的争斗尚且可以乐观地视之为对能力的磨砺，但是情感遭遇的困境则更多的是对心灵的桎梏。

因为共同的理想希拉里和克林顿走到一起，这段感情在很多人眼里更像是强强联合的一场合作。但是铁娘子一样的希拉里同样拥有身为女人情感细腻的一面，当婚姻亮起红灯，她也曾经徘徊于十字路口，不知该去向何处。无奈的是作为克林顿的妻子，希拉里要比一般人承受着更多的情感危机。

1998 年一个星期三的早晨，希拉里尚在睡梦之中，对于外界发生的一切一无所知。属于清晨的清新宁静并没有持续太久，克林顿匆匆摇醒了希拉里，忐忑地向希拉里坦白了一件事情，他说："我想有件事情你应该知道。"他告诉希拉里报纸上报道了一起他和白宫实习生莫妮卡·莱温斯基的绯闻。突如其来的重磅消息让希拉里立即清醒了起来。克林顿看着希拉里说道："请你不要相信。"然后告诉希拉里他跟莱温斯基有过短暂交集，但不过是逢场作戏，并没有发生实质性的关系。

克林顿的描述显得这不过是一起简单的花边新闻，这种新闻在克林顿身上已经屡见不鲜，并不会造成大的影响。但事实并非如此，在当天早上《华盛顿邮报》的一篇社论《克林顿被控指使手下撒谎》中直指克林顿与莱温斯基有着不同寻常的关系，并特别提到莱温斯基在葆拉·琼斯一案中为克林顿作了伪证。

一篇报道牵涉到克林顿的两起桃色绯闻，而此时斯塔尔对“白水案”的调查正处于白热化的阶段。这样的惊天秘闻爆出无疑为他抨击克林顿提供了新的方向。

希拉里一次次跟克林顿确认整件事情的经过，希望克林顿能够跟她实话实说，而克林顿也反复表示自己是清白的，新闻只是子虚乌有的陷害。并不是希拉里不愿意相信克林顿，她比任何人都更明白此时她的信任对于克林顿的重要性。但一朝被蛇咬，十年怕井绳。在感情问题上，克林顿以往的“战绩”让人无法轻易相信他。身为枕边人的希拉里尚且如此，社会大众更是如此。

在此之前，克林顿就曾经因为性骚扰案件被一名叫做葆拉·琼斯的女职员告上了法庭，也正是因为这个案件才让媒体顺藤摸瓜查到了克林顿和莱温斯基的暧昧关系。虽然总统被爆绯闻并不是什么新鲜事，这甚至是很多政党在选举之时为了抨击对手常用的手段，杰斐逊、杰克逊、肯尼迪等众多美国总统都深受其害。但葆拉·琼斯的起诉第一次将桃色绯闻上升到了民事诉讼的层面，这是前所未有的。

葆拉指控克林顿在阿肯色州担任州长时期就对她进行了性骚扰，并提出过开房的要求，她控告克林顿并要求赔偿 70 万美元。对于葆拉的指控很多人持质疑态度，这个姿色平平的女职员在容貌上远不如希拉里，克林顿似乎并没有出轨的理由。而克林顿的工作团队也坚称琼斯不过是一个受人摆布的政治机器罢了。此时的希拉里更是挺身而出，向社会大众表明了信任克林顿的决心。

但事情并没有就此摆平，“琼斯案”引出许多曾经跟克林顿共事或有过交集的女性站出来表示克林顿的态度轻浮，曾经对她们进行过骚扰。原本在“琼斯案”发生之时，克林顿正处于民意支持率极高的阶段，整个舆论的风向也更偏向于克林顿。但随着事件不断发展，越来越多的爆料出现，虽然这些爆料并没有实质性的证据，但是却对克林顿的形象产生了损害。克林顿的律师团队权衡利弊之后希望跟琼斯达成私下和解，并承诺愿意用70万美元表达和解诚意。

葆拉·琼斯并没有私下和解的意愿，她强硬地要求克林顿必须对她进行公开道歉，并且在媒体的大肆渲染下，葆拉将赔偿金额从70万美元提高到了200万美元。但是最终因为葆拉的证据不足，这起案件以葆拉的败诉结束。然而这件事情并没有彻底终结，而是引出了轰动整个美国的莱温斯基事件。

在琼斯案件的审理过程中，当时年仅24岁的莫妮卡·莱温斯基曾以白宫实习生的身份出庭为克林顿作证。她在法庭上坚定地宣称：“我从未跟总统有过性关系。”这本是针对克林顿跟雇员性关系问题的简单作证，但却因此让斯塔尔在调查克林顿的过程中嗅到了他们之间不寻常的信息。

审理琼斯案件时，原被告律师都通过让案件的直接和间接关系人作证的方式提高官司的胜率。但斯塔尔在对克林顿进行全面详细地调查时发现，在莱温斯基为克林顿出庭作证之前他们曾经有过私下的会面，并且在案件开庭前克林顿的私人秘书从莱温斯基处取回了许多私人馈赠的礼物。对斯塔尔而言，关于克林顿的任何负面证据他都不能错过，更不用说如此震撼致命的把柄了。

在《亲历历史》中希拉里在回忆到这场桃色绯闻的爆发时说道：“毫无疑问，斯塔尔希望事情闹得越大越好。”事情也确实因为斯塔尔的紧追不舍和媒体的狂轰乱炸越演越烈。如果说一开始希拉里的内心还充满怀疑和纠结，随着事件不断发酵，她则不得不选择接受丈夫向她解释的一切。

整整6年的时间里，希拉里一直处于“白水案”的漩涡之中，同时她还要陪克林顿一起抵抗“琼斯案”带来的恶劣影响。只要一想到这些她便会头皮发麻，心中被乌云笼罩。因此，无论这场事件只是一场阴谋的勾引还是克林顿情感的背叛，在此刻她都只能选择相信克林顿。因为只有如此，她才能支撑自己一直走下去，才有勇气在饱受心灵折磨的同时接受外界的攻击。

朋友们对于希拉里毫不保留地相信克林顿的态度表示不解，但这是身为“第一夫人”的无奈，别人是无法感同身受的。并不是从未对克林顿感到失望，也不是练就了无坚不摧的盔甲，希拉里曾经坦言“那段日子是我人生中最灰暗、最不堪的日子”。但是从嫁给克林顿的那一刻起他们就不仅仅是生活上的伴侣，更是政治舞台上最默契的合作伙伴。

现实并未给予希拉里太多自艾自怜的时间，当克林顿面临风暴的那一刻，她同样被推上了风口浪尖。若说此时除了身为“第一夫人”的责任和对于事业的共同追求，或许那仅存的对于克林顿的微弱信任也成为支撑她的动力。

在希拉里的内心深处，始终存在着一丝希冀，她希望事实如同丈夫所说的那般：克林顿只是给这个在白宫的实习生一些鼓励，是莱温斯基自己会错了意，他们之间是清白的。

当危机向着克林顿袭来，媒体对他穷追猛打，甚至民主党内也出现了质疑的声音，希拉里再次跟克林顿并肩而行，如同每一次危难时刻一样。她开始沉下心来组织筹备应对方案。她知道这一次克林顿的成败或许就取决于她一个人，强大的使命感让她将那些小情小爱彻底放下，全新投入到挽回克林顿形象的工作中去。

这起案件在克林顿的政治生涯中或许仅次于“白水案件”，它的爆发将琼斯案再次牵涉出来。琼斯案因为这次的事件被重新开庭审理。最终以克林顿赔偿葆拉·琼斯85万美元达成庭外和解。协议要求克林顿必须在两个月内付清全部赔偿金，但并不要求克林顿公开道歉。虽然最终的结果以和解告终，但克林顿依然为这场案件付出了沉重的代价，在此之后，斯塔尔则针对莱温斯基事件和妨碍司法公正两个方面对克林顿展开了调查。

面对四面潜伏的危机，希拉里不得不求助她最信任的好友西德尼·布鲁门。她迫切地需要开导，而在文斯去世之后，西德尼成为她最谈得来的朋友。她在跟西德尼长达数小时的促膝长谈中坦言，她其实并不相信克林顿的说辞，但是她试着去理解他。希拉里始终相信克林顿童年的成长环境和善良、富有同情心的性格让他习惯了跟女性的亲密关系以及对穷困的人伸出援手。

西德尼·布鲁门向希拉里冷静地分析了当前的形势，并对斯塔尔等极右势力的阴谋进行了剖析。布鲁门丝毫不带私人情感的政治化分析与希拉里不谋而合。虽然早已经习惯了以斯塔尔为代表的共和党人的攻击，但此时克林顿犯下致命错误显然为他们提供了攻击克林顿的利器，助长了他们嚣张的气焰。

克林顿跟莱温斯基的关系只是一个小小的契机，是共和党企图制衡总统并试图扩大独立检察官权力的借口。不只是希拉里和西德尼，克林顿也意识到了这一点。他在接受媒体联访时斩钉截铁地否定了自己和莱温斯基的关系："我并未让任何人替我撒谎，从来没有不正当关系，更没有性关系。"

只是克林顿的片面之词明显太过薄弱，而且媒体并不会全然相信。但此时，希拉里和克林顿的态度是统一的：绝对不能妥协和畏缩。

之后，在一次希拉里主持的儿童看护计划审查会议中，克林顿再次做出了澄清。整个会议中克林顿恳谈了对教育问题和儿童保护权利的看法，针对政府做出的相关努力进行了介绍，之后他话锋一转，很自然地谈到自己的绯闻事件，并再次强调："我跟那位莱温斯基小姐没有任何关系。"

这是希拉里始料未及的，她并没有想到在这样一场正式的会议中克林顿会谈到这个话题。她从丈夫的话语中感受到了他的急切和压力，也意识到自己必须做些事情，挽回整件事的局面。

希拉里的可贵之处正在于此，她在回忆录中提到：“作为他的妻子，我恨不得拧断他的脖子，但他不仅仅是我的丈夫克林顿，更是美国总统克林顿。在政治上他始终是我佩服的人，无论如何，我都不允许政敌对他百般凌辱。”这是希拉里式的坚强和倔强。她言出必行，开始积极为了重树克林顿威信而努力。

对于希拉里的行为，杜鲁门如是分析：“如果一开始希拉里能够对克林顿多一些质疑，并且帮助他规范言行，或许她不必走到这一步。但如今在克林顿多次言之凿凿地宣称自己的无辜之后，希拉里只能铤而走险。”1 月 27 日早上，希拉里接受了 NBC（美国全国广播公司）《今天》节目的采访，站在公众面前为丈夫做辩护。

在节目开始之前，希拉里已经在布鲁门的配合下多次模拟了这场访问，他们针对政敌的诡计进行了强有力的回应，并为访问准备好了一整天无懈可击的说辞。

《今天》节目的主持人是马特·劳尔。当希拉里一身正装、端庄而充满气场地坐在劳尔对面之后，访谈正式开始。这个老练的主持人并没有进行太多无谓的客套，在简单寒暄之后就将话题引到了众所瞩目的焦点上。

在访谈中，希拉里充分表现出了对克林顿的信任，并直指“莱温斯基事件”是政敌对克林顿的刻意抹黑。然而主持人并没有因为希拉里的从容回应而放过她，劳尔抛出了最尖锐的问题：“关于传闻您丈夫送给莱温斯基礼物的事情是真的吗？你怎么看待此事？”

对此，希拉里淡定回应道：“克林顿最大的问题就在于他的慷慨和乐善好施，我们已经携手走过了 20 多个年头，我曾经无数次目睹他向人们释放善意和帮助，甚至自己的领带都解下来送给别人过。如果大家仔细想想，比尔为什么做这些呢？难道就是为了接受无谓的谩骂？我实在不理解他们用这些阴谋诡计要达到怎样的政治目的。”

希拉里曾经戏称身为政治人物很重要的一点是要脸皮够厚。换言之，在政治舞台上必须要有足够的心理承受力。希拉里一直明白想要得到多少就要先付出多少的道理。她跟克林顿不是普通的夫妻，为了挽救他们的婚姻，为了帮助丈夫渡过难关，希拉里明智地选择了忍辱负重，站在克林顿的身边。

在希拉里努力为克林顿挽回形象的时刻，克林顿也开始收复逐渐流失的民心。在《今天》节目录制的当天，克林顿进行了《国情咨文》的报告。

这一次，他的演讲中只字未提自己的绯闻事件，而是用铿锵有力的声音汇报了他执政以来在降低失业率和通胀率、促进人民收入、增加和提高住房自有率方面取得的成绩，并针对社会维稳、国家综合实力提升的成果进行了通报。当克林顿提出未来的几项重要工作计划之后，他表示希望将未来的财政盈余更多的用在社会保障工作上。

演讲结束之后，会场陷入了久久不息的掌声之中，克林顿的演讲取得了热烈的回响。这一天白宫等待着希拉里和克林顿的回归，他们夫妻二人在相同的时间、不同的地点做出了同样让人欣喜的努力。

在《今天》播出之后，很多人相信了希拉里的说辞，对克林顿桃色新闻的看法有了转变。在节目播出后一周的媒体调查中发现，有59%的人相信克林顿的绯闻事件是政敌的阴谋。而随着《国情咨文》报告的发表，克林顿的个人支持率达到67%，刷新了克林顿的最高历史纪录。

在克林顿夫妻的共同努力下，这场风波暂时获得平息，但他们因此也付出了惨痛的代价。这段危机四伏的婚姻因为绯闻风波变得脆弱而敏感。克林顿越来越怕面对希拉里，而外表坚强的希拉里也跟友人说道：“我常常在夜里哭醒。”

心灵的创痛才是最难治愈的伤，但希拉里全家无一人幸免。在事件爆发之初，希拉里就无比担心在大学读书的切尔西会被舆论伤害，这是她最想守护的家人，但最终切尔西还是在父母的只言片语中感受到了政治的残酷和无情，内心受到了极大的震撼。这场看似传来捷报的战役实际上已经让克林顿夫妇不堪重负。

婚姻从徘徊的十字路口上拉回，但整个事件的真相并未浮出水面。虽然希拉里一直试图用丈夫掩饰性的话语来暂时麻痹心痛，但谎言始终无法彻底将真相淹没。这一刻的短暂喘息之后，所有的迷雾都将拨开，无论希拉里内心如何挣扎，她都必须去触碰冷酷的现实冰凌。

·第二节·
一朝粉碎的真相

无论心里的城墙如何坚固也抵不住昼夜不停地风雨侵蚀。为了维护克林顿的总统地位和他们岌岌可危的婚姻关系，希拉里在心中竖起了一座坚不可摧的城墙，她以为自己已经百炼成钢，但当所有的真相浮出水面，她的内心还是听到了城墙浑然倒塌的声音。

钱钟书先生在《围城》中这样形容婚姻："城里的人想出来，城外的人想进来。"克林顿在婚姻中一直以来的躁动也是如此。虽然他们从来没有想过摧毁婚姻的围墙，但一个个不堪入目的绯闻爆出，依然让这段婚姻变得越来越脆弱。

本以为事件得以平息的克林顿夫妇，却没想到他们尚未平复忐忑的心情，新一轮的爆料开始。谎言终究无法掩饰真相，当克林顿为了掩饰自己的过错一次次地撒谎，又一次次地被斯塔尔和媒体拆穿，希拉里身心俱疲。她开始怀疑自己一直以来的坚持和信任是否真的有意义。

人们对于克林顿和莱温斯基关系的探究从未停止，而斯塔尔的紧追不放、葆拉·琼斯律师团队的凶猛爆料，都让克林顿的言论越来越无法立足。

曾经在琼斯案中指控过克林顿性骚扰的女性之一凯萨琳·威利参加了一档叫作《60分钟》的节目，她在节目中大爆猛料，详细描述了克林顿曾经骚扰她的细节：1993年她曾请求克林顿为她提供就业机会。当她坐在克林顿的办公室中的时候，克林顿对她进行了不规矩的行为，并把她的手放到了克林顿的私处上。

共和党在节目播出之后联系了威利，并准备用这样的猛料产生的后续效应继续扩大影响，甚至跟斯塔尔开会研究目前是否已经到了弹劾总统的契机。而一直致力于绊倒克林顿的斯塔尔似乎看到了希望，他更加努力地挖掘克林顿妨碍司法公正和性丑闻的证据。他的同僚纽特·金里奇更是开始拉拢追随者准备对克林顿进行弹劾，他认为一旦克林顿下台，他将有机会接任总统职位。

对于威利的指控，克林顿给出了跟“莱温斯基案”差不多的解释，无非是：他曾经鼓励过这个家境困难的女孩，跟对待所有工作人员一样，礼貌性地拥抱她并亲吻了她的额头。

此时的希拉里已经因为丈夫的绯闻不堪其扰，她甚至都已经拒绝看报纸，她说：“报纸成不了气候的，它只能让人气恼……”但对于克林顿面临的窘境她又不得不关心，或许是习惯使然或许是内心的责任心作祟，尽管已经开始对克林顿失望，希拉里还是选择了为丈夫的“善心”买单。她跟工作团队针对侮辱性的报道进行了反击，并指出威利曾经在琼斯案中作假，她的言论并不可信。

再美的花朵也躲不过调零的命运，再深厚的感情也经不起无情地摧残。在丑闻风波层出不穷的攻击下，希拉里变得越来越沉默了。她依然虔诚地维护自己作为第一夫人的尊严，但跟克林顿的感情却越来越淡了。无论爱有多深，也抵不过一次又一次的辜负，没有谁会一直为另一个人等在原地。经常到白宫陪伴希拉里的黛安娜形容那时的希拉里：“她似乎不愿意向别人敞开心扉，我一直陪在她左右，但她从来不愿意倾诉。”

这样明显的变化白宫的工作人员也慢慢察觉了：从1998年5、6月开始，希拉里几乎跟克林顿进入了冷战阶段。希拉里开始对克林顿麻木以对，即使在同一空间内他们也鲜少交谈。在此之前，人们经常能够看到他们拥抱、亲吻，感受到他们对彼此的深爱。但现在他们之间却有一种奇怪的气场，让人感到尴尬。

7月底，斯塔尔频繁跟莱温斯基接触，甚至已经有莱温斯基即将出庭坦白跟克林顿的关系的传闻，真相即将浮出水面，而希拉里的内心也越来越冷。该来的终究躲不过，8月份整个事件全面发酵，克林顿也深知自己再也无法隐瞒希拉里。15日的清晨，如同绯闻爆料出的那个清晨一般，克林顿叫醒了希拉里，跟希拉里坦诚了自己跟莱温斯基不同寻常的关系。

关于7个月前跟希拉里撒谎的事情，克林顿这样解释道："我跟她只是逢场作戏，我以为事情不会发展到这么严重。请你相信我一点都不希望你和切尔西受到伤害。"

这样苍白无力的解释让希拉里无法理解，虽然一直都清楚克林顿有所隐瞒，但当事实赤裸裸地摊开在希拉里面前，还是让她心痛得无法呼吸，她声嘶力竭地对着克林顿质问："为什么要这么做？你怎么能撒这样的谎？"而此时的克林顿只是一个劲儿愧疚地说着："对不起，对不起。"

丈夫的坦诚让希拉里备受伤害而又感到恐惧，此时克林顿对于自己曾经对于莱温斯基案所有的辩驳都成了笑话，更让希拉里感到羞耻地是她竟然曾傻傻相信丈夫的解释。

随着莱温斯基出庭作证、克林顿被传讯、斯塔尔要求抽取克林顿的血样……残酷的真相摊开在公众眼前，希拉里曾经对克林顿的努力维护这一刻成为了让整个美国都感到可笑又可悲的记忆。

不得不提到的是，"莱温斯基案"的全面爆发虽然有政敌的推波助澜和克林顿的行为失当，整个案件的转折的关键点还是莱温斯基。

这个出生于百万富翁家庭的加利福尼亚小姑娘性格中似乎一直都有一种骄傲和虚荣的特质。在同事们的眼中，莱温斯基一直是"爱出风头"的代名词。

1995年6月，莱温斯基开始了她的白宫实习生活，同时也开始了她和克林顿的缘分。她的工作主要是负责分发邮件，虽然工作的地点在老行政大楼的底层，但是她凭借着自己的通行证肆无忌惮地在白宫各个地方自由来去。人们经常看到一个袒胸露乳的性感女孩在总统的椭圆办公室前徘徊。骨子里的放浪不羁或许是莱温斯基跟克林顿发展这段婚外情的诱因，但同样是她这种豪放又虚荣的性格让她的白宫实习生涯提早结束了。

白宫办公厅的副主任注意到了这个热爱吹嘘的姑娘，她总是夸大其词地强调自己工作的重要性，这样轻浮的举动显然与白宫的工作格格不入。于是在1996年4月，她被调到了五角大楼。

调动让莱温斯基颇感不满，但是她并没有因此收敛。她一如既往地在同事面前炫耀自己的白宫工作经历，并毫不顾忌地跟同事显摆自己与克林顿关系密切。虽然这种幼稚又低俗的行径很容易引起同事的反感，但莱温斯基还是在这里找到了自己的知音——琳达·特里普。而在之后，特里普也成为了莱温斯基的情感顾问，经常为她出谋划策。

只是此时的莱温斯基并不知道，很多披着友善外皮的人，内里并不如看到的那般友善。在五角大楼受到排挤的莱温斯基把特里普当作了自己唯一的倾诉对象，然而她不知道的是特里普并没有对她投入同样的真诚。特里普是国防部公共事务办公室的一名助手，已经48岁的她对于自己当时的生活并不满意，特别是对政府有着很大的敌视情绪。

在莱温斯基与她关系日益密切的过程中，特里普的内心已经悄悄转变。她表面上与莱温斯基保持着知己的关系，但内心并不喜欢莱温斯基这种漂亮、年轻又张扬的女孩。

女人的嫉妒心实际上是一种可怕的毒药，当莱温斯基向特里普坦诚自己跟白宫的一位年长的举足轻重的人物有着情感纠葛时，特里普表示了极大的兴趣。一开始莱温斯基尚且有所警惕，但随着跟特里普之间的信赖逐渐加深，她坦诚了自己的情人就是克林顿的事实。

秘密一旦被讲出便不再是秘密，这无关乎你告诉了谁，告诉了几个人。而莱温斯基很不幸的是她把自己致命的秘密告诉了一个并不真诚的朋友。特里普开始有意识地引导莱温斯基跟她讲述更多与克林顿之间的事情，并在莱温斯基向她倾诉的同时秘密录音取证了。

一个年仅二十几岁的女孩无论她如何的张狂和不为世俗，终究是修行尚浅。内心守着与克林顿之间的秘密让她一直找不到宣泄的出口，此时特里普的出现则成了她顺理成章进行倾诉的契机。

莱温斯基回忆起她跟克林顿的相识。在 1995 年白宫的一场聚会上，莱温斯基邂逅了克林顿。当时的她一如往常的大胆着装成功地吸引了克林顿的注意。莱温斯基跟特里普说道："他是个令人厌恶的大人物。"但后续的发展莱温斯基却并没有如同她所说的那般讨厌克林顿。当时她已经结束了实习期被派到国防部工作，借工作之由她开始在白宫与克林顿频繁密会。他们的约会大部分都在下午和周末，但有时也会在深夜。

在五角大楼工作后，一次莱温斯基对着同事指着电视上正在进行的克林顿的访问说道："你看，那条领带是我送给他的。"对于莱温斯基的夸大其词同事们早已经习以为常，因此也并未当真。

但事实上，莱温斯基这次说的是真的，她确实送过克林顿一条领带，而作为回礼，克林顿送了她一本惠特曼的《草叶集》，他们经常把这种交换礼物的事情作为维系感情的小情趣。若说克林顿送给莱温斯基的礼物中最有名的可能就是那条后来成为克林顿出轨铁证的蓝裙子了。而在莱温斯基拿着这条沾着克林顿的精液的"战利品"裙子向特里普展示的时候，她并没有想到会因此闯下弥天大祸。

琳达·特里普一直与《新闻周刊》的记者伊西科夫联络密切，并且与图书出版商戈德堡有过合作。一直以来特里普对政府的不满不仅仅表现在口头上，在“白水案”处于风口浪尖之际，她曾打算就文斯·福斯特自杀一事写一本揭秘白宫内幕的书，当时她联络的便是戈德堡。虽然最后出书计划夭折，但她的人脉却保留了下来。

在知晓莱温斯基跟克林顿的暧昧关系之后，她一直有意识地取证，并把莱温斯基与克林顿的事情告知了伊西科夫和戈德堡。对他们而言，特里普的爆料简直是天上掉下来的馅饼。

与此同时，特里普与琼斯的律师团队一直有着频繁的联系。甚至后来在琼斯案为克林顿作证的过程中，莱温斯基都意识到了这一点，她曾经很疑惑地说：“我不知道为什么琼斯的律师会问我与克林顿有没有性关系，不知道为什么他们会盘问到我头上。”

这其中缘由不言而喻，特里普知晓莱温斯基与克林顿交往的全过程，而且在琼斯案爆发之时，她已然跟莱温斯基摊牌——她不会为了克林顿说谎，她要说实话。同时她还怂恿莱温斯基跟她一样。但显然莱温斯基心中的天平更倾向于克林顿，她在法庭上选择了否认与克林顿的性关系。

友谊彻底破裂之后，特里普给了莱温斯基同时也给了克林顿致命一击。1998年1月28日，特里普打通了斯塔尔的电话，正式站在了抨击克林顿的阵营。

特里普投靠斯塔尔意味着斯塔尔得到了特里普与莱温斯基的谈话录音，这将成为打击克林顿最好的利器。因为斯塔尔的游说以及莱温斯基本身对作伪证一事面临被控告的恐惧，她以不追究其在琼斯案中作伪证为条件，同意站出来承认与克林顿之间的性关系。

克林顿长达7个月的危机公关宣告破产，他必须接受出庭作证的命运。这时的克林顿已经别无选择，只能硬着头皮在律师的陪同下出庭作证。长达

4个小时的审讯、听证中，克林顿做了最后的垂死挣扎。

克林顿在整个政治生涯中或许从未如同这4个小时一样慌乱而无措。人在危急时刻往往会暴露出性格中的缺点，克林顿也是如此。一直以来，他与希拉里一个激情有冲劲，一个理智冷静，这样的扬长避短构成完美的组合。但当克林顿独自一人面对着听证会，他性格中的天真和侥幸心理就暴露了出来。此时关于他和莱温斯基的关系几乎已经是人证、物证俱在，无从辩驳的状态，但他依然心存希冀，认为可以在斯塔尔的打击中反败为胜。

这场听证会里克林顿充分利用了他一直以来引以为傲的口才。在陪审团提到琼斯案时，他长篇大论地模糊了问题的焦点，转移到政敌的阴谋陷害中去，并称琼斯案是政敌赞助的产物。

斯塔尔的助手罗伯特·彼特曼首先对克林顿发难："您跟莫妮卡·莱温斯基女士曾经有过身体接触吗，总统先生?"

克林顿此时的回答着实耐人寻味："这要看如何理解这个词汇。"这样的回答显得过于含糊其辞。如果说克林顿此时的回答有些不够光明磊落的话，他之后的答辩则可以称之为无耻了，他坚决地否定了自己跟莱温斯基有过性关系，只承认他们之间确实存在亲密关系。而对此他做出的解释简直让陪审团瞠目结舌——克林顿称"口交并不是真正意义上的性关系"。

克林顿反复强调不同的理解会产生不同的结论，并说道："我相信他们都会觉得自己说的是实话。"而针对这7个月来闹得风风雨雨的绯闻，克林顿再次提出政敌的阴谋论的观点，并且谴责道："我已经被这件事情纠缠了7个多月了，我想这世界上有许多事情比这件事更值得关心。"

整场听证会在陪审团签署了保密协议的情况下进行，但这4个小时进行了全程录像，毫无疑问最终这场听证会还是会公布于社会大众面前。

在克林顿回答着陪审团一系列让人难以启齿的问题时，身在白宫的希拉里同样饱受煎熬。已经被伤透了心的她早就不想去理会丈夫这些让人糟心的事情了，甚至在克林顿与幕僚讨论听证会的应对策略时，偶然经过的希拉里都没有看他一眼。但不愿关注并不意味着可以不关注。她始终与克林顿是命运的共同体，克林顿如果因此垮塌对她并无益处。

当时身在意大利的布鲁门致电宽慰他的朋友希拉里，他希望希拉里多考虑一下这件事情背后的政治影响，并替克林顿求情："他的隐瞒或许正是因为对你和你们婚姻的在乎。"只是心里的伤痕一旦留下，想要治愈并不是那么容易。在备感煎熬地那个时期，希拉里的好友们心疼地发现希拉里似乎已经失去了原本神采奕奕的样子。她常常一个人待在白宫的日光浴室中，不施粉黛的脸上有着难以遮挡的倦容，一双核桃似的肿眼显示出明显哭过的痕迹。

站在权力的至高点上，面对整个美国乃至世界的审视，希拉里明白她必须承受一些常人无法承受的重量。克林顿从听证会归来后，原本想要继续把克林顿视作空气的希拉里还是在习惯的驱使下走出了房间，加入到了克林顿的全国声明起草小组中。

整个声明起草的过程并不顺利，克林顿对于希拉里的态度非常介意，他很怕自己的言行再次对妻子造成伤害，迟迟不能决定声明的内容方向。希拉里看出了他的担忧，终于还是沉不住气开口了："行了，比尔，这是你的演讲，制造这场麻烦的是你自己，要说什么也只有你自己能决定。"

在克林顿的演讲结束后，希拉里也发出声明表达了对丈夫的支持，表示她对克林顿的爱不会变，而她也会和克林顿一起维护他们的婚姻。

有些话说出口并不代表内心最真实的想法，而有些伤痕一旦存在也未必能够修复得完美无瑕。当婚姻失去了原本的纯粹，当爱情在时光中消磨殆尽，希拉里开始以新的视角面对与克林顿的关系，同时也开始了她人生的新谋划。

·第三节·
重拾对婚姻的信心

雁过留声，鸟过留影。我们永远无法假装已经发生的事情从未存在，正如破裂的镜片即使黏合也会留下难看的伤疤。从嫁给克林顿的那一刻起，希拉里就已经下定决心与这个男人相守一世、不离不弃。然而当风暴袭来，这艘航行在颠簸大海中的孤舟开始飘摇不定。万事万物中只有人心最难控制，希拉里无法捆绑住丈夫对花花世界的好奇之心，同样也无法轻易地抚平自己内心的伤痛。

一场桃色绯闻不仅在美国政坛掀起轩然大波，更在希拉里和克林顿的婚姻中造成了难以修复的裂痕。无论内心多么坚强，希拉里在成为总统夫人、政治领袖之前，首先是一个妻子、一个母亲、一个家庭的守护者。

任何人都不可能无坚不摧，希拉里也不例外。在光鲜亮丽的女强人外衣之下她也不过是一个希望家庭和睦、夫妻相濡以沫、女儿快乐成长的普通女人罢了。但遗憾的是，她最默契的人生伙伴克林顿将她这单纯的梦想彻底打破。

当克林顿跟她坦诚自己确实背叛了他们的婚姻，跟莱温斯基发生了不正当的男女关系时，就好像在寒夜里的一盆冷水浇到头上，让人从内而外地感到寒冷和战栗。就在克林顿向希拉里坦白真相的几天前，希拉里还信誓旦旦地向友人保证："比尔虽然有很多不足，但是他从来不会对我说谎。"如果一开始就从未相信，或许还不会如此伤心，但当冰冷的事实和曾经的信任同时出现在眼前，内心的落差便被无限扩大，伤口也撕裂得更为严重。

再强悍的人也有疲惫的时候，一直以来希拉里对丈夫层出不穷地桃色新闻都是抱着相信他、支持他的态度，但是这一刻她开始觉得自己过去的所作所为是那么的可笑。世上没有无缘无故的付出，希拉里的牺牲隐忍换来克林顿的变本加厉，这让她感到寒心又绝望。一直以来希拉里就知道克林顿是个不甘于寂寞的人，也知道他风流多情的性格，但是因为爱他，因为人们眼中的"天作之合"，她还是选择了将自己的人生交付给他。只是在这一刻她却开始怀疑自己的决定是否是对的，这样的婚姻是否还有存续的必要。

望着克林顿羞愧的目光，听着他一遍遍的道歉，希拉里已经有些麻木了。一次不忠，百次不用。这场婚姻中的信任最终被克林顿消耗掉了。此时的希拉里已经无暇去理解克林顿的苦心，她意识到这已经不是他们两个人之间的事情了，他们的女儿切尔西应该知道所有的一切。

对希拉里而言这是个可怕的时刻，因为对于他们发生的这一切在斯坦福大学读书的女儿并不清楚，她跟希拉里一样相信着自己的父亲，但现在希拉里不得不告诉她，她被他的父亲欺骗了。整个 8 月对希拉里一家而言都是一个黑色的。原本定在这周的玛莎葡萄园度假计划延迟了，希拉里将自己封闭了起来，独自疗伤。而克林顿此时也无法对妻子做出更多的挽回，因为接踵而至的攻击和审判等待他去解决。

然而这并不意味着克林顿对自己的婚姻抱着无所谓的态度，而是此时在维护政治前途和抚慰妻子的情绪上，他必须选择前者。但他对婚姻的维护和对希拉里的挽回其实也没有停止，而是从整个"莱温斯基案"爆发就已经开始了。

在这一点上，克林顿就像是个孩子一样，总是在犯错之后拼命地讨好希拉里，并且很长一段时间内小心翼翼地行动着。在桃色绯闻爆出后不久，克林顿就和希拉里进行了一次非洲之旅。他们的朋友发现，这其实是克林顿惯用的伎俩，总是在跟希拉里吵架后通过旅行重新赢得希拉里的芳心。

这次的非洲之旅也不例外，此时克林顿的谎言尚未被拆穿，希拉里也站在丈夫的一方选择了相信。所以这趟非洲之旅尚算愉快。作为第一个出访非洲这些地区的美国总统和总统夫人，克林顿和希拉里在这里得到了很高的声望。这里远离了华盛顿硝烟弥漫的战场，放下了那些不得不面对的困扰，希拉里和克林顿度过了一段温馨和谐的旅程。

但好景不长，非洲之行的最后时光并不完美，国内关于克林顿与莱温斯基的丑闻证据不断传来，克林顿曾经的谎言越来越无法立足，而希拉里和克林顿之间也陷入了僵持。在克林顿坦白所有之后，他们之间更是彻底地进入了冷战状态。

当情感出现鸿沟，僵持不下显然不是明智的做法。但此时的希拉里断然不可能先踏出那一步，而对克林顿而言虽然他想要努力接近希拉里，获得希拉里的原谅，但一直找不到合适的机会。希拉里把自己封锁在了保护壳中，只要克林顿前进一步，她便后退一步。这段曾经让人们羡慕不已的贤伉俪走向了婚姻的死胡同。

好在他们之间还有一个永远无法割舍的纽带。切尔西虽然对父亲的欺瞒感到伤心和失望，但是她爱她的父母，也希望自己的家庭能够恢复曾经的欢声笑语。于是在克林顿完成最后的声明演讲之后，她动员父母开始他们家迟来的玛莎葡萄园度假。虽然此时的希拉里根本就没有享受度假的闲情逸致，但华盛顿的生活却已经压得她喘不过气来。这时候能够去玛莎葡萄园见见老朋友对她而言是个很不错的提议，而且面对女儿的苦苦哀求，她也不忍心让女儿失望。

这场旅行是切尔西早就期盼已久的旅行，但却一度因为父亲的绯闻被耽搁了下来。但此时重新开始这段旅程却有了不同于以往的特殊意义。希拉里显然不想和克林顿待在一起，切尔西对父亲也尚未完全原谅，但克林顿看着自己生命中最重要的两个女人，还是牵着家里的小狗巴迪硬着头皮跟了上去。在《亲历历史》中希拉里提到："当时巴迪应该是我们家唯一愿意搭理比尔的成员了。"

希拉里一家乘坐直升机飞往玛莎葡萄园，一路上希拉里一家的气氛都异常低迷，希拉里跟女儿切尔西时不时地低头细语，而克林顿则独自坐在另一边阅读一本悬疑小说，并且时不时地向着希拉里母女望去，一副欲言又止的样子。

飞机上的氛围似乎就已经预示了这次的旅行不会如同往常一般愉快和轻松。希拉里带着一副超大的墨镜，让人看不到她的悲喜，而克林顿一直在寻求和解的机会，但效果并不理想。

这样的结果显然不是切尔西所乐见的，尽管切尔西非常理解母亲的心情，但她很清楚如果父母的冷战持续下去，那么他们的家庭将面临破碎的危机。所以在走下飞机之后，她一手牵着母亲一手牵着父亲，努力充当他们之间的润滑剂。

希拉里并不是不知道女儿的小心思，但是一时之间她依然不知道该如何面对克林顿。在整个旅行的过程中，她的内心都备受煎熬。媒体对于希拉里和克林顿此时的关系尤为关注，因此在整个旅程中都有媒体全程跟拍。

希拉里的一举一动都被放在了镜头之下，这让原本的放松之旅变得有些局促。当他们在借住的房子里歇脚之后，希拉里更加无所适从了。曾经希拉里和克林顿在一起有多么的幸福，此刻就有多么的悲凉。

这世上还有什么比自己风雨同舟的亲密伙伴给了自己狠狠的一刀更来得

让人心寒和伤悲呢。对婚姻、对克林顿，她都已经失去了信心。未来的路要如何行进，这段婚姻还能不能走到最后，这一切对希拉里而言都成了未知数。

当夜幕降临，希拉里感到无比压抑，与克林顿共处在这个空间让她无所适从。在白宫的时候她尚且可以避开克林顿，没有交谈也就不会有冲突。但这段度假的日子里他们身处在同一个屋檐下，这让希拉里感到窒息，所以想要他们共处一室简直成了奢求。当希拉里在楼上休息的时候，克林顿便蜗居在楼下的沙发上，因为希拉里觉得只要跟克林顿对话，她就会变得火药十足，忍不住发火。

这样尴尬的日子并没有维持太久，在葡萄园短暂停留几天后克林顿就赶回白宫处理本·拉登在阿富汗基地的导弹攻击行动了。在比尔离开的这段时间里，希拉里在朋友们的帮助下渐渐从郁郁寡欢的死胡同里走了出来，也重新开始审视自己和比尔的关系。

吉尔一家陪伴在切尔西身边，这给了希拉里更多的自主时间。作为整个事件中希拉里最想要保护的切尔西，希拉里并不想让她卷入到父母的纷争之中，但最后却还是无可避免地伤害了她。这是希拉里最不乐见的也是她不愿意原谅克林顿的重要原因之一。对于这个敏感又倔强的小姑娘，吉尔一家尽其所能地让她感受到温暖和关怀，希望她能够快乐起来。

不得不庆幸地是希拉里拥有一群真诚地关心她的好友。陪伴有时候是支撑心灵疗伤的最好的催化剂。朋友们为了让希拉里早日走出自身的“象牙塔”，纷纷对她提出了邀请。因为热情的朋友们，希拉里的旅程一时间变得无比充实，她和凯瑟琳·格雷厄姆共进午餐，曾经遭遇过出轨的凯瑟琳用自己的经历开导希拉里。在比尔从白宫回来之后，沃尔特·克伦凯特邀请他们一家三口和朋友们一起出海兜风。

凉凉的海风轻轻拂面，望着遥无尽头的大海，希拉里突然有些释然了。

这些日子以来的郁结也被海风吹散了。在船上沃尔特开导希拉里：“再美好的婚姻也会出现隐患，没有人是完美的。我们都看得出来比尔爱你，为什么你不尝试原谅他呢？”

这也是希拉里一直在思考的问题，她不想向自己的外公外婆那样决裂，因为她清楚地知道母亲在童年岁月中受过的苦楚和折磨；而同样的她也不想像克林顿的母亲弗吉尼亚一样那么草率地放弃自己的婚姻。终归她对于这段婚姻还有不舍，不到万不得已她并不想彻底放弃。甚至她回想起母亲多萝西和父亲休·罗德姆这一生的相处模式，便觉得自己的婚姻并没有自以为的那么糟糕。要不要或者说应不应该原谅比尔成了萦绕在希拉里心头的最大问题。

或许是因为内心并不想彻底放弃这段婚姻，又或许是受了朋友和亲人的影响，希拉里对克林顿的态度开始缓和。她在自己青年时代的挚友唐·琼斯的推荐下读了一本书《你被接受了》，书中写道：“当巨大的苦痛和不安摆在我们面前时，恩典也会与之随行。”这让希拉里领悟到她应该打开心扉，学着去原谅，也许这样才能走出困境，获得新的福祉。后来在一次电视采访中回忆起这段时光，希拉里说道：“我认为最可贵的品质便是宽恕。”

攘内必先安外，如同战争一般，在克林顿的事业面临巨大威胁和他们婚姻的问题之间，希拉里最终选择了先解决前者。很快玛莎葡萄园之行就画下了休止符，华盛顿有太多的问题在等待着克林顿和希拉里：“白水案”悬而未决、莱温斯基事件升级、弹劾克林顿的声音越来越大……局势已经由不得希拉里继续沉浸在自己的小情小爱中自艾自怜，她必须跟克林顿站在一起，从这重重包围中走出去。

在玛莎葡萄园，她和千千万万美国已婚妇女一样只是一个男人的太太，但回到华盛顿她却必须负担起身为“第一夫人”的责任。

属于希拉里生命中的恩典何时到来希拉里不得而知，但她清楚地知道属于她的挑战已经到来，希拉里必须开始为了保住克林顿的总统职位加入战斗，她决不允许政敌一再对克林顿进行刻意抹黑和羞辱。

1998 年 9 月 9 日，斯塔尔的独立检察官办公室正式向众议院司法委员会提交了弹劾克林顿的报告，他们认为克林顿在之前的道歉中并没有表示出应有的诚意，只是简单虚伪的作秀。这是在尼克松总统的调查案中都没有出现过的情况，这样的弹劾已经完全超出了《宪法》的框架。

更让人大跌眼镜的是，在这篇长达 445 页的弹劾报告中仅“性”字就谈到 581 次。斯塔尔用将克林顿置于死地的气势，在整篇报告中大肆赤裸地描述克林顿和莱温斯基的性关系，并提到了许多让克林顿颜面扫地的刻意描述。

然而这些震惊整个美国的丑闻秘事仅限于报告的书面表达，并没有直接的证据。在克林顿看来，这是对他尊严的极大侮辱。”

对于政敌的恶劣抹黑，希拉里同样感到愤怒。对希拉里而言，克林顿算不得一个好丈夫，也确实违背了他们婚姻的诺言，但这并不代表克林顿不是一个好总统。他所做的一切虽然有违于婚姻，但对宪法乃至整个美国并没有恶劣到需要弹劾的地步，不能因为他在私生活的这一过错就对他整个执政生涯的贡献全盘否定。

这样毫不留情甚至是下流的抨击手段，不但伤害了克林顿，也伤害了他们整个家庭。在学校中看到报告的切尔西同样也感到愤怒和羞辱。政敌们将克林顿、希拉里以及他们家庭内的隐私进行无耻地践踏和爆料，这样的行为侮辱了总统，也让宪法和国会蒙羞。

人在面临两难抉择时会无所适从，但当希拉里看到斯塔尔团队对克林顿的卑鄙陷害之后，内心的纠结便完全消失了，对克林顿也从愤怒变成了同情。因为心中的爱并未消失，而且作为政治上的伙伴，希拉里对于克林顿在处理国内和国际事务上的能力一直钦佩不已，她认为克林顿不应该受到如此不堪的指责和批判。

克林顿同样为了挽救自己的声誉开始了道歉忏悔的旅程。过去很长一段时间内，克林顿似乎一直在道歉，向希拉里道歉，向切尔西道歉，向同事们道歉，向整个美国道歉……

如此虔诚的道歉得到了幕僚们的认同，克林顿不再对自己所犯的错误遮遮掩掩，而是选择向公众坦诚并勇敢面对，他努力放低姿态希望能够得到民众的谅解。

在白宫中，希拉里也和克林顿一起祷告，他们之间的关系也因此逐渐修复。在9月份举行的国家祈祷早餐会上，克林顿与希拉里跟宗教界的领袖进行了亲切交谈，克林顿再一次对自己的过错进行了告解，并郑重地向全体国民致歉。

他讲道："只有我持之以恒地真诚致歉，并且不断悔悟自己的行为，那么这个国家、我以及我的家庭，都会向着更加美好的方向发展。"他也以此表明了自己不会因此下台的决心。

当爱比恨多一点感情才能继续，虽然很多人劝希拉里："你应该把他的衣服从阳台扔下去"，但婚姻并不是如此简单，最终在这场风浪中希拉里选择了坚持。

而与此同时宽容的美国民众也没有放弃克林顿，60%的美国民众认为克林顿"罪不至死"，支持他继续执政。

挺过苦难，终获福报。曾经感化希拉里的一段神学启示最终用事实证明希拉里的坚持并没有错，在这场风波平息之后，希拉里的威望达到了前所未有的高度，在民意调查中显示希拉里的支持率达到了70%。最终希拉里用自己的从容大气赢得了整个美国的掌声。

第六章

打一片自己的天下

最努力的
铁娘子

·第一节·
不只站在男人背后

从阿肯色到华盛顿，希拉里的人生如同电影情节一般跌宕起伏，从“州长夫人”到“第一夫人”，希拉里似乎永远是站在克林顿身边的配角。无论多不想承认，但人们提到希拉里的时候必定会提到克林顿，仿佛希拉里就是光芒万丈的克林顿身后的影子。这并不是希拉里想要的生活，她从来都不是别人的附庸。在别人眼中光鲜亮丽的第一夫人一直承受着常人无法承受之重。

作为一个独立的女性，希拉里一直以来都有独属于她的坚持，正如她曾经不愿意放弃自己的罗德姆姓氏，又或者是那些特立独行为女性发声、努力参与政事的行为都昭示着她的倔强和不甘。但现实终究将她坚韧地棱角打磨掉了，她开始迷茫，自己完全为克林顿而活，为家庭而活的日子是否真的有意义。

徘徊在十字路口的希拉里迷失了前进的方向。如同登山一般，只要登上了山顶，以后无论向着那条路走都只能是下坡路，此时身为“第一夫人”的希拉里依然成为别人眼中登顶之人。并不是没有想过要脱离克林顿的影响，独自站到公众面前，让人们知道她是希拉里，一个独立的无关于克林顿的希拉里。但却迟迟不敢迈出这一步，从耶鲁时代希拉里就一直跟克林顿并肩同行，如果独自开展政治活动将要面临怎样的困境尚且不得而知。内心的声音一直在叫嚣着，希拉里却迟迟没有等到改变的契机。

1997年的圣诞节，白宫举行了盛大的晚宴，希拉里在这场宴会上遇到了当时时任纽约州民主党主席朱迪斯·霍普，他对希拉里说："大家都觉得等你们离开白宫，你一定会去竞选国会参议员。"此时的希拉里其实并没有这种想法，但霍普的话却为她的未来提供了一个可能性。希拉里在朱迪斯·霍普面前并没有表现出内心的真实想法，只是笑着把话题一带而过。但回到白宫后希拉里向幕僚们谈起了这件事并得到了他们的大力支持。

这原本不过是希拉里"第一夫人"生涯中的一个小插曲，当时的她并没有想到有一天这个插曲却成了她救赎自己的稻草。

时光转眼到了1998年，希拉里已经和克林顿在白宫度过了六载的光阴，但从来没有一年如同这一年那样难熬。

对希拉里而言，1998年如同一场巨大的灾难，它突如其来，又呼啸而去，只留下无尽的伤痛和无奈。"琼斯案"、"莱温斯基案"的全面爆发，索马里局势巨变，本·拉登在伊拉克的恐怖行动以及克林顿坦诚出轨……这多灾多难的一年让希拉里备感无力的同时也迅速地成长。有得必有失，这便是苦难送给希拉里的财富。但幸运的是最终希拉里挽救了自己岌岌可危的婚姻，保住了丈夫的总统职位，也用宽容大度的姿态赢得了广大民众的赞许和支持。

如果说曾经的希拉里还在为继续扮演好"第一夫人"的角色还是选择走自己的政治道路而徘徊不定，在经历了1998年整个人的重新洗礼之后，她已经做出了选择。

在"莱温斯基案"结束后不久，希拉里就已经开始筹划自己的参议员竞选之路，而此时纽约州的参议员莫伊尼罕宣布自己将放弃之后的任期竞选，这意味着纽约州参议员的职位将空下来。希拉里意识到自己的机会即将到来了。

事实也正是如此，希拉里在“莱温斯基案”后人气和支持率都达到了前所未有的高度。其实一直以来希拉里就在美国民众中拥有很高的支持率，曾经在1997年圣诞节之后的一份民意调查中希拉里被选为美国人最钦佩的女性。

然而当时希拉里对这份调查并没有感到太多的欣喜，因为她此时被人们知晓更多的原因是她是克林顿的太太，是美国的“第一夫人”。这样的支持并不符合她的期待。

当“莱温斯基案”之后，希拉里用一种隐忍包容的妻子形象成为克林顿免于弹劾的最大功臣，她的支持率达到70%。这样的结果跟曾经的调查并没有太多不同，但意义却完全不一样，因为这次大家认可的仅仅是希拉里这个人，而不是所谓的“第一夫人”。

希拉里曾跟克林顿商量过从白宫离开之后的打算，当时她希望能够和克林顿一起搬回阿肯色州生活，但现在她已经改变了主意。不仅仅是希拉里，她的很多朋友跟她的想法也不谋而合。当莫伊尼罕在电视上宣布自己放弃竞选的决定之后，时任纽约哈莱姆区的国会议员查尔斯·兰赫尔立刻打电话给希拉里，希望她能参加纽约州的参议员选举。而民主党内的许多同僚也开始劝说希拉里参选。

心思细密的克林顿并没有被朋友们的热情劝说冲昏头脑，她已经下定决心要参加纽约州的参议员选举，但在尚未做好充足准备之前，草草公布自己的决定并不明智。于是希拉里在电话中委婉地向兰赫尔表达了自己并不准备参选。这样的说辞会让支持希拉里的朋友感到失望，各地民主党人也开始对希拉里进行疲劳轰炸，希望她能够改变主意。但作为一个政客，希拉里懂得抓住时间的重要性，对她而言最重要的是积蓄力量而不是高调的宣传。

婚姻的前20年希拉里一直是克林顿的军师，在此刻她却开始成为自己的军师。曾经在克林顿的州长选举和总统选举中发挥重要作用的希拉里对选举并不感到陌生，但也正是因为如此，她才更清楚自己要面对怎样的挑战。

在拥有众多共和党人的纽约州，希拉里民主党党员的身份本身就不占优势，这里的共和党人几乎恨透了希拉里；而她的女性身份、非本地人的身份也将成为她竞选的巨大阻力。冲破“第一夫人”的桎梏，走向自由天空的道路任重道远，希拉里不希望自己行差踏错，所以她必须小心翼翼地筹备，让自己破茧成蝶的过程变得更加顺遂。

虽然想要尽量低调，但这明显只是希拉里一个人的意愿，很快事情就朝着希拉里无法预料的方向发展。选举从来不是一个人的战争，而是不同利益集团的对抗和政党之间的博弈。

民主党对纽约州的参议员竞选候选人进行了分析，并发现共和党内最有可能竞选候选人是时任纽约市市长道夫·朱利尼亚。这样的推测结果显然不是民主党所乐见的，朱利尼亚作为纽约市市长在整个纽约州有着深厚的群众基础，而且共和党内丰厚的竞选资金和朱利尼亚的声望都将成为他竞选的最大筹码。而纵观整个民主党内最有希望与之抗衡同时也是最有可能性的候选人非希拉里莫属了。

在一次又一次地对希拉里进行劝说、压迫、强逼之后，希拉里依然没有公开承诺参选，无奈之下民主党竞选委员会只得剑走偏锋，他们在电视采访中传出希拉里即将参加纽约州参议员选举的消息，希望以此逼迫希拉里参选。

虽然这样的招数并不光明磊落，但确实起到了非常好的效果。在消息传出后，因为希拉里的声望震慑，原本有意参选的麦考尔和科莫决定退出，转而开始筹备下一届的州长竞选。等待总有它的意义，希拉里的等待无形之中为自己消灭了几个潜在的竞争对手。

曾经在希拉里的自传中她提到：“我并不是生来就是总统，也不是生来就会玩政治。”但显然在这岁月流逝之中，希拉里对政治的掌控力越来越强，也越来越游刃有余。没有人生来就是天才，希拉里此刻的老练和成熟都是岁月给予她的馈赠，也是伤口一次次结疤愈合后最好的安慰。

走过20年政治的腥风血雨，希拉里已经不再是那个躲在父亲休·罗德姆身后的青涩小姑娘了，也不再是和克林顿初遇之时那个校园里另类的土姑娘了。现在的希拉里自信从容，已然成为新时代美国女性的典范。

以“第一夫人”的身份竞选参议员，这本身对希拉里就是个挑战，但现在到了她必须面对的时刻。她自己已经蓄势待发，而民主党的极力推崇也成为她顺理成章参与竞选的跳板。

或许一直以来希拉里都在等待这一刻，无论她是身处阿肯色州担任“州长夫人”之时还是入主白宫成为“第一夫人”之后，她都从未离开过自己热爱的政治舞台。这是她无形中为未来积蓄的宝贵财富。

在阿肯色，希拉里成为帮助克林顿进行教育改革的主力军，而在白宫，希拉里再次被委以重任，帮助推动医改计划。这些冠有“第一夫人”名头背后的努力，民众并非全然熟视无睹。对于希拉里的热情和爱心，支持她的人都深有体会。

这些政绩或多或少让人们忽略了希拉里本身，而是更多的将赞赏给予了“第一夫人”这个名头，但当“白水案”让希拉里成为众矢之的、“莱温斯基案”让希拉里成为彻底的受害者时，人们再也不能忽略希拉里本身。她在这样的风暴中所表现出的毅力和坚韧已经超出了一个传统的“第一夫人”的职责范围。

白宫六年，对于希拉里而言从来不是虚妄。虽然她的心中迫切希望能够从克林顿的光芒中独自走出来，但是对于曾经活在“阳光”背后的这段时光她依然心存感激。如果不是如此，她也不会收获如此坚固的群众基础，更不可能在民主党内成为备受瞩目的风云人物。

希拉里不仅是一名普通的已婚女人，同时她也是一个名副其实的政客。当在丈夫承受着弹劾风波之时，希拉里抛下私人情绪坚定地站在了克林顿身旁。这是顾全大局的决定，但同时也是身为一个政客权衡利弊后的决定。然而事实证明，希拉里的决定并没有错，她因此收获了大量的支持和肯定。

对于希拉里参加参议员竞选，身边的评论喜忧参半，她曾经的分析和顾虑并没有彻底解决，虽然大家对她的政治才能并不怀疑，但依然有人认为参加参议员选举的行为弊大于利。朋友们心疼被“莱温斯基案”和克林顿的弹劾案折磨得身心俱疲的希拉里，同时也害怕一旦参选，她将面临更多来自政敌的非难和攻击。竞选是耗费精力和体力的长期拉锯战，即便拥有丰富的经验和广泛的群众基础，它也不是件容易的事情。

但无论前路有多艰险，希拉里此时已经没有退缩的余地。民主党内对她的殷切希望以及她自己迫切想要自由，希望能够实现自我价值的心声让她战胜了内心的恐惧，毅然选择踏上征途。现在已经到了必须站出来的时刻，她不再否认自己想要竞选参议员的野心，而是先从侧面承认了自己即将参选的消息。

这是美国历史上史无前例的壮举，“第一夫人”虽然一直以来都或多或少地参与到了总统的政治事务中，但从来没有一任“第一夫人”如同希拉里一样站在了最让人瞩目的第一线。

希拉里迈出的这一步再次把她推向了风口浪尖。尽管一直以来对于希拉里对政治的狂热都褒贬不一，人们也曾多次猜测希拉里注定不会只甘心于一个“第一夫人”的角色，甚至在克林顿的总统竞选过程中，就有政敌抨击希拉里过于干涉政治，并担忧克林顿和希拉里会成为美国的“共同总统”。一位曾为希拉里工作的助理说道：“这简直太荒谬，太滑稽了，希拉里怎么会有这样的念头，从来没有一任“第一夫人”像她一样，还没离开白宫就迫不及待地做出竞选参议员的打算。不过，这确实是希拉里才能做到的事情。”

流言蜚语从来都不能对希拉里造成影响，她无谓他人的目光，在选择之后便全力以赴地投入到竞选的筹备工作中去。如果希拉里跟曾经无数的美国“第一夫人”一样，那么现在她便不会走到这一步。显然，希拉里并非如此，人们曾经这样形容希拉里的性格：固执地坚持己见，就算整个世界反对她也不会寻求安慰和依靠。

希拉里融入自己新角色的速度非常快，她完美实现了从高高在上的“第一夫人”到谦逊勤恳的参议员竞选人的转变。为了开辟出属于自己的一片天地，她倾尽了全力。开弓没有回头箭，作为一个开创新的时代的“第一夫人”，她需要比一般的候选人面对更多的审视和抨击，这注定了她的竞选之路不会平凡。

成败在此一战，她是在向世人证明自己不仅仅可以站在克林顿身后，而且能够自己闯出一片新天地。民主党中的同僚也开始为了希拉里的竞选忙碌起来。他们帮助希拉里收集竞争对手的情报，综合分析希拉里的胜算，并一条条有针对性地提出解决方案。

如同希拉里曾经担忧的一样，摆在她面前的首要问题便是她需要在纽约州建立自己的人脉网络。作为一个生活在华盛顿的外地人，希拉里对于纽约的认识知之甚少，更不必说结识社会名流。

意识到希拉里的这一弱点，哈罗德·伊斯基便为她整理了一份纽约名流的百人名单，并对选举区域进行了规划，希望她能尽快地融入纽约州的竞选氛围中。

交接应酬对希拉里而言并不是难事，相反“第一夫人”的身份为她扩展自己的人脉网络提供了便利。但应对媒体可就没有那么容易了。如果说希拉里的人生中有什么讨厌的事情，那首当其冲便是跟媒体打交道。虽然作为“第一夫人”，她一直都活在媒体的聚光灯下，但是内心对于跟媒体打交道却深恶痛绝。这或许是在“白水案”和“莱温斯基案”中媒体狂轰滥炸给希拉里留下的后遗症。但无论多么不想去做希拉里还是要从容地应对媒体。而不同于希拉里已经熟悉的华盛顿的报社和电台，纽约的媒体有他们自己的运作方式和思维方式。希拉里无法照搬过去的那套应对媒体的方法，必须更加谨言慎行。

这些挑战不过是希拉里竞选路上的冰山一角，迎接她的阻力和困难远比想象的要多。但希拉里已经坚定了信念，在克林顿的总统任期结束之后，他们便从华盛顿搬到了纽约。

2000 年 2 月 6 日，希拉里一改一直以来在媒体面前的缄默和回避，第一次正式宣布自己将参加纽约州国会参议员的竞选。CNN（美国有限电视新闻网）报道中称：“这份声明结束了一个美国众所周知的秘密。”

这一时刻希拉里已经等待了太久太久，无论竞选最终结果如何，希拉里都已经成功地向世人进行了一次宣告：女人并不需要一直躲在男人的背后，也可以昂首挺胸地成为时代的领导者。

·第二节·
理想需要放飞

从公开表示竞选参议员之后，希拉里就饱受争议。虽然在陪伴克林顿执政的时光里为她积累了大量的人气和支持，但那是作为对“第一夫人”的支持，当她选择自己站出来之时，很多事情就悄然发生了转变。

人们对希拉里参政有着众多的猜测，有人认为她的野心直指总统之位，并预测在未来希拉里一定会竞选总统。有人认为希拉里不过是虚伪的作秀行为，因为又有多少“第一夫人”会纡尊降贵去争取区区一个参议员的职位呢？但无论外界怎样揣测，希拉里都保持沉默。时间会证明她的决心，也会证明她拥有可以独立参政的能力，与其对着媒体夸夸其谈，她更愿意用事实说话。

一直以来希拉里都是行走在政治边缘的人，她貌似身在其中的，但实际上又游离在权力之外。当克林顿竞选总统成功之后曾经对媒体表示：“我将跟我的妻子共同履行这份政治责任。”这是克林顿对于希拉里的赏识和认同，这样坦白的宣告中甚至有些洋洋自得。

这对于希拉里而言无疑是幸运的，因为丈夫的信任和赏识她可以最近距离地接触美国政治的核心；但同时希拉里又是悲哀的，丈夫的言行并没有得到社会大众的支持，他们不得不低调行事，这也就意味着希拉里虽然为了医改奔波、为儿童权利奔走、为了克林顿的总统职位兢兢业业，但在外人眼中荣誉是属于克林顿的，而希拉里只是身为妻子才得以共享。

“第一夫人”对希拉里而言是一把双刃剑，她因为这个头衔受到了比别人更多的关注，也同样因为如此必须忍受比别人更加严苛的评判。不过很快她便投入到了新的角色中，因为一直以来都希望能够证明自己，所以从“第一夫人”到参议员候选人的转变对她而言并不困难。希拉里竞选团队的工作人员评价希拉里：“她身上一点‘第一夫人’的架子都没有，相反，她比别人更加的勤勉和谦虚。”

如此毫无心理障碍地转换自己的角色，并放低姿态让希拉里在建立人脉网络的过程中走得更加顺利。而在希拉里新结交的纽约名流人士中不得不提到一个对她影响颇深的人——莫伊尼罕。莫伊尼罕当时还在纽约州参议员的任上，希拉里通过哈德罗给她整理的名流名单找到了莫伊尼罕。

这是一段“不打不相识”的有趣经历。虽然同为民主党派人士，但在一开始莫伊尼罕对这位“第一夫人”并不欣赏。她认为民主党在1994年的中期大选的大幅度失利很大程度上是希拉里推行的医改方案失败所致。但随着希拉里在“莱温斯基案”和克林顿的弹劾案中力挽狂澜，以及之后希拉里与她的主动接触中，她开始放下曾经的成见并接纳希拉里。

长久以来培养的政治敏感度让希拉里意识到自己在参选参议员上经验不足的缺点，而此时争取莫伊尼罕的支持尤为重要。作为民主党内富有声望的资深人士，莫伊尼罕有着丰富的竞选经验，并且她在整个纽约州的影响力也不容小觑。功夫不负苦心人，在希拉里的努力下莫伊尼罕成为了她竞选过程中的良师益友，知道她在竞选的大方向上始终保持正确的判断。因为莫伊尼罕的支持，也让希拉里在纽约州的支持率有所提升。

竞选这条路希拉里已经走过了无数次，只是这次不同的是她不再是别人的军师，而是竞选的主人公。对于竞选的流程她早已经驾轻就熟：了解民意、筹划竞选策略、分析竞选形式、监控竞争对手的动作、深入基层演讲调研……但纸上谈兵容易，实际行动起来却必须面对层出不穷的未知状况。

开弓没有回头箭，希拉里的这只离弦之箭已经无法收回；正如踏上了通向新地域的直航飞机，在到达目的地之前中途不能停站，更不能无故返航。对于希拉里的韧劲和坚持，家人和朋友们都感到无可奈何。他们无法为希拉里分担，只能看着她一天天为了竞选在纽约和华盛顿之间来来回回奔波。在尚未搬到纽约州之前，希拉里几乎成了空中飞人，她必须游走在两个城市之间，同时也要驾驭好“第一夫人”和参议员候选人两个角色。

任何的挑战都不可能毫无波折，希拉里的竞选之路也不例外。在她已经开始筹划竞选的初期，一些小插曲成为希拉里被人嘲笑和讽刺的笑料。

1999 年 6 月，希拉里陪同克林顿在白宫接见了纽约洋基队。作为世界冠军队的洋基队是纽约人的骄傲，在纽约有着大量的忠实球迷。当时共和党的纽约州参议员候选人就曾公开表示自己是洋基队的狂热球迷，这一点无疑赢得了纽约人的好感。而可惜的是希拉里本身是芝加哥小熊队的支持者。正如希拉里曾经笑谈“如果脸皮不厚是当不了政客的”，在洋基队乔·尔托送给她一顶洋基队的棒球帽之后，她立即欣喜的戴上并且表示自己是洋基队的狂热粉丝。

太过有意图性的奉承和赞美往往逃不过媒体的眼睛。这有些幼稚的小小心机并没有取得预期的效果，媒体对于希拉里的“善意谎言”并不买单，在关于这场白宫接见会的报道中，很多报业都或多或少地对希拉里进行了冷嘲热讽。

如果说这一个小插曲对整个竞选的影响尚且无关痛痒，接下来希拉里的举动就显得过于鲁莽了。1999年11月，克林顿出访以色列，希拉里陪同在侧。

在出访期间，希拉里和巴勒斯坦总统亚西尔·阿拉法特以及他的夫人苏哈一起参加了一个活动。

苏哈走下台后，希拉里主动拥抱了苏哈并亲吻了她的脸颊。对希拉里而言这只是普通的社交礼仪，但是身处纽约的犹太选民却并不知道当时的情况，当他们看到《纽约时报》刊登的希拉里和苏哈拥抱亲吻的照片后，心中的怒火被点燃了，此后对希拉里进行了强烈的谴责。

政治路上不能放松警惕，特别是在进行代表国家形象的外交事宜中更不能掉以轻心。在事件过后希拉里向国民道歉并解释了当时的情况，同时也因为这场乌龙事件她得到了教训，在之后的活动中更加谨慎小心。

随着选举的临近，竞争越来越激烈。而此时希拉里的所有行为都被对手放在显微镜下检视并无限夸大。对希拉里而言，纽约州并不是她熟悉的地域。虽然在周末的时候她也曾经陪伴母亲多萝西和女儿切尔西来这座摩登时尚的国际都市购物度假，但对纽约而言，希拉里始终只是一个外来的闯入者。为了能够得到更多的支持，希拉里迫切地需要改变自己在纽约选民心中的这种形象。

于是她采取了克林顿在选举中曾经用过的“巴士策略”，开始了在纽约州奔走的倾听之旅。她坐着汽车在纽约州的各个地方奔波，无论是城市的各个选区还是偏远的乡村小镇她都不愿放过。这与克林顿曾经在阿肯色州竞选州长的情况十分相似，取得的成效也有异曲同工之妙。

整整一年的时间里，希拉里的这辆“竞选快车”跑遍了纽约的62个县，也因为如此，她成为媒体争相追逐的焦点。原本“第一夫人”竞选就充满了噱头，而此时她频繁的竞选动作和别出心裁的竞选方式更是为人们所津津乐道，甚至一些媒体对她的关注度超过了总统竞选人。

随着“希拉里快车”的奔走，纽约州的选民都开始习惯了希拉里的存在。他们眼中“第一夫人”的固有形象发生了转变，希拉里的亲民、友善和谦虚赢得了许多选民的支持。这样奔波劳碌的日子坚持下来并不容易，这意味着她必须晨起晚归、三餐不顾地去跟选民交流、跟各个社会团体取得联系，但同时成效也是显著的。希拉里用最笨拙也是最努力的方式赢得了纽约选民的青睐，让她迅速完成了从外来入侵者到亲切的本地候选人的转化。

在纽约选民逐渐以宽容的胸怀接纳希拉里的同时，希拉里也渐渐被这里的开放、热情和多元的文化所吸引。从外地人到本地人的转化不仅仅是精神上，还要体现在实际行动上。希拉里希望在纽约置业，在克林顿任期结束后从华盛顿搬到纽约。对希拉里的提议克林顿表示无条件赞同。

一直以来都是希拉里默默在背后为他付出，而这次克林顿也希望能够为妻子做一次努力。而克林顿始终相信希拉里的能力完全可以胜任参议员的职位，若假以时日希拉里能够成为总统克林顿也不会惊讶。无论他们的婚姻曾经有过多少波折，在政治理想上克林顿从来都是希拉里的知音。

随着支持希拉里的呼声越来越高，一些媒体因为希拉里的参选开始戏称克林顿将成为“国会参议员背后的可爱老公”，克林顿对这样的称呼不但不反感，反而感到无比的骄傲。他希望能够看到希拉里的成功，也下定决心如同希拉里曾经对他的无私奉献一样，竭尽全力成为希拉里的坚实后盾。

希拉里在纽约市北边的查帕奎市买下了一所房子，那里也成了希拉里和克林顿往后20年生活的地方。

搬到纽约之后，希拉里的竞选之路也变得顺遂了起来。虽然她依然要奔波在纽约各地，但这比从华盛顿到纽约再继续奔走已然方便了许多。对克林顿而言新的生活同样对他有益无害，他卸任之后收到了国内外许多的演讲邀请，纽约便利发达的交通枢纽为他新的事业提供了方便。

因为正式融入了这座城市，希拉里对纽约州的了解也逐渐加深。一直以来在纽约各县市的奔走并非无的放矢，而是希拉里经过了精密的筹划而进行的。竞选不是盲目的横冲直撞，而是集结了大量人力、物力、财力和智力的博弈。

认真调研了纽约州的情况并进行了分析之后。希拉里决定把争取选票的目光放到纽约北部的乡村之中。大城市的选票是竞选双方不会松懈的地方，而越是偏僻的地方则越要经过深思熟虑。

很多人对于希拉里对纽约州北部选票的重视百思不得其解，一直以来这些北部乡村都是共和党的主场，希拉里想要争取这里的选票显然是个艰巨的工程。但这便是希拉里的精明之处，她充分了解这个地区的情况，而自己从小的生活环境与纽约北部乡村非常的相似，这为她争取选票提供了优势。这尚且是其次，希拉里独特的政治经历让她比一般民主党人更理解共和党支持者的想法。这不得不归功于休·罗德姆早年间对希拉里的教育。在希拉里成年之前，她有很长一段时间都是共和党的追随者，因此对于共和党支持者居多的纽约北部乡村，她敏锐地捕捉到了选民的政治诉求，知道他们在就业、收入提高等方面的重视。

对北部乡村的争取是一次将劣势转化为优势的过程，最终希拉里用自己的智慧和政治主张在这里取得了巨大成功。她提出的政治策略充分考虑了北部选民的需求，并因此得到了广泛的支持，甚至一部分共和党人也被她打动，加入到希拉里的阵营。

有人得意就有人失意，在希拉里春风得意地沿着预定轨道筹备竞选时，她的对手朱利亚尼则就没有那么幸运了。这个被民主党人视为竞选中最大威胁的共和党候选人，他的表现并没有人们预期的那般出色。因为担任过纽约市市长的关系，让他有一种身为本地人的优越感，在一定程度上造成了他的轻敌。

朱利亚尼的轻敌对希拉里而言更像是一种变相的助力，因为朱利亚尼的不作为，让希拉里早期拉拢民心、熟悉纽约州的过程走得更加顺利，也用更快的速度站稳了脚跟。

任何时候轻敌都是致命的弱点，过于自大会让人变得轻狂，在这样不理智的过程中往往会犯下重大失误。朱利亚尼狂妄自大的代价便是他成为民主党和媒体集体攻击的对象，在他竞选的过程中，他的婚外情等丑闻相继曝光，让原本信任他的纽约市民大跌眼镜。而最后给予他致命一击的则是在 2000 年 3 月发生的一起警察枪杀黑人事件。在这起事件中他与希拉里截然不同的态度让越来越多选民的心向希拉里倒戈。

一直以来希拉里都是反种族歧视的先锋，对这样的暴力事件给予了极大的关注；而朱利亚尼恰恰相反，在他骨子里有很强的种族歧视观念，因此对这起事故他并没有投入过多的关心，甚至在事件爆发之后还对受害者曾经的不良行径进行了揭露和抨击。这样模糊焦点、偏袒政府机构的行为让他大失民心。希拉里更是抓住这次机会对他进行了抨击："纽约市存在一个大问题，我想除了市长之外大家都知道那是什么。"

在一次又一次的决策失误之后，朱利亚尼被迫弃选，由年轻的共和党人里克·拉齐奥接替了他继续角逐参议员职位。显然，此时的局面对共和党人已经非常不利，即便他们派出的新候选人有着不错的实力，但和已经打下良好基础的希拉里相比便显得太过杯水车薪了。

随着希拉里在各个选区奔走，积极地向民众宣传自己维护女性权利、保障儿童福利以及发展社会公共设施的主张，人们对于希拉里的支持也一天天升温。胜利在向着希拉里招手，最终决战的日子就在这样的忙碌奔波中悄然到来。

11 月 7 日，这是选举结果公布的日子，希拉里在丈夫和女儿的陪伴下来到投票现场，她在结果公布之前进行了一场热情洋溢的演讲："感谢你们的到来，谢谢你们用包容的心接纳我、支持我。我不会辜负大家的期盼，对于未来我已经准备就绪，我会努力为了儿童的权益和我们共同的未来竭尽全力。这个能够为你们服务的机会由你们亲自给予，这让我心怀感激。我必将全力以赴以求达到你们的期待。请相信，我们会拥有一个不同的纽约！我始终坚信我们身处在一个负责任的民族之中，对我而言，这个国家值得我为之献出生命。无论是支持我的或是不支持我的，我都对你们表示感谢，也为你们的付出感到骄傲！"

这是希拉里的自信和从容，而纽约州的民众终究没有辜负希拉里的期待，最终希拉里以55:43的成绩战胜了共和党候选人拉齐奥，轻松赢得了选举。

这一天不只是希拉里理想放飞的一天，整个美国都为之沸腾。历史会铭记这一天——第一位承担公职的"第一夫人"诞生。

·第三节·
政治其实没有性别

从“第一夫人”的“神坛”上走下来，希拉里很快就融入到参议员的角色中去。白宫8年的风雨洗礼并不是虚度，希拉里在磨砺中不断成熟。她明白新的角色对她而言意味着什么，也知道如何去向世人证明希拉里的价值。

政治的尔虞我诈对希拉里来说早已经是家常便饭，曾经身处权力顶端的她比其他人更懂得如何审时度势。“没有永远的敌人，只有永远的利益。”这是投身政治必须具备的觉悟，希拉里对这一点深有体会。

因此在就任参议员初期，她积极拓展自己的人际网络，与其他参议员建立好关系。她在就职之时便说道：“我们分属于不同的党派，但无论我们是民主党还是共和党，作为参议员为整个美国服务才是我们的目的。”包容、谦虚、机智，这是人们对于成为参议员后的希拉里的评价。她不仅使自己在民主党内赢得了声望，也凭借其个人魅力赢得了对手的尊重。批评家针对政坛上这一难得的景象这样描述道：“在希拉里当选后，那些曾经想用十字架、大蒜和银子弹对她表示欢迎的共和党人，最终还是学会了尊重她，并且开始习惯与她共事。”

不得不说希拉里在政治上拥有极高的天赋，在上任仅仅百天的时间里，她就取得了6项个人提案和66项联合提案被参议院通过的傲人成绩。她将事实摊开在公众面前——希拉里离开克林顿依然可以发挥价值。

在担任参议员的初期，希拉里就开始了自己的老本行，着手参与教育方案的改革。对这个领域她可谓是驾轻就熟，曾经在阿肯色州担任克林顿的教育改革方案小组负责人的经历，为她此时的工作打下了坚实的基础。

对希拉里而言，发挥才能和打击对手都是充满成就的事情。而在希拉里刚刚春风得意，走马上任之后，她很快发现了一个千载难逢的机会。这个机会可以让她同时实现打击对手和证明自己的双重愿望。在2000年总统换届选举之时，希拉里就和当时身为总统候选人的布什结下仇恨。在布什上任之后，希拉里一直在寻找机会对布什进行打击。

正是教育改革为希拉里提供了这个机会。2001年3月，劳动和保障委员会开始讨论布什的教育改革方案，希拉里几乎成了会上的常驻成员，积极地参与到辩论中。付出总是会有些收获的，在一次次的研究讨论中希拉里敏锐地发现了布什的教育改革方案的问题。她发现如果按照布什的方案执行下去，教育经费将面临增加无望甚至无法保全的命运。这与改革教育的初衷相违背，希拉里和民主党的同僚们针对这一点提出了修正法案。一时之间民主党和共和党的参议员各执一词，站在了剑拔弩张的对立面。

最终，希拉里凭借其丰富的教育改革经验和顽强的韧劲打动了国会，她针对布什的教育改革提出的四项修正案全部通过，甚至一部分共和党人也被她说服，表示了对她修正案的支持。

这只是希拉里担任参议院后的牛刀小试，前方有更加严峻的挑战在等待着她。

2001年9月11日，轰动整个美国乃至世界的“9·11”恐怖袭击事件发生了。纽约平静的早晨被因为恐怖分子的到来被彻底打破，在恐怖分子的挟持下，两架民用航空飞机向着纽约世贸中心的一号大楼和二号大楼撞去，顷刻之间耸立云霄的摩天大厦就这样倒了下来。在同一天，华盛顿的五角大楼也遭受了同样的命运，五角大楼局部塌陷损坏。

一系列的恐怖袭击事件在整个美国引起了极大的恐慌，随之而来的一系列恶劣影响更是撼动了整个世界。2996人在这次事件中不幸遇难，随着事件的发生美国的经济政治危机不断，美国经济损失高达2000亿美元，相当于当年生产总值的2%。全球经济都受到了这次事件的波及，事件发生之后，全球经济损失约达1万亿美元。

经济的损失尚且有迹可循，但留在人们心里的创痛便无法评估了。很长一段时间内美国的心理诊所门庭若市。曾经自信奔放的美国人变得战战兢兢，他们开始害怕去10楼以上的高处，不在热衷于坐飞机旅行，甚至连选择饮用水都小心了起来。美国的经济需要重建，恐怖袭击留给国人的创伤也急需治愈。

作为纽约州的参议员，希拉里对整个纽约市所受到的创痛表示了极大的关心，她多次出席“9·11”的相关纪念活动，希望能够给活在恐慌中的纽约人带去一些勇气和鼓励。

在“9·11”事件之后很长一段时间，希拉里都处于夜以继日的加班状态中，帮助纽约恢复经济成为她任期内的第一大难题，她说道：“对我来说，目前最重要的就是让整个纽约从‘9·11’中苏醒过来。”

她把这一点当作自己的首要任务，开始从方方面面开展拯救纽约的行动。她为纽约州申请了灾难补助金215亿美元；为了帮助人们走出伤痛，会见了百老汇的戏剧演员们，希望人们能够从娱乐中找到安慰。

在“9·11”事件发生之后，纽约州的曼哈顿岛突然散发出一种刺鼻的难闻气味，开始人们对此并不在意，因为美国环保局曾经在9月18日给出报告证明：“曼哈顿地区的空气和水质量达标。”但环保局的这份报告似乎并不能让人信服，在这个地区工作和生活的人开始患上一些奇怪的病，而刺鼻的气味也从未消散。

直到2002年初，哮喘病蔓延了整个纽约，上千人无故患上了哮喘病。希拉里站了出来，提出对环保局检测报告的质疑，并说服环保协会重新对空气质量进行了检测，并向政府施压，希望能够从正面回答问题。

伤痛终将过去，纽约市也在一步步的复苏。人们对希拉里做出的贡献表达了感激之情。这不仅仅表现在口头上，更表现在她之后的参议员连任选举中。

希拉里早已经丰满了羽翼，成为能够独自飞翔在天空中的雄鹰。时代成就了希拉里，希拉里也成就了那个时代。越来越多的美国人相信，如果美国有一天会出现一位女总统，希拉里是最有利的人选。2004年，希拉里已经成为民主党内最让人瞩目的明星。但她一如既往的低调，对于那个闪烁着光芒的美国至尊之位，她始终没有表态是否有过渴望。在此之前，许多人猜测参议员的职位只是她政治之路上的暂时歇脚点，她将跟小布什竞争2004年的总统大选。

从政之路越走越稳的希拉里，收获了与她成绩相等的荣耀。2004年《时代》周刊评选出“影响当今世界的100人”，希拉里和克林顿欣然在列。希拉里真正意义上与克林顿并驾而驱，不再因为克林顿的光芒而黯淡。事实上，此时的希拉里声望甚至已经超过了克林顿。

但最终希拉里并没有如同大家料想的一样参加2004年的总统大选，而是开始为2006年的参议员连任做准备。希拉里在采访中表示，自己对总统之位并没有企图。这种直截了当的否认是真心或是为了低调，我们不得而知。但对希拉里而言，可以确定的是竞选总统的时机尚未来到，连任参议员才是最好的选择。

或许希拉里只是在积蓄力量，毕竟政治的征途每一步都需要经过精确的预估和计算，行差踏错一小步就可能影响全局。希拉里并非是一个急于求成的人，这一点从她能够一直在克林顿背后十几载的时光就能看出。

对希拉里而言，只有做好了充分的准备才能够去争取、去冒险，毫无准备地冒进是愚蠢的人的行为。在赞美和支持之声中能够如此冷静克制的做出判断并不是一件容易的事情，但长久以来的经验（无论是成功的抑或失败的）帮助希拉里练就了这样沉稳的性格。

在筹备2006年参议员选举的工作中，希拉里一反常态采取了非常高调的态度。她将筹措的3800万美元竞选资金中的大部分资金都投入到了电视广告的宣传中。运用如此庞大的资金作为竞选的宣传费用，这在参议员的选举中非常罕见，这让人们不禁猜测希拉里已经开始为2008年的总统大选铺路。

人们的怀疑并非毫无依据，希拉里竞选参议员的方式与总统选举的筹措方式太过相似，而她甚至超过总统候选人的惊人筹款能力也成了人们所津津乐道的一点。更有意思的是在2004年的总统大选中希拉里并未在9个候选人之列，但她的支持率却超过了他们中的任何一个人。民主党在2004年大选中成为小布什的手下败将之后，纷纷将目光投向了希拉里，仿佛这次大选更加印证了希拉里才是他们唯一的救赎。

在众多的猜测和质疑中，希拉里这场“一掷千金”的参议员选举落下了帷幕，最终她以67%的得票成功当选。这样的结果在大家的预料之中，人们更关注的是希拉里是否会参加下一任的总统选举，而美国又是否有机会迎来它历史上的第一任女总统。

在合适的时间、合适的地点做着合适的事情，连任参议员的希拉里并没有辜负选民的信任。她在任期内将自己的政治理念贯彻得淋漓尽致。不愿停歇脚步的希拉里在国会中担任着多个职位，她参加参议员的军事委员会，环境与公共事业委员会，健康、劳动和退休金事务委员会以及老龄化特别委员会。这些职责分工各有不同的委员会充分体现了希拉里的政治倾向和政治实施方向。

言尽其实，物尽其用，这一点在希拉里身上得到了淋漓尽致的体现。她所从事的各项公共事业都取得了耀眼的成绩。在2007年11月的一次调查中，公众对她的满意度达到60%，她做到了她的竞选承诺：将纽约引向更加光明美好的未来。

关于曾经参选2006年参议员时公众的疑问，希拉里并没有让人们等待太久。2007年1月20日，希拉里以一句“我来了，我会赢”自信地宣布自己将角逐2008年总统大选。她通过电视向全国观众说道：“今天，我宣布自己将成立一个总统竞选的委员会，加入到第44届美国总统的竞选中去。在乔治·布什总统任期将满之际，美国承诺需要得到重申——无论你的家庭出身如何，也不管你在什么地方，你都可以通过努力工作、规范做人为你和你的家庭创造幸福的未来。我出生于美国最普通的中产阶级家庭，而这是我一直以来的信仰。我承诺将耗尽毕生精力为了争取美国的妇女权利和儿童保健权利而努力，这个承诺我希望有机会去实现。”

无论希拉里的胜算几何，也不管最终希拉里是否能当选，希拉里参选本身就已经是创纪录的行为。这个终身致力于追求妇女权利平等的铁娘子用自己的行动向世人宣示：政治不仅仅是男人的战场，女人也同样可以。

关于美国历史上是否能够出现女总统的讨论已经由来已久，人们有过期盼，有过否定，但无人如同希拉里一样勇敢。在1934年9月，媒体第一次发出“美国何时会出现一位女总统”的疑问。而在当时的社会氛围下，这样的疑问也只是疑问罢了，人们并没有看到任何希望的痕迹。

曾经曼哈顿洛克菲勒中心电台制作了一档节目——《“第一夫人”每周谈》。节目组请到了当时的“第一夫人”埃莉诺·罗斯福，并对她提出了这样的问题：“你认为美国有可能出现一位女总统吗？”然而不同于希拉里的魄力，罗斯福在这个问题上回答得异常谨慎：“我并不认为在现在这个时期女人有成为总统的可能。这无关于女人的体力，而是在这个时代人们对于女性的信任感普遍较低。虽然女性已经逐渐开始在社会中扮演重要角色，但社会整体上对于女性领导人的态度依然是抵制为主。人们认为女性缺少处理各种事务的应对能力和经验，并不能担任政府官员的职务。但是在未来我期盼美国能够出现一位能够服众的成功女性。”

时代在不断变迁，女性已经能够成为半边天空的掌控者。英国已经有撒切尔夫人的先例，美国拥有女总统也不再是奢求。

希拉里正努力向着想中的权利核心靠近，这一路希拉里走了20多年。虽然身边依然流言蜚语不断，有共和党的好事者甚至称“希拉里是美国最厉害的老婆”，诽谤希拉里对克林顿的一言一行都要进行监视。对于这些希拉里只是一笑置之，丝毫不受影响。

这一刻希拉里终于与克林顿调换了角色，她站在了时代的前面，站在了引领历史和开创新时代的先锋位置。而克林顿则成了站在她身后默默支持她的希拉里的丈夫。对这样的转变克林顿甘之如饴，一直以来都是他需要希拉里，对现在希拉里需要他的状况他以享受的姿态来适应。除了丈夫之外，切尔西也加入到希拉里的助选阵营中，她已经从斯坦福大学毕业，参与了母亲的参议员选举，完全能够胜任希拉里助手的职位了。

家人的支持、朋友的帮助以及广大选民的支持，这场战争尚未打响，希拉里就已经是个胜利者了。无论最终能否问鼎总统职位，希拉里都无怨无悔，正如她跟友人说的那样：“如果竞选失败了，我还可以继续做我的参议员。”

美国的历史上必定会为希拉里留下浓墨重彩的一笔，这个坚毅地踏上总统征途的勇士，已经为美国政坛翻开了新的篇章。

第七章
不平坦的竞选征途

有野心的
女政客

·第一节·
带着放大镜去找对手的弱点

2007年1月20日，希拉里的个人网站正式改为总统竞选网站，这预示着希拉里正式开始了她的总统竞选征途，也意味着美国可能会出现第一位女总统。

这一天不仅对希拉里，它对整个美国而言都是非常重要的一天。曾经在希拉里参加2006年参议员选举之时，就有政治评论家分析希拉里早已经开始了总统竞选的预热。从她参议员竞选经费的使用中可以找到一些蛛丝马迹。在用了大量的竞选资金为自己宣传造势之外，她的部分经费还成了其他民主党竞选人的竞选经费。任何的行动都不可能是无意义而为之，希拉里这样的行径不仅让人们猜测她在为2008年总统大选民主党内的候选人提名提前拉拢支持者。

或许这真的是希拉里的未雨绸缪，因为从跟随丈夫入主白宫到重新走上角逐白宫的这条路希拉里已经走了15年，她比任何一个人都更了解白宫，也比任何一个人行进得更小心翼翼。

如此谨慎的筹备并不是毫无意义的，而是在这场没有硝烟的战争中，一不小心的跌倒就有可能永远都爬不起来了。这样的时刻希拉里陪同克林顿经历了无数次，而在自己的竞选路上也同样存在。早在乔治·布什连任2004年美国总统之时，希拉里就成了民主党和共和党共同关注的焦点。对民主党而言，希拉里无疑是他们再次决战2008年总统大选的最佳后备人选，而对共和党而言，希拉里则是他们的“共同敌人”，是事关2008年共和党能否再次赢得总统选举胜利的关键人物。

共和党为了压制希拉里日益高涨的气焰，对希拉里进行了一系列的打击。与其等到希拉里羽翼丰满再阻止她展翅高飞，不如在希拉里尚未起飞之前就折断她的翅膀。政治斗争一向都是冰冷和残酷的。在党派的斗争之中，没有人是慈善家。不得不说在这一点上共和党的目光是长远的，尽管从2004年总统大选开始希拉里多次在公开场合表示没有参选美国总统的打算，但共和党并不打算就此放过希拉里。

你永远无法相信这一刻政敌对你说的话，因为转过头曾经的承诺就有可能成为攻击你的利器。对希拉里不参选总统的言论共和党并未当真，为了提前为2008年大选做准备，他们在2005年就开始了对希拉里的攻击。

政敌的错误是需要放在放大镜下检视的，这个道理希拉里明白，共和党人也同样明白。即便努力修正自己的行为，但当被人有目的的攻击和挑衅时，你曾经的错误便会被无限放大，而不是错误的事情也会被包装成罪大恶极的失误。

共和党深知2006年参议员大选对希拉里而言意味着什么，如果希拉里连任成功，那么她距离总统的目标便会又进了一步。这样的可能必须被扼杀在摇篮之中，因此共和党派出党内最有利竞争参议员的珍妮·皮罗，跟希拉里一起角逐纽约州的国会参议员席位。这意味着一旦在这场竞争中输给珍妮·皮罗，希拉里竞选2008年美国总统的胜算将大幅度降低。

但可惜的是这样的计划最终因为希拉里的高票连任而宣告失败。但打击还在继续，当希拉里曾经的财政顾问戴维·罗森被爆出“竞选资金门”丑闻之后，共和党抓住这一机会对希拉里进行打击。他们鼓动、贿赂脱衣舞俱乐部的经理出庭为戴维的竞选资金隐瞒案作证。

这些小伎俩接二连三的袭来，但早已经身经百战的希拉里并不畏惧，一直都是一副“兵来将挡水来土掩”的从容姿态。因为她知道对她而言这些都不是最大的阻力，她需要面对的远比这些多得多。

竞选是跟对手你来我往的博弈，希拉里很快就针对对手的攻击做出了反击。她在克林顿的帮助下组建了自己的战情室，用以支持她的竞选活动和对对手进行反击。

这样的战情室并不是什么新生产物，而是在 1992 年克林顿竞选总统之时已经出现过了。当时克林顿集结自己在阿肯色的好友贝齐·赖特、黛安娜·布莱尔等人组成了这个战情室，针对共和党的攻击和抹黑做出回击。但当希拉里成立了新的战情室，人们则认为有些太过夸张了，不同于克林顿一直被丑闻缠身，希拉里成为总统候选人的这一路并没有太大的风浪，偶尔的一些攻击大多无关痛痒，成立战情室显得有些小题大做了。

但希拉里并不只是简单照搬丈夫曾经的竞选准备过程，时代已经不同，希拉里不是克林顿，她面对的状况也不同。战情室的成立对希拉里而言是有备无患的选择，她已经预感将有更大的非议向她袭来。

从她参选以来，美国女性受到了极大的鼓舞。这是女性追求平等权利和社会地位的一次伟大尝试。曾经在“莱温斯基案”后，希拉里选择隐忍吞声的软弱形象挽回了克林顿的总统职位，但也让很多欣赏追随希拉里的女性感到失望。而此时希拉里的参选让他们再次对自己奉为“偶像”的希拉里重新燃起了热情，她们希望希拉里能够带着她们的梦想一起重返白宫，实现美国历史上第一位“总统女士”的传奇。

不同的人看待事物的角度也有所不同，相伴而来的是他们分析问题的方向也会各不相同。希拉里的竞选有着巨大的争议性。渴望妇女权利的女权主义者们对她敬佩有加，而许多拥有传统保守观念的选民则对这位前“第一夫人”的野心不屑一顾。任何事物的出现都会同时存在赞同、中立和反对的立场，而在竞选中需要做的就是改变着三者的比例，让更多的人向着赞成的天平倾斜。

回忆起竞选的岁月，希拉里曾表示：“那段日子非常的艰难，竞选的工作不是一件容易的事情，而这对女性而言显得尤为艰巨。”在希拉里努力为自己往赞成的天平上增加砝码的时候，她的“第一夫人”的辉煌历史再次被炒作。这曾经是希拉里的荣耀，是她跟克林顿实现理想的最美好的见证；同时这也是她的伤痛，在白宫的 8 年她有太多的苦涩和无奈。当希拉里华丽变身为生命中的主角，这段经历如同曾经的甜蜜和伤痛一样，在她竞选的路上成了一柄可上战杀敌但也可能自我损害的双刃剑。

竞选团队中因为有了克林顿的帮助，让整个竞选显得更加顺利了。这对夫妇拥有完美适应新的角色和环境的天赋。当克林顿成为希拉里幕后的军师，他很快就消化了这一角色。他开始为希拉里奔走，希望凭借自己的影响力让更多的人认识希拉里并进一步支持希拉里。

“我从来不怀疑希拉里有一天会成为美国总统。”对于妻子的理想，克林顿支持并坚信着。他努力地向大众介绍希拉里的优点，小心翼翼地遮掩希拉里的缺点。在整个希拉里的选举过程中，克林顿的身影无处不在。

每次希拉里上台演讲之前，克林顿都会先发表一段讲话，在艾奥瓦州一个露天广场的演讲中，克林顿对着台下 7000 多民众诚恳地说道：“我从来没有见过一个人像希拉里一样，她关心着每一个深陷困境的人，从不放过一条政府出台的政策。这样的话希拉里可能会羞于启齿，但我敢保证像她这样富有感染力的人一定能够带给每个人积极的影响。希拉里是我所知道的人当中最有可能成为引领美国的人，很庆幸在我拥有投票权的40年后，我有机会为她投上一票了。”

这样声情并茂的宣传一直在持续，在希拉里的竞选短片里，在演讲会的会场，在竞选工作小组的大本营里……克林顿用自己的方式回报跟他相濡以沫的妻子。同样希拉里也不负众望，在丈夫的大力支持下顺风而行。在经过半年的宣传造势之后，希拉里的民意调查支持率在所有候选人中遥遥领先。

这其中克林顿的功劳不容小觑，他绝佳的口才和煽动力在希拉里的竞选演说中发挥了极佳的效果，而在幕后他的指导和支持也成为希拉里坚强的后盾。同样，克林顿时期的人脉和支持群众都让希拉里成为受益人。

有利就有弊，克林顿的高调支持成就了希拉里的高支持率，同时也给竞争对手提供了攻击希拉里的致命武器。共和党对外极力宣传希拉里的竞选是“新克林顿主义”的体现，认为希拉里只是克林顿思想的延续，对整个美国的发展有害无利。这是身为女性候选人的悲哀，尽管希拉里已经用6年的参议员生涯证明了自己的政治能力和作为独立女性的价值。甚至在竞选之初，希拉里曾反复强调她的竞选计划是自己制定的，是“我的竞选计划”；虽然随着克林顿的全力扶持，她将这句话改成了“我们的计划”，但这丝毫不影响这是希拉里作为一个女性独立参加战役的壮举。

但显然竞争对手们并不这么认为，人们对于女性似乎格外的严格。他们不相信女性能够独立执政，但当有人站了出来，他们又会对她是否接受了别人的帮助、是否有克林顿在幕后操纵而紧抓不放。

虽然这样的质问无理又苛刻，但希拉里根本无法改变人们的这种固有观念。这便是政治竞争的卑鄙性和虚伪性。此时的共和党人似乎忘记了他们曾经攻击“希拉里掌控着克林顿，规范着克林顿的一言一行，是美国最厉害的老婆。”过去的指责攻击力下降之后，他们果断转移了方向。

身处在政治舞台上对于政敌的攻击彼此都心知肚明，但不得不肯定的是共和党这次的“新克林顿主义”攻击确实让希拉里一度陷入了困境。所谓的“克林顿主义”就是指在克林顿执政期间推行的全球霸权主义策略和以克林顿风格进行的美国经济、军事实力的增强举措。而这样的指责并非毫无依据，作为携手同行三十余载的生活伴侣和政治伙伴，希拉里和克林顿在许多政治问题中有着相同的看法。因此这貌似是“事实”的指控使希拉里陷入了僵局，民众开始怀疑是否真如舆论所说的那般，希拉里是一个守旧不变的人。

以彼之道，还之彼身。希拉里和共和党之间的相互拉扯无法定义哪一方是受害者。这只是一场智谋跟能力的对抗，无法定义对错，也没有必要太过纠结对错。正如希拉里曾经攻击自己的参议员竞争对手朱利亚尼、对布什的教育改革方案进行批判一样，这些都是希拉里当时必须去做的事情，归根到底只是立场不同而已。面对抨击之时，对希拉里而言，反击才是最重要的事情，政治不需要叹息，只需要勇往直前。

行动才是最好的证明。希拉里用行动证明了自己并不是谁的提线木偶，而是可以独立解决政治问题的合格候选人。她提出全新的医疗改革方案，对这项关乎全体美国人福利的重要举措提出了合理的完善方案。方案上交后得到了布什政府的财力支持，也让她在选民中的支持率提高。这得益于克林顿政府时期希拉里的医疗改革经验，在新的提案中她改掉了过去急于求成的心态，重新审视了美国的现实情况，从而制定出了合理方案。这不仅仅是一项争取选民的举措，更是希拉里对自己白宫生活中遗憾的弥补。

这条漫长艰辛的选举之路给予希拉里的挑战远远没有结束。希拉里曾经在伊拉克问题上的立场成为她选举中另一个为人诟病的要害。2002 年在针对发动伊拉克战争的投票上，希拉里投了赞成票。她认为此举可以让美国摆脱中东石油国的制约，实现自给自足。但在之后进行的伊拉克战争中她改变了立场，统统投了反对票。因为伊拉克战争并没有带来预想的利益，而是让中东地区变得局势紧张，石油价格也因此提升。对于自己立场的反复，希拉里解释道：“如果我一开始就知道会像现在一样，那么我当初一定不会投赞成票。”

从支持战争以获取美国的能源安全到坚决反战，希拉里的立场跟整个民主党的立场达成了统一。但与此同时也出现了一些尴尬的情况，民主党人约翰·克里跟希拉里一样从支持发动战争的立场变为了反对伊拉克战争。这无疑是大多数美国民众所希望看到的，美国国内对于伊拉克战争怨声载道，从布什政府到后来的奥巴马政府，整整7年的时间里美国对伊拉克发动了4次战争，中东地区人心惶惶，世界石油市场陷入混乱，而持续不断的增兵也让国内的反战情绪日益高涨。克里跟希拉里考虑的一样，所以选择了更加顺应民心的立场。但她却因为立场的反复被舆论家们批评为出尔反尔。希拉里害怕自己将面对跟克里一样的谴责，所以希望通过召开新闻发布会的形式先发制人。

在新闻发布会上，希拉里采取了迂回的战略，她强调了布什政府针对伊拉克问题做出的一些错误决定，分析了目前伊拉克的形势，并对接下来布什政府的行动提出了建议。总结整个发布会，希拉里的主旨思想便是：坚定自己的反战立场；强调国家安全的重要性。媒体并没有放过希拉里，对于她闭口不提的立场变更问题紧追不放，但希拉里并没有因此而道歉。

“有过过失但立场坚定的领导人远比性格懦弱但决策正确的领导人更能让民众心安。”这是希拉里和克林顿共同的政治理念，而她也是如此践行的。

不断被打压，再不断地爬起，重新走向白宫的这条路荆棘密布，希拉里在这一路上走得小心翼翼，但却依然无法避免被棘刺割伤的命运。流过血的伤口可以证明过往的努力和倔强。但并不是每一条艰辛的路途到最后都能柳暗花明。

最终希拉里还是输掉了这场总统竞选。不是输在共和党的猛烈炮火之中，而是输给了党内的竞争者贝拉克·奥巴马。人生本就充满了意外，正是因为这些意外生命才不会索然无趣。贝拉克·奥巴马让希拉里的登顶之路画下了句点。但得失不是靠一场输赢就能辨别，希拉里的未来仍然有无限的可能。

登上山顶固然重要，但沿途的风景同样不可错失。在希拉里这一路登顶的过程中，有志同道合的同行伙伴，也有剑拔弩张的竞争对手。对手砥砺着希拉里奋勇直前，伙伴在希拉里跌倒的时候伸出友爱之手。这就像是人生的两面，没有优劣之分。无谓去衡量这场战役的得失，因为这并不是终点。

·第二节·
人心才是最大的战场

政治选举实际上是人心的拉锯，而人心是这世界上最难掌控的东西，因此也就注定了选举中存在各种未知和变化。以经验丰富著称的希拉里当然懂得这其中的道理，但她始终没有预料到的是在这场人心的博弈中，她的旅程竟然如此之短。

在竞选初期，希拉里并没有将太多的精力放在党内的初选中，因为此时的她信心满满，对民主党内候选人的位置志在必得。这不是因为希拉里轻敌自满，而是整个党内的氛围让她产生了这样的想法。然而有时候事情就是会如此的戏剧性，曾经呼声最高的最终却未必走到最后。正如所有的精彩好莱坞大片，最后必定会出现一个戏剧性的反转，这样才能吊足观众的胃口。戏如人生，人生如戏，希拉里的这场总统大选以众人所想不到的结局草草收场，党内初选的失败对她而言简直是个难以承受的打击。

如果从未心存希望便不会有失望。在 2006 年参议员选举之时希拉里就已经摩拳擦掌开始为这场登顶的对决做准备，她募集了近 4000 万美元的竞选基金充分证明了她在募资筹款上的强大号召力，而在宣布参选 2008 年总统大选之后，仅仅一个月的时间希拉里就筹集了1100万美元竞选资金。得克萨斯大学专门致力于总统研究的教授伯鲁丝·布坎南感叹道：“仅从她高超的筹款天赋就可以预言她将是竞争总统最有利的人选之一。”这并不是一家之言，关于希拉里将成为2008年美国总统的声音此起彼伏。

希拉里的朋友们经常高呼：“最后的赢家是希拉里。”在希拉里的竞选团队中有一个团队被命名为“美国44”,他们认为希拉里将成为第44届美国总统。

希拉里不是一个傲慢轻敌之人，她的竞选视频就充分体现了这一点。不同于许多竞选人的热情高昂，希拉里如同她平时的演讲风格一样，总是面带微笑，如同谈心一般宣读出自己的誓言。在竞选视频中，希拉里说道：“让我们一起谈谈，来聊一聊，倾听一下彼此的声音。”希拉里一如既往的从容和优雅，她坚定地向人们宣告：“我为了胜利而来。”

对在2007年1月16日宣布参加总统竞选的贝拉克·奥巴马，希拉里并未投注太多的关心。虽然此时奥巴马同样名声在外，作为美国政坛上并不多见的黑人政治明星，一旦奥巴马当选将跟希拉里当选一样，改变整个美国的历史。轻敌绝对是竞选中的大忌，希拉里的老对头朱利亚尼在与希拉里争夺纽约州参议员席位的时候就吃了这个苦头。而此时的希拉里并没有因为过往的经验而吸取教训。或许人真的只能在跌倒后才知道疼痛，身为旁观者的经验太过浅显。

虽然希拉里的呼声很高，甚至被共和党当作了主要攻击对象，但此时并非只有一边倒的声音。关于奥巴马这匹突然闯入人们视线中的黑马，许多人都给予了很大的期待。但此时的希拉里显然没有张开耳朵听取这些声音。这是人心的作用，它总是会不自觉地跟随自己更愿意相信的方向，而刻意避开那些扰乱内心的嘈杂声响。

希拉里的朋友们笑称“奥巴马是个愚蠢的家伙”，民主党内很多元老也选择了站在希拉里这边。这是一个好的开始，但却不代表最终的结果。选举大战的号声才刚刚吹响，距离大选还有一年多的时间，现在盖棺定论还为时尚早。早在竞选之前，希拉里就与奥巴马有过交集。

2006年，希拉里邀请民主党参议员们进行了一场“诚实领导”的会议。当时奥巴马担任了这场会议的主持。时任伊利诺伊州参议员的奥巴马已经是民主党内一颗冉冉升起的新星，但希拉里并未太在意。

在会议中当有人提出2008年总统大选民主党的竞选经费问题时，希拉里开玩笑地说道：“你是觉得加入到竞选的人会很多吗？”大家听完莞尔一笑，没有人会想到在一年之后，会上并未就此发声的奥巴马会加入到选举中来。

如果说在这场选举的最初希拉里对奥巴马产生过一些顾忌的话，那应该就是希拉里和克林顿耶鲁大学的同窗好友乔丹·克雷格选择支持奥巴马而不是希拉里这一残酷事实了。

希拉里在竞选之初，曾经给克雷格打电话邀请他加入自己的竞选团队。因为克雷格曾经是克林顿办公室的核心幕僚，而且担任过克林顿弹劾案的辩护律师。这是希拉里和克林顿都信任的朋友，他的加入将成为希拉里竞选的一大助力。但让希拉里感到惊讶的是，克雷格不但拒绝了她的邀请，而且加入到了奥巴马的竞选阵营中去。这让希拉里的情感受到了极大的伤害，这不单单是关乎友谊的问题，而是克雷格对她能力的否认。

朋友的赞美或者鼓励或许带了太多的主观色彩，并不能作为评判的依据，但朋友的否定和质疑则要比一般人显得可靠得多。因为在主观意识更加宽容的情况下依然是否定的答案，则说明成功的概率真的不大。对于希拉里和奥巴马，同样都是自己欣赏的人，同样都是自己的朋友，因此克雷格的评断是客观而理智的。

虽然很多媒体和党内人士都看好希拉里，但在当时的形势下，希拉里的胜算并不大。在美国的历史上从来没有过一个女性赢得过民主党或者共和党的总统候选人党内提名。虽然伊丽莎白·多尔、卡罗尔·莫斯利·布劳恩曾经参加了党内初选，但她们也都在此止步了。希拉里能否逃脱这种命运尚且不得而知。或许她前“第一夫人”的光环让她比其他女性竞选者拥有了更深厚的群众基础和更高的人气，但这同时也是她被攻击的致命弱点。

希拉里在党内的呼声并不能代表民主党最终的选择，因为希拉里的竞争对手并不如她想象得那般简单。除了黑人政治明星贝拉克·奥巴马之外，另外两位宣布参加2008年美国总统大选的民主党人士约翰·爱德华兹和比尔·理查德森同样不容小觑。

约翰·爱德华兹已经参加过民主党2004年总统大选的党内初选，虽然最后的结果并不尽如人意，但是他继续角逐了2004年副总统的选举以及帮助约翰·克里参选了2004年的总统大选。虽然在这些角逐中他并没有取得胜利，但失败是成功之母，重新开始的他拥有别人所不具备的经验，这是他的最大优势。

而比尔·理查德森的最大竞选优势则是他的西班牙裔血统。在各种人种混居的美国，西班牙裔的公民并不在少数，比尔在赢取这部分选民上具有很大的竞争力，而他如果竞选成功则将创造美国第一位西班牙裔总统的历史。

毫厘之间即可决定成败。民主党内的各个竞选人实力相当，最终的胜者一时之间并不容易评判。

在这场预备战中，无论谁能从重重阻碍中突出重围都不会让人感到惊讶，因为不管结果是什么都有它存在的合理性。而不得不说的是，乔丹·克雷格选择奥巴马是一次成功的押注。虽然克雷格一直以来都反对种族歧视，并坚定地为黑人平等而奋斗，但这并不是他选择奥巴马的唯一原因。

乔丹·克雷格早在总统选举之前就跟奥巴马有过合作。在克林顿卸任之后举行的一个筹款活动中，克雷格遇到了奥巴马。当时他对于这个只有42岁的年轻政治明星全然不知，但却被他在活动中的谈话吸引了。

奥巴马似乎身上有一种身为政治人物的天生感染力，他讲话不卑不亢，让人能从他的语言中感受到一种坚韧的力量。克雷格认为这样品质在政治人物身上极为罕有。因为对这个黑人小伙子的好奇，向身边的人打听了奥巴马，了解之后才得知当时的奥巴马正为了竞选伊利诺伊州的参议员而四处奔走。克雷格决定对他伸出援手，帮助奥巴马筹募了竞选资金，并成功当选为伊利诺伊州的参议员。

希拉里的竞选团队对奥巴马依然不屑一顾，因为仅仅从2007年1月的黑人选民支持率调查中就可以看出希拉里和奥巴马存在着巨大的差距，奥巴马的支持率只有20%，而希拉里的支持率则达到了60%，足足高出40个百分点。

作为黑人政治领袖，奥巴马本应在黑人选民的支持率上占据优势，但却与希拉里相差甚远，这更坚定了希拉里竞选团队的“奥巴马不足为惧”的观念。但作为曾经的总统，克林顿思考的要比竞选团队多很多，他并不认为奥巴马的实力跟希拉里非常悬殊，相反，他认为必须提高对奥巴马的警惕，他可能成为希拉里白宫之路的最大绊脚石。

事实又一次证明了克林顿卓越的判断力，仅仅不到一个月的时间，形势发生了逆转。在《纽约时报》的采访中，曾经克林顿的公开助资人戴维·葛芬表示要成为奥巴马的捐助人，这让希拉里感到了又一次的“背叛”。

葛芬不但声称支持克林顿并不代表支持希拉里，而且在媒体采访中说道：“无论是谁最终获得民主党的候选人提名，他都将成为总统的热门人选。奥巴马是一个精力充沛的人，他能为这个国家带来新的活力。但这个人一定不是希拉里。充满野心的希拉里必定会跟布什总统一样让民主更加分化，她根本无法让国家团结。我不理解，虽然政治家对于说谎都驾轻就熟，但向希拉里这样能随时脱口而出的还是很难理解。”

这番谈话激怒了希拉里的整个竞选团队，而身为这个事件的另一个当事人奥巴马则选择了冷眼旁观，认为这只是葛芬跟希拉里的瓜葛，与他无关。但希拉里的团队并不这样想，他们在与希拉里讨论过后发表了一份声明，内容中对葛芬的人身攻击表达了强烈不满，并将箭头直指奥巴马，认为葛芬的言论经过了他的授意。

这场党内竞选大幕之前的小纷争让黑人同胞认为这是希拉里对奥巴马的欺辱，一时间黑人选民被激怒，而奥巴马从中受益，他在黑人中的支持率一跃变成44%，而希拉里则跌至33%。这是希拉里竞选团队的重大失误，这种自投罗网的行为让克林顿十分恼火。但也因为如此，希拉里开始正视这位对手，在党内选举的筹备中有意识地将炮火对准了奥巴马。

为了挽回希拉里团队所犯的错误，克林顿进行了积极的行动。他致电给一些尚处于摇摆不定状态的民主党人，希望他们能够支持希拉里。而对于整个竞选中最重要的筹款工作，他也身体力行，为希拉里筹划各种募捐活动，对着前来捐赠的助捐人，克林顿说道：“我们都想选出最好的人成为总统，而那个人就是希拉里。”对于这场竞选克林顿同样倾尽全力，他在一次CNN（美国有线电视新闻网）的访问中说道：“我用我的经验为她提供帮助，但无论最终结果如何，我们都会共同承受。成功或失败都将成为我们人生的财富。”

无论经过多少专家的预测分析，抑或对对手进行了多少次的剖析解读，以及进行了多么充分的准备，都没有实实在在的数据有说服力。2008年1月3日，民主党内竞选的序幕已经缓缓拉开，希拉里心情紧张而期待地等待着这一天的到来。

“选战”从美国中西部平原的艾奥瓦州开始，这并不是一个决定成败的州，但这个小地方作为竞选的首站依然有它特殊的意义。原本希拉里对这次竞选信心很大。在正式投票之前的民意调查中显示，几个竞选人的票数相差无几，但希拉里有信心为自己的选战赢得一个开门红。但最终的结果让人大感意外：在这个白人居民占多数的州中奥巴马赢得了胜利，而希拉里则落到了第三的位置。

这让希拉里认识到了问题的严重性，开始变得谨慎了起来。这并不是简单的一个州的落败，而是在以白人为主的州中，奥巴马的选票竟然能够领先于另外两位白人领袖，这本身就证明了奥巴马的强大号召力。

接下来的形势依然让希拉里感到头痛，在之后的几场竞选中，黑人民主党选民占半数的南卡罗来纳州不出意外将成为奥巴马的囊中之物，而在 1 月 19 日举行了党团会议的内华达州已经有工会组织表明了支持奥巴马的立场。因此，对于第二场的初选地——新罕布什尔州，希拉里必须占据主动，否则她接下来的路将举步维艰。

在历届的总统候选人党内初选中，如果从一开始连续两个州选票垫底则基本无缘大选了。怀着忐忑的心情希拉里踏上新罕布什尔州，她内心祈祷着，希望能够从这里翻身，让她的竞选之路继续下去。结果差强人意，希拉里最终赢得了新罕布什尔州的竞选，但并没有拉开跟奥巴马的差距，他们的选票分别是 39%和 36%。

这场选举一直悬念重重，希拉里赢得了内华达州的胜利，奥巴马拿下了南卡罗来纳州的初选。但俨然这场战争已经变成了希拉里和奥巴马两个人的战争。其他候选人选择退出选战，将选票平分给了希拉里和奥巴马。两个人一直持续着你追我赶的状态，直到 5 月份，奥巴马已经在选票中占据绝对优势，这场选举已经毫无悬念。

但是希拉里并没有因此退出，这个一直以来勇往直前的铁娘子选择奋战到最后一分钟。人心总是会审时度势，那些曾经拍着胸脯说希拉里将要当选的民主党人士开始规劝希拉里早日退出这场选举。他们怕希拉里拖得越迟，党内的选票将会分流，因为已经有希拉里的忠实追随者表示如果希拉里不能当选，他们将在大选中转而支持共和党的候选人麦凯恩。

然而希拉里并没有放弃这场选举，她表示："没有任何一个时刻能够像现在一样让我感到坚定。我必须继续比下去，直到每个人都能够实现表达自己意见的愿望。"这是希拉里对支持者的交代和答谢。但她并不是一个冲动自私的人，她明白身为民主党人的使命，因此在听到粉丝宣称要支持共和党候选人之时，她说道："虽然我希望自己能赢得初选，但无论最终是谁获胜，我都将毫无保留的支持民主党候选人。如果最终奥巴马当选，我会尽我所能让你们知道支持奥巴马远比支持麦凯恩要明智得多。"

2008 年 6 月 3 日，初选的最终结果出炉，奥巴马已经确定成为民主党 2008 年角逐总统的候选人。一家欢喜一家愁，6 月 7 日，希拉里正式宣布退出初选，希拉里最终在这场人心的拉扯中走下了战场。她就像是一个身经百战的老兵，虽然在战役中已经遍体鳞伤，但还是咬牙坚持地昂首挺胸，以最骄傲的姿态完成了这场退役仪式。

不以成败论英雄，而在这场战役中希拉里从未承认自己已经失败。她只是还未等到最合适的时机，即便退了下来，她的政治之路也未停止。

·第三节·
别停止思考明天

人生是个永不止步的过程，虽然在这一场竞选之中希拉里终究没有获得想要的结果。竞选已经落下帷幕，但人生的大戏尚未演完。止步于党内的选举意味着希拉里往后要有更长的路要走，这场规划已久的重返白宫之旅并未画下句点，关于未来，希拉里依然心怀期待。

这场竞选的意义远远不止是希拉里个人价值的实现，而是整个美国民主机制的一次有益尝试。这一年美国的历史无缘记录下第一位女总统诞生，但这一天终究会到来。这是希拉里的信念，也是整个美国希望见到的。未来创造历史的那个伟大女性或许是希拉里，或许是其他人。但作为“第一个吃螃蟹”的希拉里已经被人们铭记。

一直以来希拉里的目光都延伸到了比一般人目光更要远的地方，因此她行进的路也要比一般人更加艰难。有人认为希拉里的总统竞选准备是从2006年参加参议员连任选举开始的，有人认为这是她在担任“第一夫人”时就存在的野心。实际上希拉里的梦想在更早的时刻就已经生根发芽。这个时代造就了这样的希拉里，她的成长环境和人生态度让她对那个至高无上的地位产生了野心，并一步步地向着这个目标行进。

在美国女性受到歧视的状况非常的频繁，而生活在这个国家的希拉里则显得有些格格不入。她一直以来的家庭教育并没有让她感受到女性的不平等。在休·罗德姆对希拉里的教育中，女生跟男生一样，并没有什么不同。正是因为如此，在一点点接触到外面的世界，让希拉里产生了成为女权主义捍卫者的角色。或许在青少年时代组织的一次次游行示威，开展的各种女性维权工作以及对政治事务的关心，都是希拉里内心想要登上权力巅峰潜移默化的体现。

而这种想法在她成为“第一夫人”之后表现得尤为明显。她在一次演讲中抱怨，在美国社会中男人只要腰包有钱，无所谓长相如何、人品如何他都有机会成为总统；但是如果你是一个肥胖臃肿、面容丑陋的女性穷光蛋，那么至少可以保证你绝对得不到女性选民的支持。

正如希拉里从成为州长夫人开始就改变了原本的着装和打扮，甚至在之后共和党人还指控希拉里曾经整过容，这都是希拉里因为美国现实而做出的妥协，她必须努力将自己装扮成公众所接受的样子。不过无论做什么都全力以赴的希拉里在这一点上也同样获得了极大的成功，她逐渐从“土包子”变成时尚的宠儿，成为美国妇女争相模仿的对象。

而对于希拉里向总统奋斗的长期打算，克林顿也感受到了，在他还在总统任期时，就开始向人们极力推荐希拉里，并开始为希拉里的总统征途做筹划。其实希拉里也同样如此，虽然她一直强调没有人生来就懂得政治，但她仿佛天生就是为政治而生。

在克林顿面临被弹劾的危机，深陷莱温斯基丑闻中时，希拉里在试图拯救丈夫的同时早已经开始为自己向纽约州参议员职位进发的道路做铺垫。虽然不能说希拉里在克林顿弹劾案中塑造出的包容大度的形象完全是为了自己的从政之路做铺垫，但却不能忽视这其中或多或少存在这样的意图。

当别人尚在原地张望之时，希拉里已经往前行进了100步。这是独属于希拉里思考明天的方式。这样的未雨绸缪或许会让身上的担子加重，但同时也会让明天的路行进得更加顺畅。

不过对希拉里而言，万事都想得太过周全和长远有时候也是件滑稽的事情。在希拉里竞选总统期间，美国媒体爆料了一份克林顿与希拉里之间的夫妻君子协议。从这份长达3万字的协议中不难看出希拉里“一朝被蛇咬，十年怕井绳”的心态。她在协议里写明，如果她竞选总统成功，重新入住白宫的克林顿不能招聘任何年轻女实习生，办公室的工作人员尽量是男性为主，如果招聘女性则年龄必须超过60岁。之后还对克林顿的各种行径进行了规定，以及违反后的处罚也一一做了说明。

这份滑稽可笑的协议的真实性还有待考究，但不得不说这份协议充分体现了希拉里的性格。她骨子里有着对于未来的谨慎和敏锐预感，而克林顿作为一个曾经情感出轨的“惯犯”，希拉里提早做好打算并不奇怪。

无论是在生活上还是在自己的政治事业上，希拉里都是一个勇往直前的人，如果一直停在过去，那人生只会止步不前。这个一直以来都习惯往前看的女强人似乎很少提到后悔两个字。她对美国首次攻打伊拉克表示支持，在之后又改变立场，站在了反战的阵营中。因为这件事情，媒体曾经追问希拉里：“你为曾经的选择感到后悔吗?”希拉里笑了笑，回答道：“不后悔，不过我承认我的选择是错误的，那是一个很糟糕的选择。”

这世上没有后悔药，因此沉溺在后悔中也毫无意义。选了就是选了，无论对错，都必须承担相应的结果。

没有人能够预知明天会发生什么，即便今天已经做好了充分的准备，结果还是可能与之相悖。正如希拉里在60岁时宣布参加总统大选，有人说这是希拉里时隔8年的重返白宫之旅，而实际上看来，可以毫不夸张地说希拉里为了这一刻已经准备了一生，她行进的每一步都向着那个方向前进。但纵使如此，她依然在初选中就告别了这个战场。这其中有太多的因素：决策的失误、社会环境的影响、政敌的攻击……但是她后悔吗？并非如此，在奥巴马的票数确定当选民主党候选人，希拉里也决定退选之时，她从未承认过自己已经失败。

正如她努力坚持到最后一样，这场战役实际上是她一个人的战役，希拉里没有被打倒，她对未来依然心存希望，那么对她而言自己就不是一个战败者。

换言之，如果希拉里一直沉浸在失败的痛苦中，对于不理想的结果怨天尤人，那么她便不会走入奥巴马的竞选办公室跟奥巴马恳谈，更不会在正式决定退选之后选择支持奥巴马了。

希拉里跟奥巴马仅仅相差200多票，但是无论如何，希拉里都坦然地接受了这个结果。她的总统之路暂时告一段落，但属于民主党和共和党的战争却已经打响。这时希拉里看到的是自己政党的命运和前途，属于她个人的小惆怅已经被隐藏在了角落。

2008年6月3日，希拉里站在华盛顿哥伦比亚特区的国家建筑博物馆前，她对一直以来投票支持她的1800万民主党选民表示了感谢，并希望他们把对希拉里的支持转移到奥巴马身上，帮助奥巴马实现总统的竞选。而希拉里也表示自己也将竭尽全力帮助奥巴马竞选。

这是身为一个政治领袖的胸怀和气魄，这一刻希拉里和奥巴马不再是对手，而是身为共同党派的同僚伙伴。希拉里呼吁整个民主党大家庭团结起来，一起投入到11月的总统竞选中。

6月7日，在希拉里跟奥巴马进行了一场恳谈之后，希拉里正式宣布退出初选，并举行了退选仪式。5000多名希拉里的支持者聚集在这里，用行动证明他们对希拉里的支持。希拉里在丈夫和女儿的陪伴下，缓缓走向演讲台："我对奥巴马在初选中取得的胜利表示祝贺。也再次声明我将把自己所有的支持转给奥巴马，并支持他的竞选。希望你们跟我一样，用曾经对我的热情和信任，尽全力去支持奥巴马，他将创造美国的历史。"

这是希拉里为防止民主党内分裂做出的努力，在希拉里落选之后，她的选票并没有完全转移到奥巴马手中。希拉里的支持者中60%的人表示会转而支持奥巴马，17%的人说会支持麦凯恩，还有22%的人说会在11月总统选举中放弃投票权。希拉里用行动一次次地表明对奥巴马的支持，这对于奥巴马之后的总统选举具有举足轻重的作用。

6月28日，希拉里第一次跟奥巴马一起携手进行演讲，而演讲的地点正是他们曾经展开激烈角逐的新罕布什尔州。这里曾经是希拉里战胜奥巴马的地方，而现在奥巴马则以成功者的姿态回归。如今角色转换，曾经的对手成为合作伙伴，这样的巧合也成就了一段佳话。希拉里对着民众高呼："我们同属于一个政党，我们同属于一个美国。"

或许这已经是最好的结局，在民主党的共同努力下，奥巴马在2008年11月的大选中获得了胜利，美国历史上第一位黑人总统就此诞生。

当欢呼和掌声传遍整个美国，希拉里选择隐在这繁华景象的背后。她曾是这场盛宴的追随者，也曾经是别人盛宴的配合者。但此刻退下舞台，喧嚣和欢腾都与她无关，她的目光望向了更远的地方。

第八章

行走 112 片国土

饱受争议的
国务卿

·第一节·
当对手抛出橄榄枝

2008年11月4日，贝拉克·奥巴马成为美国历史上第一任黑人总统，一个月之后，他正式提名希拉里为美国的下一届国务卿。这对曾经的竞争对手站到了一起，在奥巴马赢得民主党内初选后人们一直翘首以盼的“奥希”组合在这一刻成为现实。

在奥巴马赢得民主党内总统候选人提名之后，人们对奥巴马和希拉里之后的关系有着诸多猜测：希拉里是否会跟奥巴马握手言和？在之后的总统大选中希拉里有可能成为奥巴马的竞选助手吗？

最终人们等到了希拉里和奥巴马的握手言和，却没有等到奥巴马和希拉里以伙伴的形式去角逐总统之位。但“奥希”组合的遗憾在这一刻得以圆满，但新的疑惑又再次产生：这对曾经的对手能够合作默契吗？

有人对此抱有期待态度，有人则嗤之以鼻。对于奥巴马的提名，感到疑惑的不仅仅是社会大众，希拉里同样也感到不解。她从没有想过有一天会以这样的形式接到担任国务卿的邀请。虽然最终为了民主党的共同利益希拉里选择了跟奥巴马站在一起，但此时选择一起工作，希拉里显然没有信心。

他们在竞争的过程中都对对方进行了大量的攻击。希拉里曾经针对奥巴马有过吸毒史的事情尖锐批判，而奥巴马也针对希拉里的“第一夫人”经历嘲讽道：“不过作为“第一夫人”与外国领导人喝喝茶。”

想到不久之前那场火花四溅的竞选，希拉里俏皮地说道：“做梦也没想到奥巴马要让我成为他的外交官，他不介意我只会跟外国领导人喝茶而已了吗?”并非对曾经的抨击耿耿于怀，而此时的希拉里对于担任国务卿一职确实有些不知所措。希拉里并没有身为国务卿的丰富外交经验，而与奥巴马的关系也颇为尴尬。

因此在她考虑了几天之后还是决定婉拒这项邀请，但是奥巴马似乎知道希拉里会退缩，拒不接听她的电话，这让希拉里开始犹豫，因为在担心的同时她也开始被奥巴马开出的条件所吸引——奥巴马承诺在希拉里出任国务卿后可以拥有认命国务院内政治职位的权利。奥巴马的做法引起了巨大争议，当时除了提名希拉里为国务卿之外，奥巴马还准备着手组建一个负责国家安全的团队，而团队中希拉里和副总统拜登赫然在列。因此被公众戏称奥巴马正在组建一个由竞争对手组成的负责国家安全的团队。

此时的奥巴马有着自己的考量。他如此评价希拉里：“她是一个有智谋、有胆识且职业素养极高的坚毅女性，我对她信心十足，她认识许多国家的领导人，在各个地方都有着极高的声望，由她担任国务卿必定能够促进美国的全球化利益。”

最终希拉里同意出任国务卿，在媒体采访她为何会改变主意时，她只是含糊其辞地说道：“总统任命的，不能不去做。”事实上对希拉里而言，出任国务卿是物尽其用，也是一次宝贵的经验。整个美国历史上包括希拉里在内只有 3 位女性（另外两位是奥尔布·赖特、康多莉扎·赖斯）担任过国务卿的职位，而这一职位在整个美国都有着举足轻重的地位。

回顾美国曾经的女性国务卿，希拉里感受到了巨大的压力。她们都在这个位置上取得了显著的成绩，如果成为他们的继任者，希拉里承担的期待和肩上的压力将超过他们。

奥尔布·赖特曾经是克林顿的国务卿，希拉里对她尤为熟悉。媒体对她的评价也颇高，尽管一直以来她都以强势的形象示人，经常给人一种强烈的压迫感，但是她在工作上却是克林顿的绝佳伙伴。

希拉里的前任——康多莉扎·赖斯是美国历史上第一位黑人女国务卿。希拉里对她同样并不陌生，赖斯是斯坦福大学的教务主任，希拉里去学校看望切尔西时曾与赖斯碰过面。

这位“前辈”国务卿与希拉里保持着君子淡如水的交情，但是她非常的友善，对希拉里在一些国务卿任职事物上的困扰她都耐心地一一解答，甚至在希拉里正式上任之时，在希拉里的办公桌上留了一封信，帮助希拉里尽快适应新的工作。

作为美国的内阁成员之一，国务卿的职位也要比普通内阁成员高得多，它是整个内阁成员中的首席，地位仅次于副总统。国务卿设立之初主要以处理国内事务为主，而发展到当下，国务卿的主要工作方向已经延伸到了国外，成为美国外交事务的窗口。

很多人担心如果希拉里担任如此重要的职务，那么国务院可能会跟白宫之间产生一些对抗。但显然奥巴马并不这样认为。希拉里在竞选失败后对支持奥巴马竞选表示出的忠诚让奥巴马感到安心。

而过去 8 年里，美国因为布什政府执政的错误方向，已经让美国的国际形象支离破碎。当前摆在整个美国面前最迫在眉睫的问题便是修复千疮百孔的外交关系。希拉里作为前“第一夫人”她在国际上的人脉不容忽视，而她作为“第一夫人”时期练就的外交手腕也是美国当前状况下迫切需要的才能。

在1995年希拉里就显示出了自己卓越的外交能力。这一年希拉里带着切尔西一起出访巴基斯坦，这是希拉里第一次脱离克林顿独自行动，她的出访受到了巴基斯坦总统贝·布托的热烈欢迎。这是巴基斯坦历史上第一位女性总统。在女性权利遭到更多践踏的巴基斯坦，一位女总统的出现意义非凡。自古英雄惜英雄，希拉里和贝·布托惺惺相惜，进行了愉快的会谈。

除此之外，奥巴马还有这多个方面的考量：在希拉里出任国务卿后，奥巴马可以间接地接受一批希拉里和克林顿的人力、物力、财力资源；希拉里作为前"第一夫人"，在国际事务上有着许多自己的认识，国际人脉资源丰富；作为克林顿背后的军师，希拉里的政治才能可以充分运用到辅助奥巴马的工作之中；而如果希拉里不出任国务卿，她将继续担任国会参议员，这样在奥巴马执政的过程中可能会遇到巨大的阻力。

希拉里在国际社会上的认同度并不是空穴来风，在希拉里宣布担任国务卿职务之后，欧盟负责外交和安全政策的高级代表索拉纳预言："希拉里出任国务卿，在海外会受到高度认同。"

2009年1月13日，参议院外交委员会举行了关于希拉里被提名为国务卿的听证会。这场听证会上希拉里展示了自己出色的外交能力，她从来不打无准备之仗，决定接受邀请之后就已经做足了准备。她针对各种外交问题滔滔不绝地发表了自己的看法。对于未来的工作方向，她表明自己将完全不同于布什政府的强硬态度，在对外政策上更关注软实力，用外交代替武力。最终国会对希拉里表示了认可，希拉里的国务卿任命提案以94票赞成对2票反对的绝对优势通过，希拉里即将迎来自己全新的公职生活。

在克林顿和切尔西的陪伴下，希拉里在1月21日正式出任国务卿，开始了美国的外交修复工作。1月份，华盛顿依然寒风料峭，但希拉里的心却已经被温暖占据。在总统选举失败之后的很长一段时间内，希拉里都处于无所适从的状态，而现在被委以重任，投入到新的角色中去对她而言不仅仅是新的挑战，而且是重拾自信的途径。

跌倒了就要勇敢爬起来，用更加自信的姿态去迎接新的明天，希拉里神采奕奕地走进国务院的大门，享受着人们的祝贺声和欢呼声，她对着人群微微一笑，表达自己对于大家的感谢。

在之后的演讲中，她充分体现出了一个国务卿应有的气度。她从容淡定的样子让人们似乎忘记了她刚刚经历了一场政治竞选的失败，那充满自信的肢体语言和让人敬佩的谈吐都仿佛在宣告："希拉里回来了。"

在就职演讲中，希拉里表示："我坚信美国将进入崭新的时代。"在这场长达 33 分钟的演讲中，希拉里提到了未来外交工作的许多方面，通过这 16 页纸的演讲，人们仿佛看到美国正向着一个新的方向前进。她提出了"巧实力外交"，即通过运用美国的软实力和硬实力达到相应的外交目标。在此之后"巧实力外交"成为贯彻整个美国外交的主要方向。

在演讲中希拉里提到："在未来四年内，世界将对美国刮目相看，美国将进入一个新的时代。在世界形势瞬息万变的今天，美国也不可能一成不变。在许多全球性的安全问题上我们要加强与其他国家的合作。"在演讲结束后希拉里并没有急着离开国务院。

长久以来的政治选举已经让她深深明白笼络人心的重要性，她友善地和员工们进行了交流，并对她们的情况进行了大致了解。这与人们印象中的"第一夫人"希拉里有着太多的不同。希拉里释放的善意让他们感觉到或许国务院也将迎来崭新的面貌，这位新上任的女性国务卿将成为他们日后的坚实依靠。

当希拉里走入国务院七楼的国务卿办公室，希拉里的国务卿生涯正式宣告开始。

·第二节·
世界格局了如指掌

“我长达 20 年间处在风口浪尖的位置，如今我也应该花点时间好好思考一下自己的人生了。”这是希拉里在国务卿任期结束之际，写在自己飞行日记尾页的一段话。

从希拉里成为国务卿的那一刻，她没有任何休息的时间，立即肩负起了身为国务卿的职责。从巴勒斯坦、以色列、缅甸、中国、意大利、日本……为了完成修复美国外交的使命，她奔波于世界各地，短短四年的时间里，飞行里程达到 30 多万里，出访 112 个国家。她在国务卿的任期内提交了一份漂亮的成绩单。整个世界的局势都在她的掌握之中。

在希拉里的日程表上密密麻麻地写满了各国领导人的名字，这是希拉里作为国务卿的政治责任。年过 60 的希拉里似乎永远不知道疲倦一般，她的工作从来没有停歇过，在这几年间始终保持着紧凑高效的状态。对她而言一切的消遣和休息都成了虚度光阴的体现，在决定接下这份工作的时候她就已经预料到了工作的忙碌。

累并快乐着，苦涩并充实着，这便是希拉里的工作状态。作为一个毫无经验的国务卿，希拉里小心谨慎地开始了自己的出访计划。这并不是旅行，不能任性的“说做就走”，更不能不在乎目的地。每一次的政治出访都要有其明确的目的性和预期达到的效果。在上任之后首先出访哪一个国家？如何出访？成为摆在希拉里面前的首要问题。

国务卿出访代表着整个国家的形象，万万马虎不得。这是希拉里第一次以国务卿的角度开始考虑筹划出访事宜。不同于担任“第一夫人”期间万事都被照料好，只需要维持形象就可以的出访，国务卿出访的任务要艰巨得多。

作为国务卿，是本国的最高外交官，在海外的一举一动都代表着国家的形象。在希拉里紧密筹划之后，她把出访的首站定在了亚洲，而没有选择历届国务卿喜欢选择的欧洲或者中东。这不是希拉里一个人做出的决定，而是与总统商议后的结果。国务卿在一定程度上充当着总统对海外的发声“喉舌”。

希拉里把出访目标首先选为亚洲，让媒体不禁猜测奥巴马政府将关注的焦点投向了亚洲地区，而美国接下来也会与亚洲国家有着更加密切的联系。

2009 年 2 月 25 日，一架搭载着希拉里的个人专机从华盛顿飞往了日本，希拉里“空中飞人”的生活正式开始。

对于希拉里的这次亚洲之行，美国外交学会希拉·史密斯认为：“希拉里的首个访问具有重要的意义，这是美国的长远利益跟亚洲紧密相连的信号。”事实也确实如此。她在首个访问中充分发挥了她以往的政治手腕。这次日本之旅巩固了美日的同盟关系。

在印度尼西亚，希拉里迫切地希望修复因为布什政府而造成的外交关系的裂痕。这里是世界上最大的穆斯林国家，因此在布什政府攻打伊拉克、阿富汗后掀起了印度尼西亚广大穆斯林同胞的强烈不满。

每一站的访问希拉里都倾注了自己的热情，并坚定信念，希望通过访问能够达成良好的效果。很多外交关系并不是通过一场访问就能彻底修复的，但希拉里到来的本身就代表着一种信号，也是美国政府的一种诚意。她在韩国访问时举行了一场大学生见面会。很多时候与其说希拉里是一个外交官，不如说是一个政治明星。因为希拉里维护妇女权利、追求性别平等，她在全球拥有大批的女性粉丝。从她在韩国梨花女子大学的演讲中就能看出这一点。

在希拉里到访梨花女子大学的这一天，学校的大会议厅里挤满了前来听演讲的学生。对这些学生而言，希拉里不仅仅是美国国务卿，更是他们无比熟悉的政治明星。他们更多的关注点集中在希拉里这个人身上。希拉里在事后说道："当时我都忘记了我是个国务卿，反而更像个解答疑惑的专栏作家。"她们针对希拉里的家庭、她的丈夫克林顿和女儿切尔西以及曾经的求学经历进行提问。

并不是希拉里的每一次外交活动都如此顺遂。在成为国务卿之前，她首先是一个有血有肉拥有丰富情感的人，因此在外交事务中难免会有主观意识占上风的时候，而这种时刻往往会造成巨大的失误。

这是身为一个女性政治家的性格双刃剑，希拉里性格中的同情心让她在外交过程中赢得了大量的朋友，但也因此饱受诟病。

2011 年，埃及爆发了大规模的抗议活动，他们上街游行抗议，对穆巴拉克政府的独裁统治表示不满。曾经在"第一夫人"时期与穆巴拉克夫妇建立了良好友谊的希拉里认为穆巴拉克一直都是美国的忠诚盟友，他执政下的埃及政府是符合埃及人民利益的，并不存在不稳定的情况，因此这一次她"站在了历史错误的一边"，公开表示支持穆巴拉克政府。这在埃及国内掀起了轩然大波，他们对美国表达了极大的不满，认为这是美国为了达到不可告人的目的而实施的阴谋。

这是同情心泛滥和主观意识作祟后的自食恶果。为了这次的失误，希拉里花费了数个月去弥补。但大部分时刻希拉里的个人魅力和发展与其他国家领导人关系的能力还是利大于弊的。一直以来，希拉里外交中的一大亮点就是她懂得如何站在别人的角度思考，这能够让对方产生更多共鸣。而她对交谈对象需求的准确理解，也让她在外交活动开展之初变得不再困难。

短短3天的缅甸之行取得了巨大的成功，美国人们也对希拉里的这次访问津津乐道。结束这次访问，登上回城的飞机之时，希拉里感慨："时间过得太快了。"似乎对于这次访问依然有些意犹未尽。

希拉里的国务卿生涯中似乎从来没有停歇的时间，太多的事务等待她去协调。在4年的任期中，她在飞机上度过的时间就有400多个日夜，有媒体对她的飞行里程进行了统计——可以绕行地球赤道37圈。这个劳模式的国务卿实际上也有疲惫的时候，只是她尽量在公众面前掩盖了这一点。

在各个国家之间周旋需要耗费大量的精力体力，但希拉里在这样传统的公共外交方式中游刃有余地进行着她的工作。但她不是一个古板的人，她对非传统技术有着很好的操控能力。正如她在曾经的总统竞选中大量运用网络的力量，而此时在外交中她同样表示了对新技术的重视。在希拉里上任之初，她就宴请众多美国IT（互联网技术）界高层，这其中包括Twitter（推特）的创始人杰克·杜尔希、思科的副总裁苏珊·波斯特拉姆。

这是一种与时俱进的能力，也是身为21世纪管理者必须具备的能力。希拉里提出注重社交网络的作用，运用社交网络向世界介绍美国的立场。在国务院的日常工作中，希拉里也倡导员工们用Twitter、Facebook等社交媒体工具向她汇报工作。希拉里这样的主张遭到了传统政治家们的嘲笑，而白宫也一直限制社交网络的推广，但希拉里在这件事情上异常坚持。

任何新事物的出现都会遇到阻力，但随着时代的发展，顺应潮流的新趋势必将成为主流。事实证明，随着社交网络的普及，直至今日已经有越来越多国家的领导人开始运用社交网络与其他国家领导人保持良好互动。在这一点上希拉里是高瞻远瞩的，而大量运用网络，也让她能够及时地了解到世界各地的情况，对她外交工作的开展有着良好的推动作用。

用心浇灌呵护的种子一定会慢慢地发芽开花，希拉里在四年国务卿任职上的努力也不会白费。2012年底，在美国著名民意调查机构盖洛普咨询公司公布的调查报告中，希拉里第17次被评选为最受美国人尊重的女性。对于这个荣誉，希拉里实至名归，曾经从华盛顿无数次起飞的专机可以为她证明，4年间走过的112片国土可以帮她证明，在她精致妆容掩盖下的疲惫面容也可以帮她证明。

·第三节·
载舟与覆舟

“水能载舟，亦能覆舟。”这是为政者千古不变的警示名言。昨日曾经为你振臂高呼的民众，明天同样有可能成为批判你的先头军。经历过克林顿的政坛风波，走过了竞选的坎坷之途。希拉里的政治之路一直在风雨飘摇中度过。

没有谁会永远忠诚于谁，也没有谁会永远跟你站在敌对的一方。选民如是，对手亦如是。在政治路途中的颠覆都是在特定的环境、特定的情景之下发生的。世界在不断变化发展，许多曾经的坚持和立场也在悄然发生变化。正如希拉里经历的人气起伏，正如希拉里和奥巴马的“爱恨情仇”。

从“第一夫人”到国务卿，希拉里这一路走来经过了艰难的跋涉。曾经因为她为女性权利的热情呼喊以及她身为“第一夫人”表现出的从容不迫，为她赢得了大量妇女同胞的支持。对这些拥护者而言，希拉里完成了她们没有勇气去做的事情，她不仅仅是一个政客、一个总统夫人，更是广大支持者心中的代言人。但任何的支持和拥护都源于对美好一面的偏执的爱恋。而希拉里也不过是凡人罢了，即使被捧上神坛，也终究有走下来的那一天。

当克林顿出轨的消息铺天盖地地在美国传开，曾经在人们眼中拥有幸福家庭、拥有至高的地位的希拉里在人们眼中变了模样。有人幸灾乐祸，有人给予同情。而支持她的人们则为了她而心痛，并鼓励她："把克林顿的行李从阳台丢出去。"但无论是婚姻还是政治都有太多的"难言之隐"，很多时候并不能由一句简简单单的放弃就能够解决。

最终，希拉里选择了隐忍和宽容。这在男性和女性的眼中则有了全然不同的注解：看事情更加全面的男士们会觉得希拉里做出了顾全大局的明智选择；而心思更加敏感细腻的女性观众，则会把自己代入角色，认为这样的妥协是一种懦弱无能的表现。于是分歧产生，希拉里丧失了曾经欣赏她的强势果敢的支持者。

众口难调，你无法满足每一个人的期待，而希拉里在这样的时刻选择了更符合自己内心，也符合大多数人期待的决定。因为时间终将证明她依然是那个充满野心和斗志的希拉里。在她决定参选国会议员之后，关于她的争议再次喧嚣尘上。这个信心满满的"第一夫人"再次赢回了曾经失望的支持者。她们期待的便是这样一个不依附于任何人而存在的希拉里。

人心变幻莫测，希拉里无法猜测出选民们下一秒想的是什么，她只能尽自己最大努力去争取。然而很多时候细节决定成败，一个小小的差错就会让过去的努力全部付之东流。政治竞争中的抨击和揭露是最常见的手段，然而在玩弄权谋的这个过程中，谁更高瞻远瞩、谁的谋略更胜一筹，都会成为决定你最终结局的致命因素。希拉里在与奥巴马的党内竞选之战中明显下错了棋。

作为一开始美国呼声最高、民意支持率最高的总统候选人，最终却落得在党内初选止步的命运。这其中固然有身为女性政治家在竞选中更加艰难的社会环境因素。当奥巴马的助资人亿万富翁戴维·葛芬在电视节目上抨击希拉里，抬高奥巴马之时，希拉里的莽撞回击伤害了黑人选民的感情，让他们倒向了奥巴马的阵营，而随后希拉里爆出奥巴马的吸毒史、克林顿不理智的黑人歧视言论，都让这条在风波中飘摇的小船再无翻身的可能。

沉沉浮浮这么多年，对于这样的起落希拉里早已经习惯。错了就在下一个路口改过来。回头忏悔叹息并不具备丝毫意义，回顾只应该是为了总结和改正过去的错误。

政坛的人心变幻不但让希拉里明白了赢取民心的重要，更懂得了任何事情都有两面，厄运之后幸运往往也会随之而来。政坛上没有永远的对手，奥巴马向希拉里抛出了橄榄枝，于是便有了他们合作的4年。

国务卿4年任职，是希拉里收复失地，重新树立威望的过程。她近乎自虐式的外交出访之旅为她赢得了“劳模国务卿”的称号，从来没有一位美国国务卿像她一样勤勉和卓越。然而希拉里的工作并不仅仅只是出访而已，她代表着美国的对外形象，是美国的外交政策的忠诚贯彻者，同时她还要对国务院进行管理。

这条路复杂且艰辛，并不能凭借一个人的力量走完。在4年国务卿的道路上，奥巴马是她最好的同行者。谈及希拉里和奥巴马之间的关系，并不是三言两语就能言明的。他们身上有太多的共同点：同样出身于美国名校的法律系，各自担任过国会议员的职位，有共同的党派，同样拥有政治能力卓越、法律专业出身的伴侣……但同时他们的关系又无比尴尬，这对曾经的对手或许可以为了共同的利益达成联盟，但他们之间称为朋友的可能性并不大。

这一点从希拉里在之后和曾经的校友、朋友乔丹·克雷格的相处上就能够看出。克雷格婉拒了希拉里的邀请，加入了奥巴马的竞选团队，引起了希拉里的很大不满。克雷格曾经试图挽救与希拉里的友谊，写信请求希拉里能够谅解他的决定，希拉里并没有同意。

希拉里并不是圣人，不可能毫无芥蒂地向往日战胜自己的对手敞开怀抱。但她接受现实，也愿意承担自己选择之后面临的代价。因此她才会在自己党内竞选失败后为了奥巴马的选举奔走忙碌。这是身为政治人物的胸襟和职业素养，也是奥巴马放心任命希拉里的一大原因。

在工作伙伴的这条道路上希拉里和奥巴马表现出了极大的默契。在一开始出任国务卿之时，外界并不看好奥巴马和希拉里这对组合，很多人认为奥巴马是在搬起石头砸自己的脚。但是对于非议希拉里已经完全免疫，长久以来的政治征途让她明白收复人心的方式是脚踏实地去做，而不是唇枪舌剑地去辩驳。事实也证明了她的能力。

一直以来被诟病最多的国家安全团队在奥巴马和希拉里的共同领导下取得了过去几十年间从未有过的和谐。在处理工作的过程中，他们都尽力压抑自己的私人情绪，用客观的态度去辩驳。

有时候你会发现，在你人生路上最旗鼓相当的对手，转个方向就会成为最默契的合作伙伴。立场的不同决定了相处模式的不同，但希拉里和奥巴马站在同一个角度看待这个世界，他们发现在政治理念、外交观和对国际事务的看法上他们有许多共同点。

为了能够更好地配合奥巴马的工作，完成自己身为国务卿的使命，希拉里强制自己对奥巴马保持尊重，而且要尽量保持与奥巴马相同的基调。她多次在公开场合表明自己的立场："我会全力效命于总统。"这是希拉里的处世哲学，身为一个政治家，她对于全局的考量比对于个人的考量要多得多。即便是面对讨厌的人也应该面带微笑从容以对，而此时奥巴马不是她的敌人，也不是对手，而是她需要在 4 年时间里紧密合作的上司，是她需要尊重的对象。

这对希拉里而言并不是一件困难的事情。抛开曾经的是是非非，希拉里和奥巴马在外交政策上都支持利比亚等地方在民主权利上的“热情”，而对于伊朗和巴林等关乎美国安全利益的地区他们表现出的精打细算如出一辙。

细节上的行动往往比华丽的决心更能说明问题。2012 年 11 月 19 日，奥巴马和希拉里乘坐美国总统专机“空军一号”出访柬埔寨，当飞机缓缓降落到金边机场，奥巴马和希拉里并肩走出舱门。但随后的一幕让细心的人发现了希拉里的谨慎：当沿着台阶走下飞机，向着欢迎的人群走去的时候，希拉里稍微停顿了一下脚步，让奥巴马走到了前面。在这一刻希拉里明白她与奥巴马不再是旗鼓相当的竞争对手，而是下属和上司的关系。无论何时何地，摆正自己的立场都是一件看上去容易做起来难的事情。但在跟奥巴马关系的转换中，希拉里迅速融入自己的人生新角色。

人们评价希拉里和奥巴马的关系时说道：“他们做工作伙伴远比做朋友容易得多。”这也是他们之间从未说明过的默契。尽管他们有着许多共同的话题可以聊，例如白宫的生活、政治明星的经历、孩子的教育问题……但显然相对于这些培养私人感情的家长里短，他们更愿意探讨外交政策或者国家事务。这是一种纯粹的工作关系，如同许多普通企业员工一般，上班的时候保持着平和的同事关系，而下班之后则分道扬镳，各自享受自身的生活，甚至连彼此的私人联络方式都没有。

这样的相处或许对于政治人物而言显得过于独特了，因为他们天生都是社交能手。只是年龄的差异、性别的不同以及曾经的竞争经历都成为他们通向友谊之路的阻隔，但是他们却很享受这种状态。希拉里每周固定跟奥巴马进行一次会晤，同行的还有国家安全顾问和国防部长。他们试图在工作上变得更加亲密，但也仅仅限于工作罢了。

在他们扑朔迷离的合作关系中，媒体有着众多的猜测，而奥巴马政府本身则希望营造出一种在工作上奥巴马给予了希拉里足够信任的表象，有白宫的工作人员对记者形容道："对希拉里提出的建议、政策和她申明的国家立场奥巴马都表现出了完全信任的态度，这在整个美国历史上都是罕见的。"

这是出自奥巴马团队的说辞，但事实并非如此。虽然他们在整体的原则方向上都奉行实用主义，但在具体的问题上两个人之间存在许多的分歧。从某些方面而言，奥巴马虽然对希拉里表示了信任，但这种信任是有所保留的。

他对希拉里背后的克林顿有所顾忌。因为从希拉里开展党内竞选活动的时候就能够看出，克林顿在思想上对希拉里有很大的影响，而在许多场希拉里的竞选演讲中，克林顿往往会因为太过积极而喧宾夺主，成为整件事的焦点。

希拉里参加总统大选时，共和党人就担忧希拉里会成为"新克林顿主义"的执行者，而奥巴马对这一点同样表示了忧虑。因此在实际的国务卿权利上希拉里并没有获得最初承诺的那般自由，而是无形之中被奥巴马进行了打压。从奥巴马任期内对外交事务的关注度上就能够看出这一点，他比任何一任美国总统都要关注外交活动，很大程度上取代了部分国务卿的职责。

美国《时代》杂志的一篇文章中指出："希拉里许多助手都是白宫精心指派的，他们在悄悄否决她的决议。"

很多时候希拉里担当着奥巴马的发言人工作，真正的决议决定权则一直在奥巴马手中。

无论是争议或者支持，这 4 年的风雨同舟依然证明了对手可以成为伙伴。正如那些曾经认为希拉里在竞选失利后会一蹶不振的人们，他们也再次看到了希拉里的能力和气魄。希拉里拥有让人们坚定“载舟”的能力，她的 4 年外交生涯，为美国拉回了那些曾经“离心”的盟友，也让自己的支持率升高到了 66%，一度超过了奥巴马。

第九章

风度先从外表做起

带明星范儿的
女政治家

·第一节·
专业形象缔造专业素养

从戴着黑框眼镜、穿着衬衫体恤的北部“假小子”到干练美丽的政坛领袖，希拉里这一路以来完成了破茧成蝶的过程。在别人眼中希拉里的人生仿佛是丑小鸭变成天鹅的童话故事，但对希拉里而言这一切不过是在对的时间做出的对的改变。

人生或许从来不需要过度地特立独行，正如在富于青春和活力的少女时代你不可能被呆板的黑色西装所束缚；在散发成熟魅力的中年岁月你也不会有为自己绑一条肆意飞扬的马尾的冲动。美丽不是什么复杂的事情，只要选择好适合自己的形象，那么你就可以神采飞扬。

在专业形象的缔造上希拉里一直很有天赋。正如克林顿初遇希拉里的耶鲁岁月里，希拉里总是穿着毫不时髦的服装、架着一副厚镜片的黑框眼镜，行色匆匆地走在校园之中，但即便如此，你也不能否认希拉里的美丽。如果不是这样，克林顿为何会在众多女生之中一眼就望到了希拉里呢。身处耶鲁的希拉里，她需要的更多是为自己充电、积累能量，此时的她对外貌并不在意，因为生命中有更值得去争取的事情。

在学生时代，女生之间的攀比打扮无非是为了吸引男生的注意。青春的荷尔蒙作祟，这是无可抵挡的事情。并不是希拉里是个例外，她也和正常的女生一样，从这个年纪开始有爱情的悸动，开始憧憬未来恋人的样子。但她知道自己需要的是什么，对希拉里而言，如果只是因为华丽外貌就被她吸引的肤浅男生并不是她想要的。正是因为如此，克林顿才跟她一拍即合，他发现了希拉里躲在眼睛后面的清丽面容，更读懂了这面容下的真实内心。

归根究底能够如此不向世俗的潮流妥协，是因为希拉里有一颗强大的内心。通过美丽建立的自信是短暂的，因为容颜总会有老去的那一天。正如歌中唱的那般："多少人曾爱慕你年轻时的容颜，可知谁愿承受岁月无情的变迁……"而因为自信所散发的美丽确是永恒的，因为这是从内而外气质上的改变。在大学时代希拉里对克林顿的吸引并不是因为外表，而是她身上与众不同的气质和个人魅力。

在之后的相处中，希拉里曾经被克林顿的母亲称为"土包子"，她清汤寡水的素颜和简朴保守的穿着简直跟浓妆艳抹、衣着奔放的弗吉尼亚形成了鲜明的对比。甚至比尔的弟弟也曾毫不留情地说："她跟你一点也不相配。"但感情的事情只有当事人最清楚，外人的评价并不能改变什么。而且到底是谁更美丽呢？是简单清纯的 20 岁的年轻女生还是勉强遮盖衰老容颜的 50 岁的垂暮妇人呢？答案不言而喻，妆容、服饰这些外在的事物虽然能够对人的形象起到辅助作用，但这绝对不是全部。

大学毕业之后希拉里跟克林顿一起在阿肯色州的生活。在这里希拉里的形象悄然地发生了变化，等到克林顿担任了州长之时，曾经的那个希拉里已经不见了身影，她剪短了原本的长发，并微微烫出了弧度，让整个人显得更加柔和。而曾经标志性的黑框眼镜也不见了踪影，一双大大的眼眸让这个原本就很清秀的女生显得更加灵动了。

克林顿选到了一块璞玉，这样的璞玉是真正懂得美的人才能看到的。希拉里原本的打扮仿佛成了刻意的遮掩和低调的表现，而此时的形象才是真正的她。人总是会在新的改变出现之后慢慢忘记过去，大学生活的朴素装扮是最合适学生时代的希拉里的打扮；而如今的干练形象也是作为州长夫人最恰当的形象。事实证明，没有人会揪着过去的形象不放，人们记住的是希拉里此刻端庄美丽的样子。

希拉里深谙在合适的时间地点配合合适的着装这一道理。即便一直以来她对于穿衣打扮并没有太多的兴趣，但她却从未在公众场合出过丑。在克林顿就任阿肯色州州长的就职典礼上，希拉里身穿一套紫红和黄色相间的细格子套装，头上的蓝色绒帽和同色的外套大衣相互辉映。她的这一形象被阿肯色的时尚界给予了极大的肯定。

美国的时尚杂志甚至专门开辟专栏评价希拉里的穿着，他们在文章中写道："希拉里的衣着将在美国刮起一股流行风潮，她的发型、服装、鞋子、包包都将成为上百万美国妇女争相追逐的焦点。她代表了美国妇女的着装风格，时尚品牌和设计师们会把希拉里当成竞相追逐的客户，因为她会为他们带来巨大的经济效应。"

希拉里的改变充分证明了"这世界上只有懒女人，没有丑女人"的永恒真理。

正如所有的丑女大变身电影一样：女主角用丑陋的着装、大大的眼睛以及一副碍眼的眼镜遮掩了原本尚可的容貌，而臃肿的身材也让她跟美丽毫不沾边，但男主角还是被她的善良和开朗所感染，于是便展开了一段浪漫的爱情旅程。最终的大结局则都不免俗套——丑女大翻身，让所有人跌破眼镜，曾经嘲笑女主角的男生后悔不已，而男女主角幸福地生活在一起。

生活不是电影，也远没有电影那么跌宕起伏。但电影的主旨并没有错，自信、善良、魄力都会成为改变一个人形象的秘密武器。

自信能够改变一个人的气度、容貌乃至整个人生。在美国乃至全球，希拉里都是自信女性的代表。她出现在人们视野中的时候总是那么从容、优雅，仿佛即使明天是世界末日她也不会感到恐慌。这无疑是她的魅力之一，也是她最吸引克林顿的地方。

自信并不是盲目的自大或者自负，而是因为自身的学识、阅历、才华所累积起来的气场。从韦尔斯利学院开始，希拉里就是人群中的佼佼者，她作为韦尔斯利学院第一个在毕业典礼上发表演讲的学生被整个学校铭记；在耶鲁大学她作为整个学院仅有的 27 个女生之一入学，成功取得法学博士的学位后毕业；之后，参与尼克松“水门事件”调查小组；成为阿肯色的州长夫人；入主白宫作为“第一夫人”；成为美国历史上第一个担任参议员的总统夫人；担任国务卿；竞选总统……这一路走来的辉煌履历正是她自信和才华最好的展示。

根据科学家的调查研究，人的视觉身高跟自身的学历、才能有很大的关系。曾经有人进行过这样一个实验。将一个大学教师放在人数相同的不同班级中。在其中一个班级简短介绍这个老师，并不突出他任何的履历优势；在另外一个班级中隆重地介绍这个老师，并大肆强调他来自名牌大学以及在权威学术周刊上发表的论文和取得的科研成就。

在完成介绍之后，分别对两个班的学生进行调查，让他们写出目测该老师的身高的大约值。经过多次调查发现，当对老师的履历进行强调吹捧时，人们看到他的目测身高值会高于他本身实际身高；反之，人们对他的目测身高则低于他的本身实际身高。这两者之间的落差可以达到 20cm。

这个实验充分证明了人的经历和成就对于外在形象的重要性，而卓越的经历和成就则会更容易让人自信。

同样的，善良也是塑造形象的一大催化剂。这并不仅仅是一个外在美和内在美的问题。而是印证了中国那句老话——相由心生。中国古代一直以来都有相面的习俗，而韩国也有“观相”这一说法，这些虽然都不能作为评定一个人品质的科学依据，但也有其存在的依据。人本身的性格、气质会在潜移默化中对相貌产生影响。正如大人始终无法拥有孩子般的纯真微笑，同样的眼睛会随着成长变得不再清澈，这都是后天环境的影响和气质改变造成的。而这之中善良的品质会让人的面容更加柔和，也更容易让人亲近。

我们无法窥探内心，善与恶也不能瞬间评判。但眼睛是心灵的窗口，很多时候眼睛能够反映出人的内心。我们形容眼睛的时候会用到善良、睿智、狡诈、厌恶、悲伤等词汇，这实际上就是透过眼睛对内心的窥探。相对于狡诈、阴险的眼眸，人们会更喜欢善良清澈的眼睛。

在希拉里的众多个人特质中，善良是她身上不容忽略的闪光点。从学生时代参加政治活动一直到之后自己参政，希拉里的政治主张一直离不开妇女权利、儿童保障和种族保护这几个方面。童年时代牧师唐·琼斯对她的影响一直延续到她之后的人生中，对于弱势群体的关爱、为民权奋斗似乎成为她政治生涯的主旋律。

正是这种心怀大爱的精神让她在民众中的形象变得光辉夺目。政治是需要民众基础的，而希拉里争取民众的重要筹码就是她对底层群众和妇女、儿童以及黑人的关怀。

善良是一种难得的品质，但它不单单只是一种品质。因为在无形之中它可以使原本普通的容颜焕发出让人温暖的光芒。

作为政治舞台上的夺目存在，注重个人形象成为她的一种职业素养，而她一直以来在政治路上的理念和展示在世人面前的个人特质又与自身的形象形成了一种难以言喻的吻合。专业形象和专业素养之间没有从属关系，而希拉里的形象从来都是跟个人的追求完美的融合。无须刻意去追求，遵循本心，不被外事外物左右，或许形象和素养就能够成为最契合的统一。

·第二节·
大事件评论者和参与者

政坛上曾经出现过许多伟大的政治家，但没有一个人如同希拉里一般让人难以下注解。她是曾经的“第一夫人”、纽约州的第一个女性国会议员、力挽狂澜的美国前国务卿……众多的光辉身份加注在希拉里的身上。与其说希拉里是个女性政治家，这样充满争议和荣光的她更像是个政治明星。

政治明星和政治家虽然在本质上殊途同归，但是还是有其截然不同的地方。政治家或许只是致力于政治行动，但人们对他不会赋予那么多的热情和关心，因为对大多数人而言，政治都是太过虚无缥缈的东西。而政治明星则不同，人们关注着她的一举一动，或者效仿或者鞭挞，但无论是从哪一个方面，她都注定了成为众人目光的焦点。

成就这样身份的原因包括多个方面，例如“第一夫人”的这一耀眼形象、媒体的刻意营造、美国社会条件的塑造等等。但归根到底还是希拉里成就了自己的政治明星形象。因为无论是嫁给克林顿也好，被媒体追逐也罢，都是因为希拉里自身的行为驱动。

克林顿曾说：“在美国找不到第二个像希拉里一样关注国家命运和国家

形势的人，她从不放过任何一条重要的消息。”由此可见，希拉里对国家大事投入的巨大关注和自己赋予自身的使命感和责任感。正是这样的使命感驱动，在每一次大事件发生之时，希拉里都是从不缺席的评论者和参与者。

希拉里对政治的敏感度或许从童年时期开始就能够找到痕迹。她的父亲休·罗德姆作为共和党的忠实拥护者对子女的政治倾向给予了极大的重视，他近乎偏执地向希拉里和她的弟弟们灌输共和党的思想。正是因为如此，希拉里在中学时期就和朋友一起参加了亚利桑那的共和党人戈尔德沃特的助选活动。

随着时间的推移，希拉里的政治参与力度也逐渐加大。这个渐渐丰满了羽翼的美丽鸟儿正向着更加广阔的天空中飞去。她在韦尔斯利学院的毕业演讲中提到：“无论你选择何种职业，只要你喜欢，只要你全力以赴，你就可以问心无愧，无论你是成为大企业的投资人、政治上的宠儿还是称职的家庭主妇。”

希拉里从骨子里就不认同男女应该存在不平等的状况，她的发声也意味着她已经开始为了妇女权利而奋斗，并证明自己可以胜任男性才能胜任的工作。从她在韦尔斯利学院毕业后，没有选择对女士有着更多歧视的哈佛大学，而是选择了耶鲁大学继续深造就已经能够看出这一点。

如果说学生时代都只是个人的抗争，是作为一个普通人的间接参与，在希拉里从耶鲁大学毕业正式踏上社会征程开始，希拉里的发言和行动则开始具有了别样的意义。身为普通人的发声和行动或许会为周围的人带来影响，但这个影响终究太过狭隘，无法真正改变什么。换句话说，这就像是在评论剧情的观众，无论见解有多么独到，都无法改变实际的剧情，因为你只是一个旁观者。这显然不是希拉里的位置。

1972 年“水门事件”发生，尼克松的竞选团队为了获得民主党的竞选策略情报闯入水门大厦，试图在民主党全国委员办公室中安装窃听器，但最终事情暴露当场被捕。之后，尼克松和他的竞选团队进行了一系列遮盖事实的补救行动，最终他赢得了 1972 年大选，但隔年国会通过了调查尼克松的提案，成立了尼克松调查小组，开始收集尼克松的罪证，准备弹劾总统。

这场轰动整个美国的“水门事件”发生之后，希拉里幸运地被选为调查小组律师团队中的一员。这是希拉里第一次直接参与如此大的政治调查。当机会来临之时，她丝毫没有退却，果断地接下了这一工作。

对于希拉里而言，这是她可以为以后步入政治舞台积累经验的过程，也是近距离感受政治氛围的机会。从希拉里一直以来在政治舞台上的长袖善舞就可以看出，她喜欢这种参与其中的感觉。希拉里怀着激动的心情踏上华盛顿。虽然这份工作对其他人而言可能显得枯燥而无趣，但希拉里完全不这么认为。

她在工作小组中主要担任的职务便是为了之后的审查和弹劾准备一套完整的法律程序。这尚且是在她的专业范畴之内。但另外一些工作就显得无聊多了，她在之后的回忆中形容道：“我戴着大大的耳机，在隔音室里听着录音。而这些录音冗长啰唆，而且身处在狭小的隔音室里，这让人简直快要窒息了。但是也有许多有趣的地方，在录音里你能够听到尼克松和他的助手的交谈，有时还能听到尼克松的自言自语，最有意思的一次是，尼克松在听着一段录音，并开始根据录音里的讲话反驳，好像是在跟录音机斗嘴一样。”

在这项耗时长久、经常要加班加点的工作中，希拉里选择了苦中作乐，尽量想象好的地方。

事实证明，这样积极的心态更有利于她的工作表现以及在工作中积累经验。因为这次尼克松弹劾工作的进行，希拉里一跃成为美国律师界的耀眼明星，在工作的这个精英调查小组中，希拉里也建立了自己的强大人脉网，为日后克林顿向白宫冲击打下了基础。当希拉里和克林顿被卷入“白水案”时，曾经的这段经历成为希拉里度过“白水案”的有利依托。因为曾身处其中，她更明白一场丑闻的调查有哪些方面以及弹劾总统是如何进行的。

知己知彼，才能百战不殆。这也是希拉里广泛参与重大事件的一大原因，只有不断尝试，才能增加自身的阅历，也在这个过程中摸索出对手的思路。这不仅仅适用于国内事务的处理上，在外交中同样发挥着重要作用。

“未来就像过去和现在，不会完美也不可能完美。我们的女儿和孙女将面对现在我们想象不到的新挑战，可是我们每个人都可以为未来尽一份心力，我们可以为正义、平等、妇女权利和人权大声疾呼，更可以站在历史正确的一边，不论风险，不计代价。”希拉里如是说。言必行，行必果。在希拉里长久以来的生活中，她也如同她所说的一般努力践行着正义、平等、妇女权利、儿童权益、社会保障。

如果没有相同志向和理念，希拉里和克林顿就不会相知相伴这么多年。对于社会保障的重视、各个阶层权益的平衡上，希拉里和克林顿的理念基本保持在相同的步调上。

当希拉里还只是克林顿的州长夫人之时，她已经开始和丈夫一起，为了这些关乎民众幸福与权益的大事开始奔走。在克林顿的第一个州长任期内，他曾经提交了一份让立法机构感到无比惊讶的财政预算书。在很多人看来，克林顿的这份财政预算计划里充斥着天真和幻想，完全是理想主义者的空谈。他的计划里包含了教育改革、医疗改革、建立农村卫生保障体系和新的经济发展战略等一系列的举措。

并不是说阿肯色不需要这些改变，而是克林顿提到的这些方面需要大量的资金支持，短时间内完成改变的可能性很低，必定会遭到大力的反对。而此时，他最忠诚的盟友希拉里跟他站在了一起。

她作为克林顿的卫生保健顾问委员会的负责人，开始实行克林顿的卫生保健计划。作为州长夫人，在传统的阿肯色州民众眼中，她的参政无疑让她显得更加异类。在女性权利并没有得到全面认可的阿肯色，人们宁愿看到一位只会烤饼干的端庄州长夫人，也不愿意看到为了政府政策奔走的希拉里。

这是传统偏见的悲哀，是希拉里一直想要铲除的顽疾，但此时的她只能选择不理会，用实力证明自己。在希拉里一直以来处理重大事务的过程中总是伴随着这样的质疑声音。对希拉里而言，她更希望自己的政治活动中不再需要一再地拿女性身份做文章，但显然世人并没有就此放过她。在她的任何行动，包括参选国会议员和总统中，曾经因为克林顿而取得的头衔都被频繁提到。作为希拉里命运共同体的克林顿，一直都是人们津津乐道的对象。

但实际上相对于无奈接受这些质疑和揣测的希拉里，克林顿反而才是真正依赖希拉里的人。克林顿曾满怀歉意地表示："她应该走到更高的位置，从很久之前就应该开始了。但是她牺牲了自己的20年陪伴了我。"一如克林顿一直以来表现出的对希拉里的依赖，希拉里也始终没有辜负克林顿。

在整个卫生改革过程中曾经出现过这样一个小插曲。克林顿选派了一个外地人担任委员会的卫生委员。这个委员在上任之后提出的第一项举措便是希望在阿肯色州缺乏执业医生的一些地方，让执业护士来行驶医生的职责。这让阿肯色本地的医生协会的执业医师们非常的愤怒，对他们而言，这等同于让护士们分去了他们应得的利益。这场利益的冲突让改革陷入僵局。此时为了能够抚平医生们的情绪，并想出一个两全其美的方法，克林顿请求希拉里的帮助。

这是克林顿一直以来的伎俩，正如之后在白宫之时，他的助手就曾调侃过，任何无法解决的问题都有一条通行的万能方法，那就是"问问希拉里的意见"。

希拉里不负所托，了解情况之后很快就制定了相关的策略。她利用自己在华盛顿积累的人脉联系到联邦政府的资助，这样一来就有足够的资金来建设阿肯色的卫生保健事业了，这样既拓展了执业护士的职责范围，同时也保证了执业医生们的收入。成效很快就显现出来，在阿肯色贫困的乡村地区，4家新建的诊所开门营业，其他乡村诊所建设的脚步也随之加快。

女强人并不是无坚不摧，并不是每一次的问题都能迎刃而解，希拉里也有做出错误决策的时候，例如轰动一时的“白水案”，例如希拉里对伊拉克战争投的赞成票，以及在卸任国务卿职位之前的维基解密事件……

在政坛风雨飘摇的二十几载岁月里，希拉里有过辉煌也有过彷徨，但她无论是成功之时也好失败之时也罢，都活得潇洒坦然。对于成就无需过于谦逊，对于失误也无需遮遮掩掩。是非公道留给世人评说，她只是行走在自己的路上罢了，一直在关注，一直在参与，努力成为政治大舞台上的人生主角。

·第三节·
气场修炼的教科书级人物

弗兰克·哈多克说："生命是真诚而热情的，气场的作用是理性的；拥有这种神秘的力量并高贵地使用它的人，终将获得一切。"

这是希拉里非常喜欢的一句话，无论是对于男性还是女性，气场都无比重要，它是一个人精神意志的无形体现，正如人们常说："某某气场强大"，"某某气场好弱"，能够做出如此分明的评价，正是因为气场是语言、行为和气质的综合表现，它虽然无形，但却有迹可循。

身为一个女性政治家，希拉里比一般人更需要锻炼气场。因为社会的整体大环境对女性的信任感更低，在女性只是凤毛麟角的政治界，更是如此。而希拉里强大气场的养成则是从小就进行的锻炼。

人身上的许多特质并不是刻意塑造而成，但却因为在成长中潜移默化地表现了出来。而这些特质的累积就可能会改变人的性格、生活方向以及气场。"胸藏文墨怀若谷，腹有诗书气自华。"如果从年轻时代开始就头脑空空，内心空无一物，那么如今的政坛也就不会有希拉里的存在，更不必说感受到她身上散发的女强人气场了。

气场的建立之初应该是学识的积累和自信的培养。希拉里在韦尔斯利学院期间，养成了读书的好习惯。而她的主要读物都是一些有关政治和哲学的书籍，这对她的世界观、人生观产生了极大的变化，也正是在此时她开始关心政治，希望能够参与到政治中。

这是一种自我意识的觉醒，也是书本给予希拉里的指引和启示。这个戴着大厚眼镜、一副老学究模样的姑娘，开始喜欢跟同学们讨论她的思想，并对一些原本大家习以为常的事情提出了质疑。韦尔斯利学院在希拉里入学之前并没有招收黑人学生的先例。但随着社会风气的转变、黑人地位的提升，学院放宽了招生条件，允许黑人学生入学。

在这场校园变革中希拉里显示出了她与众不同的魄力。许多白人学生对黑人学生唯恐避之不及，他们对黑人学生的存在感到恐慌。但希拉里并不畏惧其他人的眼光，她主动结交黑人学生，并且在韦尔斯利学院召集了第一次同时有白人学生和黑人学生参加的会议。

这是内心的强大建设给予她的自信。在希拉里的世界里，对就是对，错就是错，这是泾渭分明的事情。因此在面对不公、歧视和偏见时她总是第一个站出来发声。正是这样一次又一次地勇往直前练就了她强势的气场。

实际上气场不是只有强大和弱小之分，它可以是亲切的、温暖的、欢乐的，换言之，气场实际上就是人从内而外散发出的一种氛围。而这种氛围可以随着时间、地点的转换以及状况的不同而发生改变。

希拉里从韦尔斯利学院毕业，作为学生代表在毕业典礼上发表演说时说道："你可以选择在家带孩子、做点心，也可以选择成为企业老板，或者是参与政治。无论是哪一种选择，只要你喜欢，就值得全力以赴去争取。"演讲结束后希拉里从容下台，会场响起了久久不散的掌声。

在希拉里的眼中，职业不分贵贱，而只在乎你是否喜欢；同样，性别、人种都不是作为一个人被评判的标准。正是她这样的想法让她能够更加设身处地地站在别人的角度去思考。而她性格中对于女性权利的追求以及反种族歧视的思想都为她赢得了大量的女性支持者和黑人支持者。

这并不是刻意为之的效果，而是因为真正的人格魅力而感召的支持。气场可以历练但绝对不可以伪装。狐假虎威的故事只适合出现在童话故事里，现实里你无法依靠别人的气场生活。

决策果断、干净利落的行事风格同样是塑造气场的优秀品质。一个雷厉风行的人往往给人的感觉更加自信，而且也会无形之中产生一种压迫，催促你跟随她一直前行。这世上没有人能够一直永远陪伴在你身边，即使可以做到，也绝不能够一直替你做决定。生活是自己的，脚下的路也是自己的，学会果断决定才能活得更加洒脱肆意。正如希拉里即便有克林顿的支持，当她竞选纽约州的参议员、当她宣布竞选总统之时，都只能由她自己决定，而家人能够做的只是陪伴罢了。

克林顿曾经在希拉里竞选时说道："无论她做出什么决定，我都会一直在背后默默支持她。"即便是如此无条件的支持，也只是辅助罢了，决定权始终在希拉里自己手上。当她通过视频自信地向全世界的人说道："我来了，为了胜利而来。"人们感受到的是属于希拉里的强大气场，而不是其他。

果敢的决定有时候无论对错都会给人一种值得信服的力量。因为人们会被这种从内而外散发的自信所征服，不由自主地点头、不由自主地执行。这便是气场的强大之处。

在希拉里刚刚入主白宫之时，她就曾经做过一件"迷惑众人"的事情。当时身为"第一夫人"的希拉里必须负责接待外宾的事宜，为白宫的晚宴做主持。一场晚宴有太多细枝末节的东西需要注意，希拉里对自己成为"第一夫人"之后的第一场晚宴异常重视，她层层把关，不放过晚宴的任何一个小细节。

在决定晚宴菜品的时候，希拉里决定用白宫中刚刚聘请的本土厨师，而不是像历任“第一夫人”一样聘用法国厨师。虽然工作人员在一开始有所疑虑，但是希拉里坚定地说道：“不需要改变，就用本地厨师。”在希拉里坚定的语气和自信的眼神中，工作人员最终听取了她的决定。事实证明，从这之后的白宫宴会中本土厨师并没有出现任何差错，而希拉里也因此实现了她发扬美国本土美食文化的目的。

身为女性，无论在外面如何强势能干，但始终不应该舍弃自身的温柔特质。正如那个被广为传颂的小故事。女王伊丽莎白曾经在与丈夫吵架后，轻轻敲起丈夫紧紧闭上的门，希望能够和解。门内的丈夫问道：“你是谁?”伊丽莎白回答：“女王。”丈夫不为所动，伊丽莎白便继续回答：“我是伊丽莎白。”而丈夫依然没有开门。直到伊丽莎白说出：“我是你的妻子。”紧闭的门才缓缓开启。

这个故事告诉我们必须从容地学会角色的转换，这样才能继续优雅的生活。如果不分时间、地点、场合都表现出咄咄逼人的气场，那么终将让所有接近的人被刺痛之后受伤离开。

同样身为女强人，希拉里明白优雅转身的道理。这是一种自然而然的气场，并不需要刻意粉饰。2008 年 6 月 7 日，希拉里宣布退出民主党内 2008 年总统候选人的角逐。这是她总统梦的第一次勇敢尝试，也是她 20 年政治生涯的圆梦之旅。但最终结果却让人不胜唏嘘。从呼声最高到惨淡收场，这其中的落差只有希拉里自己能体会。

赢要赢得光明磊落，输也要输得从容优雅。希拉里在退选的演说上真诚地安慰自己的支持者们，在感谢他们一路以来的陪伴的同时也号召大家转而支持奥巴马。无论这里面有多少遗憾和不甘，但在当时，希拉里的眼神是清澈和坚定的。

希拉里并不认为这是她的失败，而只是人生旅程中的一次小转折罢了。正是因为这样的心态，才会让她看上去始终洋溢着自信的笑容，不因为现实的无情打压而落寞。她对着台下曾经支持她的选民说道：“能够以一个女性的身份参加总统选举，这让我感到无比的骄傲。虽然今天我告别了这场竞选，但我依然相信我有能力成为最优秀的美国总统 。不管怎样，感谢你们陪我走过的这段路。我会心怀感恩，继续在梦想的路途上前行。希望上帝保佑美国。”

努力了这么多年才走到总统竞选的这一步，心中又怎能毫无芥蒂呢。但胜负已分，纠结于结果并没有意义。希拉里不是一个沉浸在伤痛里无限缅怀的人。优雅的转身会为她赢得更多的掌声和祝福。

优雅、从容、充满个性、机智沉稳……这些美好的词汇共同构成了希拉里的特征。这样的气场让人惊艳，也让人忍不住去追随。在气场的养成上，希拉里如同一个教科书般的人物，她展现出人的多面性，但无论是哪一个角色都让人忍不住叹服，而在这些角色中间，她转换得游刃有余、驾轻就熟。

人生而不同，正如这世上没有两片相同的叶子，刻意的模仿和盲目的追逐并没有任何意义。或许我们永远无法成为希拉里，但是以她的人生阅历为砥砺，我们可以成为有着独特气场的另一个自己。

第十章
声音的来源不是嘴巴

美国利益的
维护者

·第一节·
美国外交形象的改善师

有人说希拉里在任期之内夜以继日的出访是一种自我折磨，但只有希拉里知道自己接下这个职位的那一刻将要面对的是什么。

作为一个在争议中上台的国务卿，她受到的关注比任何一届国务卿都要多，而她所面对的困境也是常人无法想象的。这个一直游走在赞扬与质疑之间的女人，必须在短时间内获得国际社会的认同，为美国新一届政府打开一个良好的外交开端。但这条路对她而言充满了未知的风险。

身为美国外交形象的代言人，希拉里本身就需要具备感染他人、让他人信服的能力。但建立威望并不是一朝一夕的事情，希拉里过去几年内对奥巴马的批判攻击已经让人们对她能否跟奥巴马协调合作产生了怀疑，这样的疑虑尚未消除，而希拉里在埃及总统穆巴拉克问题上的错误主张再次在国会和白宫中引发了激烈争议。

虽然她的亚洲之行打开了良好的开端，但同时她的外交政策也饱受争议，在很多问题上她的立场非常尴尬，例如伊拉克问题。因此在一些热点问题上，希拉里被排斥在了决策的边缘。尽管她在任期内参加了白宫的600多场会议，并且对外宣称，她无论何时、无论何事都可以跟奥巴马进行会谈。这种极力表现出的和奥巴马互相信赖的关系虽然让一部分人为之安心，但同时也让很多人心存怀疑。

有质疑才有向上的斗志，最终希拉里用一张漂亮的成绩单证明了自己身为美国国务卿的价值。她的“巧实力”外交战略让美国重新回归到全球外交的领导地位。

对希拉里而言，每一次的出访对她都有与众不同的意义，她并没有因为长时间的飞行和奔波而感到厌烦，虽然很疲惫，但她知道在布什政府之后美国已经元气大伤，这些出访都是她必须去进行的。

说服国内通过这项提议已经耗费了希拉里太多的时间和精力，她不能半途而废。因此在日内瓦，她很快投入到了自己的游说工作中。虽然一直以来希拉里对自己的交际能力和口才都充满自信，但这并不是仅仅依靠语言就能说服的事情，各国政要对这项提议并不认同。其中，俄罗斯外长拉夫罗夫的态度尤为坚决：“禁飞区，毫无可能”。这一场游说之旅最终草草收场。但也并非一无所获，在与来自各个国家的政治家们的谈判磋商中，希拉里对各国在利比亚问题上的立场都有了较为清晰的了解。

从日内瓦返回华盛顿，希拉里将自己的收获向奥巴马进行了汇报。关于建立“禁飞区”的提议依然悬而未决，希拉里需要继续寻找支持的同伴。在困难面前，必须先找到一个突破口，才能进一步逐一攻破。这个突破口在半个月后的八国集团峰会上被希拉里成功寻得。

在会议上希拉里老话重提，再次跟各国外长探讨设立禁飞区的可能性。不同于上一次的铩羽而归，希拉里这次的谈话采取了施压的态度，她明确表示如果他们否认这项计划，就意味着他们支持用武装力量去压迫，这跟直接上战场杀人殊途同归。换一种方法有时候会取得意想不到的效果，这次希拉里不但取得了英国外交大臣黑格的大力肯定，原本强硬拒绝的外交部部长们也开始有所松动。

在利比亚问题上，希拉里的领导力被人们所认同，她在世界各地的奔走游说，以及在联合国安理会的据理力争。

虽然白宫官员对希拉里依然颇有怨言，认为她在这项工作上进行得过于拖拉，但他们也无法否认希拉里的成绩。在为了“禁飞区”设立问题的反复游说中，希拉里跟各国领导人共同打造了一个外交和军事的联盟，并且取得了法国总统萨科齐的帮助，最终设立了“利比亚禁飞区联盟”。

在利比亚问题的处理上，希拉里的交际手腕显露无遗，她有发展新的外交关系的能力，跟各个国家的领导人保持着友好往来。萨科齐这样对希拉里说：“你很强势，也很睿智和善良，我会一直站在你这一方。”这种通过公共外交来达成目标，为美国争取外交利益的行为便是希拉里“巧实力”的证明。

在希拉里的整个国务卿生涯中她都一直践行着“巧实力”。这与当时的美国社会背景不无关系。国际社会对布什政府的单边外交政策已经诟病已久，世界格局已经悄然发生改变，中国的崛起、欧盟的发展都注定了美国不再是一家独大。希拉里需要改变国际社会对于美国的固有形象，重新树立美国的外交形象。而希拉里却是开始证明美国正在发生着改变，正在用新的视角、新的方式面对整个世界。

2011年，在美国的《外交政策》上希拉里发表了一篇名为《美国的亚太世纪》的文章，在文章中提到：“巧实力将塑造美国的全球领导地位。”完全凭借霸权主义和强权政治进行外交的时代已经过去，美国需要改变，也正在改变。

2011年5月，希拉里决定出访巴基斯坦。在本·拉登被美军击毙之后还未有一个美国高级官员出访过巴基斯坦。希拉里的这次出访非常低调。因为对恐怖组织的忌惮和出于安全的考量，这次出访异常的雷厉风行。

当天，希拉里在严密的安保下在很短的时间内与巴基斯坦总统阿西夫·阿里·扎尔达里、总理优素福·拉扎·吉拉尼、陆军参谋长阿什法克·基亚尼和三军情报局局长艾哈迈德·舒亚·帕夏等人会晤。根据随行媒体的形容，这场会晤显得异常严肃。

希拉里把这次出访摆在了重要的位置，她称这将成为“美巴关系的拐点”，而她的出访确实取得了可喜的效果，美巴双方进一步加深了了解，两国关系得以修复，而且希拉里成功地说服了巴基斯坦政府让美国中央情报局对本·拉登在美国的住所进行搜查。

这是希拉里另一次不以施压的方式而是用“巧实力”取得的外交胜利。然而希拉里捍卫美国外交形象的过程并不是一帆风顺的。她如同是一个消防队员，刚刚熄灭这里的火焰，又要奔赴下一个灾难现场。

约瑟夫·奈在提出“巧实力”这一概念时曾提到：“巧实力是软实力和硬实力的结合。”希拉里充分将这一理论应用到了外交事务上，她在外交过程中不再单纯地强调军事实力，而是开始着力于发展同盟关系，用多种手段处理国与国之间的关系。

在希拉里热衷的社交媒体运用中，她不仅仅以此提高办公效率，在国务院内推广，而是将社交媒介的作用发扬光大，用到了自己的外交工作之中。希拉里任职以来一直致力于树立美国重视人权、关注妇女儿童权利、重视环境问题的新形象，而针对这些方面她聘请了150名职工，专门负责通过现代化的手段将美国的一些新的理念传递给世界各国的人们。

刚柔并济、智谋与胆识共存是希拉里给人们的形象，而她担任国务卿以来与历任美国国务卿最不同的一点或许就是敢于承担和勇于认错。

2010年维基解密危机爆发，美国国务院内大量文件被泄露，一时之间美国成为众矢之的，国际社会密切关注美国国务院的安保工作。因为这次恶意的泄漏事件，各国领导人看到了美国驻外使节对他们的恶评，一时间美国的外交陷入危机之中。此时正值感恩节前后，希拉里却已经没有了庆祝节日的心情，这是她任职以来的最大工作失误，身为国务院的管理者，她必须站出来承担责任。

虽然此时谴责的声音已经此起彼伏，泄密危机带来的一系列后续影响都需要她去应对，但她并没有忘记去挽回美国的外交形象。她逐一向受到波及的各国领导人通话致歉，以求取得他们的谅解。而对受到严重伤害的意大利总理西尔维奥·贝卢斯科尼，希拉里更是给予了极大的诚意，在媒体面前向他诚恳致歉。希拉里的努力，让各国领导人对此事不再深究，一场外交危机便如此有惊无险地度过了。

希拉里风风火火地行走于各个大洲，穿梭于国与国之间时，看着神采奕奕的她，人们仿佛忘记了她的年纪。但事实希拉里已经 60 多岁了，在其他同龄人享受天伦之乐、安享晚年之时，她还在为了这个国家奔波在路上。

再坚强的人也有疲惫的时候。希拉里或许从未想到，她的国务卿生涯会因为一场大病而走向终点。2012 年 12 月 7 日，在结束了对欧洲的访问之后，希拉里感染了肠胃病毒。她的身体已经为她敲响了警钟，但是因为她的不在意致使之后脱水跌倒造成脑震荡而倒下了。身体的信号告诉她：希拉里需要休息了。她住进了纽约的一家医院并进行治疗。积劳成疾的希拉里暂停了她的工作。

2013 年 2 月 1 日，希拉里正式卸下了国务卿职位。对她自己的 4 年任期，她评价到："我把这 4 年任期当作了一场接力赛，我全力以赴地跑完了自己的路段，因此在接棒时也就没有遗憾了。"

是非功过，众口不一，但是希拉里坦然地告别了这个舞台。对比 4 年前和 4 年后的美国，美国的形象已经与过去全然不同，而希拉里也是如此。在掌声响起时落幕，这样才不会失落和遗憾。在卸任之前的一份调查里，希拉里的支持率达到了67%，而民主党内的支持率达到了91%。

成绩和荣耀都只能代表过去，奔跑了20多年的希拉里需要停下脚步，望一望沿途的风景。下一站将去向何处，时间会做出解答。

·第二节·
立场的重要性

希拉里把 2011 年对巴基斯坦的访问作为美国政治上的“美巴拐点”，并且这次访问活动取得了重大成功。事实上，这并不是希拉里第一次访问巴基斯坦，只是同样的访问，希拉里在时隔一年之后的再访要比初次访问顺利得多。

失败是成功之母。希拉里的再访能够得到巴基斯坦领导人的支持，这其中一定与初次访问有着密不可分的关系。如果没有希拉里的初次访问做铺垫，事情或许依然可以解决，但却绝不会如此之快。值得一提的是，在希拉里反复强调巧实力并大比重地运用软实力之时，她对整个巴基斯坦的态度则显得格外强硬。

这是身为外交家必须掌握的技能，既不能一味示软也不能不留余地地强硬。软实力和硬实力如何转换，这需要具体情况具体分析。但无论选择何种外交方式，都不能遗忘外交是为国家利益服务而存在的。在第一次出访巴基斯坦时，希拉里以一种强硬的姿态展示了坚定维护美国利益的立场。

在正式对巴基斯坦进行第一次访问之前，希拉里一直处于适应国务卿的角色的状态。而事实上曾经对自己经验不足、无法胜任国务卿职务的疑虑也在几个月来在世界各地的奔走中逐渐消除。她现在仿佛是一个经过了无数次试飞的雏鸟，已经掌控了御风飞翔的能力，不再惧怕跌落的命运。虽然在国务卿的试飞过程中，她也曾经有过差点跌落的危机，但这些在最终化险为夷之后都成了希拉里内心自信和从容的支撑。面对形势严峻的巴基斯坦，希拉里并不畏惧这次挑战。

这个早就应该被提上议事日程的巴基斯坦出访之旅因为有太多的顾忌而一再延后。奥巴马政府对于将如何发展美巴关系并没有制定出确切的方案，而白宫方面对于希拉里能否胜任这一次出访也持观望态度。

尽管在公开场合奥巴马多次表示对希拉里能力的认可以及对她的信任，但在许多实际问题的操作上，希拉里依然处于被绊手绊脚的状态。譬如在伊拉克问题上，因为希拉里曾经有过支持战争的错误立场，在相关问题的解决商讨上，希拉里被放逐出了决策层，实际上担任主要工作的是副总统拜登。

最终希拉里出访的计划被通过，希拉里正式开始了对于巴基斯坦地区的行程。这对希拉里在日后处理巴基斯坦问题上有着重要的帮助。如果仅仅凭借他人传递的消息对外交政策制定策略而完全不了解实际情况，这显然是不明智的。在维护美国利益这个立场不改变的前提下，根据当地实际情况采取相应的外交手段才是正道。

中东的局势一直处于紧张的状态，巴基斯坦更是恐怖组织出没频繁的地区，如同大多数中东之行一样，希拉里这一次依然是低调出发，事先并未透露任何消息。在 17 个小时的日夜兼程后，希拉里到达了巴基斯坦。

对美国和巴基斯坦而言，这是一场破冰之旅。美巴之间的矛盾由来已久，这个穆斯林民众占据国家人口大多数的国家对美国并没有多少好感。而美国在此之前在巴基斯坦问题上的应对方式也深深伤害了巴基斯坦人民的心。希拉里想要让两国达成一致，更加紧密合作，就必须先缓和当时的紧张局面。这次的出访希拉里任重道远。

3 天的短暂行程，希拉里全部排满，但依然交出了亮眼的成绩单。在离开之前和巴基斯坦外长库雷西联合举办的新闻发布会上，希拉里宣称“美巴关系将掀开崭新的一页”，而美国也将和巴基斯坦一起，合力对恐怖组织进行打击。

身为一个合格的美国国务卿，希拉里始终坚定地守护国家利益优先的个人立场，并且为了这个立场，在不同的环境中不断改变方法，为了美国的发展和繁荣而做出有益的尝试。

无论希拉里的外交之旅围绕地球旋转几圈，也不管她跟多少政要有着让人骄傲的真挚友谊，在美国利益面前，这些全部都要让步。

在希拉里正式宣布参加 2016 年总统大选的竞选视频中曾经说道：“美国需要一个捍卫者，而我想成为那个捍卫者。”

·第三节·
美式和平的守护者

纵观整个希拉里成长、成熟的岁月，美国一直处于不停进行对外战争的时期。常言道："乱世出英雄。"希拉里这位生于乱世的女政治家是否拥有过英雄梦我们不得而知，但有一件事却是确定的，希拉里的一生都在为了和平而奔走。

抛开政治明星的光环，希拉里也不过是一个普通人，她也会有马失前蹄、判断失误的时候。如果沿着时间的脉络追溯，希拉里为了和平而奋斗的历史已经能够贯穿她的整个生命。这个动荡的大时代造就了她对和平的渴望，也是因为如此，她才一次次投身到了和平的事业中去。

1969年，希拉里进入耶鲁大学学习法学。新的环境、新的地域总是会引发人们想要去探究它的兴趣。希拉里对于耶鲁大学也同样充满了好奇。她行走在法学院的小路上，望着那面传说中爬满了常春藤的围墙。只是当时的她并不知道在墙内有着不一样的天地。但这样的日子并没有过太久，希拉里就经历了她人生中第一场声势浩大的学生运动。并不是没有见过学生举行的抗议活动，但像耶鲁大学这次如此大规模的活动却是第一次见。

在这场活动之初，仅仅是一批宣扬反传统文化的年轻人的抗争，他们的成员五花八门：有激进的左翼分子、有黑人权利的维护者，以及嬉皮士和反战的倡导者。法学院的围墙内撑满了帐篷，这里被学校的学生们戏称为“解放区”。

希拉里并没有选择加入这种所谓的反传统文化的抗争，她只是选择小心翼翼地做一个旁观者。活动本身对希拉里并没有吸引力，但活动背后的成员们却让希拉里产生了极大的兴趣。他们的理念跟希拉里不谋而合，也因为如此希拉里和他们成为了朋友，在这其中就有当年终止越南战争的主导者之一 ——戴维·米克斯纳。

志同则道和，当时的希拉里同样对越南战争深恶痛绝。战争带给无关的人太多的伤痛和折磨了。它让亲人分隔两地，让一个又一个家庭破裂。最后即便决出了胜负，双方也早已经筋疲力尽、伤痕累累。

当时美国国内的形势被媒体戏称“这场仗好像是在跟自己的国民打”，而此时国内确实不是很太平。同年春天，在纽黑文市，黑豹党主席博比·西尔被联邦法院指控谋杀了一名黑豹党党徒，在之后的审判中案件并无裁决，但是以博比·西尔为首的 8 名黑豹党人遭到了迫害。这引起了民众的不满，大批人士上街进行游行。

从远方传来的牺牲消息让希拉里感到无比揪心，这不仅是对本国士兵的同情，更是对整个越南的同情。对于越战的近况和国内的反战互动，希拉里时刻观察着动态的发展。在她作为创办人之一的《耶鲁法律与社会行动评论》上，第一期就对战争问题和黑豹党运动问题进行了讨论。

当心中的愤怒不断累积并找不到发泄的途径时，终有一日这些负面情绪就会全面爆发。5 月 1 日，大规模的学生罢课示威游行已经箭在弦上。希拉里认为即便只是简单的示威也必须遵循规则，一定要在和平的状态下进行，不能出现粗暴的抢砸事件。要在实现美国和平、世界和平之外，先保证个人的安全。虽然希拉里仅仅是的研究生一年级，但在耶鲁大学早就已经成为耳熟能详的明星人物了，因此在整个抗议中她起到了先锋带头作用。让各方在争执中和谐统一在一起。

事实上，希拉里早期的这些经历不但代表她热爱和平的理念，更能从中看出，长久以来，希拉里能够独自胜任政治上的要职。

但并不是所有的地区都有这样的好运，纵使耶鲁大学的15000人示威游行开了一个好头。因为希拉里的努力，这场游行示威变得井然有序。5月1日，示威者齐聚耶鲁大学，他们有的拿着“烧掉耶鲁”的牌子，有的振臂高呼：“尼克松！尼克松！”以此来点燃游行者们心中的怒火。在纽黑文的历史上从来没有这么多人的示威游行，而这毫不混乱、目的性十足的游行成为媒体争相报道的焦点。两日过后，媒体的目光转向俄亥俄州的肯特州立大学，但这次的焦点与纽黑文恰恰相反，在游行活动中有4名游行者不幸被警卫队开枪射杀了。

耶鲁大学一场原本可能演变成灾难的示威，因为希拉里而终获圆满。但是对于肯特州大学发生的情况希拉里也感到痛心，在这场正义的抗争中，4条鲜活的生命就这样倒下了。这是政府部门对人权的直接挑衅。每当回忆起这段时光，希拉里总是无限感慨，过去的热情投入仿佛刚刚过了不久，甚至现在回想，希拉里也可以记起零星的片段。无论对于曾经热情投入革命有多么的惋惜，但成长悄然而至，希拉里再也无法回到过去。但身份地位转变之后，希拉里将拥有更大的力量维持美国乃至世界的和平。

作为精明的政客，一个时刻以美国利益优先的政客，她明白和平对国家和整个世界的重要性。从她之后的举动可以看出，她已经在为了弥补曾经的错误而做努力。从这一点而言，希拉里是个彻头彻尾的实干家，对她而言，一切的虚言和承诺都没有实际的行动有说服力。

因为布什政府发动的伊拉克战争，伊拉克已经支离破碎，这个曾经无比繁华的石油输出国，经过一年多战争的摧残之后，已经呈现出一种国破家亡的萧瑟状态。战争中受损的并不仅仅是一方，在此同时美国同样也陷入了紧张的局势中，日益增长的军费开支，一次又一次的增兵，都让国内的反抗之声越来越强烈。

这是希拉里所始料不及的，她曾在媒体访问中说："如果我知道事情会发展成这样，那么我当初一定不会投赞成票。"但人不可能准确地预知未来，曾经的失误在认证过后，只能努力纠正。此时作为美国纽约州国会议员的她开始为了停战而奔走疾呼，她对布什政府的极端行为表示了强烈的谴责，并且希望美国能够从伊拉克撤军。

但身为参议员的力量还是太过渺小，布什政府并没有改变这种用战争镇压的举措。他们坚持了一种错误的想法，这和希拉里当初投赞成票时的想法如出一辙："在美国取得预期的利益之前，绝对不会从伊拉克撤兵。"但幸运的是命运并没有如此苛责希拉里，没有让她一直活在自责和无奈的折磨中，美国的对伊政策随着布什的下台最终出现了转机。

奥巴马和希拉里一样，对劳民伤财的伊拉克战争并不认同，因此在希拉里成为国务卿之后，如何促成美国军队从伊拉克撤退，停止这场怨声载道的战争，成为摆在希拉里面前的巨大难题。这并不是一件容易完成的事情，但希拉里却因此而感到兴奋，因为一直以来找不到说服政府停战的突破口，在这一刻希拉里看到了可能。她开始秘密出访伊拉克，希望能够进行实地考察，并促成跟伊拉克的停战协议，让战争在此画下句点。

2009 年 4 月，希拉里带着沉重的心情踏上了伊拉克的土地，当飞机在巴格达缓缓降落，希拉里真正与这个国家面对面时，她内心仿佛有一块大石头压了下来。战争已经侵扰了这个国家太久，虽然新的政府已经成立，但伊拉克似乎还是处于一种无政府状态，人们对新的领导人并没有太多的认同，抑或根本无暇认同。

对希拉里所释放的停战信号，伊拉克人民感到喜忧参半。美军的撤出可能给他们带来暂时的安宁。这个国家太需要休养生息了，电力被毁坏、大批的人失去了工作、家园支离破碎、到处都是颓垣断壁……但同时他们也在顾虑，如果美国就这样撤离，恐怖组织和暴动势力是否会因此而反扑，他们不想从一场灾难再跨越到另一场灾难。对伊拉克人民而言，相对于美军的自动撤离，他们更希望看到美国能够收拾自己造成的烂摊子，帮他们重建家园。

对于伊拉克人民的质疑和担忧，希拉里在记者招待会上给予了解答。她邀请伊拉克的各界重要人士、媒体参加了这场见面会，并宣布了美国的撤军计划。问题纷沓而来，记者尖锐提问："美国撤军是否意味着已经放弃了伊拉克？对于伊拉克的战后重建，美国会袖手旁观吗？如果美国帮助伊拉克重建，现在是否已经有了具体的计划?"

面对各种问题的猛烈攻击，希拉里首先理清了自己的思绪。对希拉里而言，她要更多地站在伊拉克人民的角度来思考，而不是居高临下地宣布决定。但是对伊拉克媒体提出的问题，她心中明白，她的答案必定不能让他们满意。

美国已经在这场战争中元气大伤，从2002年开始，伊拉克战争让美国消耗了8000亿美元，而国内也因为战争深受经济和心理的双重打击。停战已经是希拉里能为伊拉克做出的最大努力了。但此刻如此回答一定会引发伊拉克人民的不满。因此她只能迂回地表达了自己的观点，然后根据奥巴马政府制定的计划和伊拉克政府签订了协议。这次的协议不同于布什政府曾经跟伊拉克签订的协议，美国对撤军给予了十足的诚意。

虽然最终的结果依然不能让伊拉克人民满意，但一个国家的修复和重建是需要时间的，这并不是一件能够立竿见影的事情。希拉里结束访问飞往黎巴嫩，再次望向伊拉克这片哀鸿遍野的土地，她在心中默默祈祷伊拉克人民能够早日重建家园。

新的访问地点并没有让希拉里沉重的心情有所缓和。这个国家曾经与美国有着亲密的关系，但现在却已经变得如履薄冰。由于武装分子的介入，美国与黎巴嫩之间的隔阂逐渐加深。这个武装分子在黎巴嫩建立了一个名为真主党的组织，并开始展开对美国的攻击行动，1983 年的大爆炸案便是他们主导的。

他们不断对美国进行攻击行动。在黎巴嫩国内他们驱赶以色列人，同时干涉政府的活动，企图通过武装力量控制国内的政权。现在黎巴嫩已经不是过去那个与西方国家友好相处的黎巴嫩了，在真主党掌握了部分政府机构后，它对美国而言更像是一颗随时可以引爆的定时炸弹。

希拉里出访之时，黎巴嫩正迎来新的大选，希拉里此行就是为了实地考察黎巴嫩的情况，并对即将到来的大选进行了解。这依然是一次突袭访问，在访问之前希拉里并没有做出任何声明。

在贝鲁特，希拉里举行了记者招待会，她针对黎巴嫩即将到来的选举表达了自己的看法。这场选举将成为一场政治上的拉锯战。真主党可能会在叙利亚政府的支持下来争夺这场选举的胜利，显然这并不是美国希望的结果。

此时黎巴嫩结束了长达 15 年的内战，已经消耗了大量的精力，正是应该处于休养生息的阶段，但国内的斗争仍然没有停止，极端势力组织的一系列政治暗杀事件，也让黎巴嫩国内人心惶惶，局势紧张。

因此此时美国对叙利亚和黎巴嫩的态度问题，成了媒体关注的焦点，一名黎巴嫩记者直截了当地指出了这一点："美国会为了跟叙利亚和解而牺牲黎巴嫩吗?"

对此，希拉里回答道："不会，美国绝对不会为了和谈牺牲任何人的利益，更不会以牺牲黎巴嫩作为代价。"她接着说道："我坚信黎巴嫩真正的未来掌握在人民手中。现在已经是需要黎巴嫩人民站起来为自己当家做主的时候了。虽然形势依然无比严峻，但心怀着对这个国家的挚爱的黎巴嫩国人们依然可以找出一条属于自己的正确道路。"

这场访问时间短暂，希拉里也只会见了总统苏莱曼，但它产生的影响仍然不容小觑。在飞往黎巴嫩的飞机上希拉里曾经发表过一份声明："黎巴嫩人民必须能够在没有暴力威胁和不受外部干扰、公开和公正的选举中，选择他们自己的代表。我们与国际社会一道，支持黎巴嫩政府为达到这一目标所做出的努力。"在访问期间她也再次重申了这一点。

纷乱复杂的国际形势让希拉里变得越来越忙碌，她努力在各种复杂交错的国家关系中寻找一个平衡点，希望能够用更加和平的方式去沟通、去对话。回顾她的整个国务卿生涯，伊拉克问题、叙利亚问题、以色列和巴基斯坦问题，她游刃有余地在各个国家之间周旋，虽然有时候困难重重、有时候受到尖锐质疑和粗暴抨击，但她却始终没有被击倒。

或许希拉里并算不上一个和平的斗士，她的身份和使命注定了她所做的一切都要在美国利益优先的前提下进行，但无可否认的是，在一直以来的外交活动中她在努力呵护着和平的因子，尽可能地让事情向更加平和的方向发展。

第十一章
打破美国“最高天花板”

人气超高的
总统
候选人

·第一节·
落幕后的华丽转身

曾经的希拉里或许从未想过自己有一天也能拥有闲适的生活。在国务卿任职内的希拉里被媒体称为“劳模国务卿”，而希拉里在提到自己的工作时则说道：“这是一份一天 24 个小时，一周 7 天的工作，没有周末也不分白天黑夜，下班这个概念本身是不存在的。”

这个铁一般的女人在工作中坚持着“把硬皮鞋磨软”的决心。4 年的时间，1000 多个日夜，希拉里有 400 多个日子是在飞机上度过的，她一共飞行了 150 多万公里，走访了 112 个国家。这并不仅仅是一份单纯的数据，在这背后有希拉里无数的汗水和辛酸。在提到这段时光时希拉里曾笑着说：“为了能克服时差，跟领导人见面时保持清醒，我的特勤人员教了我很多有趣的方法，比如说拧胳膊、用指甲掐手掌。”

从希拉里的口中说出这段话时，她的脸上并没有什么疲惫的样子，但是我们却能够透过这字里行间感受到她华丽光环下的辛酸。但总归有需要告别的那一天，只是希拉里的告别则显得格外让人心疼，当她在家中因为脱水晕厥，进而脑震荡住院的消息传出，连一向苛刻的媒体都忍不住为她喊话了。

英国《卫报》发表文章《希拉里，为了你自己，休息一下吧!》，文章中写道："把恼人的会议取消，在家里看看肥皂剧，世界会给你时间，等你把血压降下来的。"

这世界离了谁都不会停止转动，人对于整个世界的影响太过渺小。即便是如希拉里一般的国际政治明星，她如果停下，世界也不会末日。但是这并不是希拉里能够停下的理由，或许她从来没有妄图过改变世界，但是她却希望自己能够一直在前行的路上，用自己微弱的力量为这个世界增添一抹色彩。

但最终事与愿违，4 年来的蹉跎让她的身体已经不堪重负。她迫切地需要歇一歇脚，找回被自己消耗掉的能量。

2012 年 2 月 1 日，希拉里正式交接了她的国务卿使命，新一任美国国务卿约翰·克里上任。这是希拉里国务卿时代的终结，她的这场国务卿之旅就这样落下了帷幕。

有人如此定义幸福："在期待中出生，在泪水中离去。"而希拉里的国务卿人生，显然是幸福的。这一天，国务院大楼前挤满了前来参加希拉里退职演说的员工们。希拉里跟他们一一拥抱告别并进行了长达一个小时的退职演讲。她说道："感谢曾经陪伴我在华盛顿、在世界的任何一片土地上、在飞机中度过难忘时光的你们，这种感激我无以言表，但我相信你们都懂得，我会想念你们的。"

听着希拉里这带着哽咽语气的告别，台下的人们会心一笑。这是他们之间共同的回忆，也是曾经四载时光风雨同舟的见证。这些员工像希拉里一样，不管他们曾如何看待希拉里，无论是欣赏或是反对，在这个告别的时刻剩下的都只有不舍了。希拉里用自己的日夜拼搏赢得了他们的尊重。

这并不是一场生离死别，不需要哀鸿遍野、悲痛欲绝，但是有人因为她的离去而难过，这些曾经跟她共同奋斗的同事们愿意给她一个会心的微笑和一个真诚的拥抱。这就已经足够了。

这世上有人注定了不凡，沿着希拉里的人生脉络向前回顾，她曾经是最早在韦尔斯利学院以学生身份在毕业典礼上发表演讲的人，她曾是尼克松弹劾案调查小组仅有的三名女律师之一，还是“第一夫人”、沃尔玛公司的第一个女董事、第一个在担任“第一夫人”时期成为国会议员、美国历史上第三个女国务卿……

在美国的众多国务卿中，希拉里或许并不是最优秀的一任。毕竟她的前辈们曾经取得了无数的丰功伟绩，这是他们的智慧，也是当时的社会环境和历史背景成就了他们。在他们之中有建立了新世界秩序的艾奇逊、重建欧洲的马歇尔、推动中美对话的基辛格、和巴尔干和解的奥尔布·赖特……但这并不能说明希拉里不是一个称职的国务卿。

她的任期4年，让人们记住了巧实力，推进了美国的“重返亚太”战略，协助了伊拉克战争停战……不同的时代拥有不同的使命，这无可比较，也无需比较。

在世人的眼中，希拉里的光辉履历让她的身上无形之中增加了与众不同的光芒。但盛名之下其实难副，明与暗、善与恶、美与丑是相对存在的。如若没有曾经那些艰苦跋涉的过程，纵使希拉里是一块璞玉，也无人能发现她的可贵和美好。

正如璞玉需要经过精雕细刻才能成为让人流连的精美玉器，在希拉里“劳模国务卿”的荣耀背后也曾有许多辛酸苦楚。

希拉里生命的不完美让她显得更为真实，好运和厄运相伴而生，并一直持续到希拉里任期的最后。正是因为如此，她的工作也持续到了离任前的几个小时。在她准备发表退职演说的当天，恐怖组织攻击美国驻土耳其大使馆的消息传来，希拉里不得不立即采取行动，分别致电土耳其外交部部长和美国驻土耳其大使馆大使了解情况。

这是身为国务卿的工作特质，你永远无法预料下一刻是否有意外发生，而一旦突发事件爆发，不管你原先的计划是什么，都要暂且搁置，投入到工作中。正如希拉里说的："这份工作没有假期。"

在她的整个国务卿生涯里，示威时有发生，甚至比这更让人伤心的丑闻都没有把希拉里打倒。对她而言，这些不过是自己充实的政治生涯的陪衬罢了。谩骂也罢，赞扬也好，在希拉里从国务院大楼的演讲台上走下的那一刻，这些都已经成为历史。

媒体一直在追问希拉里的去向，而其中最为关注的就是她是否会参加2016年总统大选。这样的揣测是有依据的。在希拉里卸任国务卿职位之时，她的民意调查支持率已经超出70%，远高于现任总统奥巴马。

但在卸任之初她并未做出解答，只是跟媒体笑着说道："我想，相对于竞选总统，我现在更想要当上外婆。在此之前，我没有竞选的打算。"

一直在聚光灯下生活的希拉里懂得如何和媒体虚与委蛇，但她的话并非都是敷衍媒体的说辞。她已经计划好辞职之后的生活。

在克林顿卸任之后，他创办了克林顿慈善基金会，一直致力于发展慈善事业。希拉里卸任之后也将加入到丈夫的阵营中，开始发展慈善事业，并积极地参与到妇女权益维护的相关活动中。

她曾经害怕自己有一天停下脚步会变得无所适从，但事实上，当她真正华丽转身，她很快就投入到新的角色中，为自己制定了满满的计划：出书、演讲、做慈善。

"从明天起，做一个幸福的女人，睡觉、写书、环游世界。"这是对希拉里退休生活的最好注解。或许这只是她暂别政治舞台的歇脚点，明天会走向何方，只能等待她自己给出答案。

·第二节·

脱下政治家的外衣

希拉里有太多值得人们记忆的一面，但在众多的光鲜头衔中，人们似乎忘记了她其实也是一个有血有肉的女人。

在她漫长的政治旅途中，世人对希拉里的印象总是跳脱出对一个普通女人的审视角度。无疑，她的强硬做派和在政治上的光辉战绩让人们模糊了性别的界限。这永远是外人的角度，无论是喜欢她的拥护者或者是政敌们。他们跟希拉里之间始终隔着一段无法跨越的距离。雾里看花，水中望月，看到的都是虚景。真实的日常生活只有希拉里身边最为亲近的人才能触摸到。

当希拉里从台前走到幕后，人们似乎发现了一个不一样的希拉里。在这个全新的一面里，她是个善解人意的妻子，是个关心女儿的母亲，还是一个追随潮流的时尚女人。

政敌们一直以来都刻意把希拉里塑造成一个不顾家的女强人形象。但实际上重视事业不代表就放弃家庭，希拉里从来没有忽略过对家庭的维护。曾经有记者采访希拉里时，希拉里说道："如果非要在家庭和事业上选择一个，那么我会选择家庭。”

但有时候太过平静和和谐的家庭往往会让人忽略了它的存在。世人总是喜欢更能抓住眼球的信息，正如相对于美好的事情，人们总是会先记住那些恶劣的坏消息。在提到希拉里的家庭时，大多数人想到的总是克林顿的风流韵事、轰动全美的莱温斯基事件。而实际上希拉里的生活到底如何，人们并不关心。

纵使希拉里一直以来都为了事业疲于奔命，但她从来没有忽略过丈夫的感受，对他们来之不易的女儿更是关心有加。这个女儿是希拉里在几乎认为自己无法生育，甚至感到绝望的时候得来的，她陪伴希拉里和克林顿度过了克林顿的州长落选的惨淡时刻。对希拉里而言，女儿切尔西是上帝给予她的恩赐。在女儿出生之后，她就曾握着尚不知人事的切尔西的小手说道：“我从来没有当过母亲，你也从来没有当过女儿，以后我们一起努力吧!”

正如曾经做出的承诺一般，希拉里为了女儿的成长确实不遗余力。2010年7月31日，切尔西迎来她人生中最重要的时刻，这一天她与自己的男友纽约银行家马可·梅兹文斯基在纽约北部的莱因贝克小镇举行了“世纪婚礼”。当时还处于“空中飞人”生活的希拉里也乘飞机赶了回来，与丈夫克林顿一起见证切尔西人生最重要的时刻。

“吾家有女初长成。”这一天不仅仅是克林顿一家的大日子，在整个美国也受到了很大的关注。许多政要名流都参加了这场婚礼，而媒体也在婚礼之前就早早地开始注意整个婚礼的动向。希拉里和克林顿向媒体发出邮件：“今天我们怀着感恩和激动的心情，看着切尔西和马可在人群的簇拥下步入婚姻的殿堂。这一天将成为他们一生中最美好最难忘的一天，我们欢迎马可加入我们的家庭。”

这场被媒体称为“美国婚礼”的世纪婚礼，在筹备之时就沸腾了整个莱因贝克小镇。根据当地居民回忆：“当时的情景简直比奥运会还要热闹。”整场婚礼因为有名流政要的到来显得尤为隆重，安保工作做得非常周全，甚至在莱因贝克这个区域内实行了禁飞。

400多个政要名流，包括前国务卿奥尔布·赖特、影视明星、商界名流等参加了这场婚礼，整个婚礼耗资将近200万美元。这一天仿佛不是希拉里一个人嫁女儿，而是整个美国的婚礼，莱因贝克小镇的居民们纷纷喊着："恭喜！恭喜！我们爱你！"欢呼声响彻整个小镇，共同汇聚成一片欢乐的海洋。

尽管希拉里一直忙于在各地奔波，但是却没有忘记帮女儿筹备婚礼。她跟女儿通过电邮发送婚礼的相关资料，大到邀请名单，小到花束选择，希拉里都全程参与。她曾经笑称这都是"互联网的功劳"。而事实这位国务卿女士不仅仅在国务院推行她的巧实力和倡导使用社交媒体，在日常生活中对于社交软件的运用也驾轻就熟，切尔西称希拉里是一位"时髦的女性"。

女儿的出嫁让希拉里完成了一项她人生的使命，而随后不久她的人生也进入了新的阶段，与家人相处的时间也逐渐增多了。在希拉里从国务卿职务上退下来后，她加入到了克林顿的克林顿慈善基金会中。一个一直以来处于忙碌状态的人，一时间要适应退休的生活，这并不是一件容易的事情。希拉里说："如果每天早上起床，我不知道要去做什么，如果再也没有电话频繁打来，我真不知道该怎么做。"但是希拉里是幸运的，在退休生活中，她已经有了克林顿这个优秀的示范案例，对未来并没有感到迷茫。

和克林顿退任总统时一样，希拉里在参与慈善工作的同时，也开始飞往各地演讲。紧凑的演讲旅程一度让她忘记了自己已经退休的事实。这种与丈夫亦步亦趋的状态让他们的感情更加密切了。

婚姻中的大风大浪已经走过，原本生活已经趋于平淡。但随着共同经营慈善基金会、一起享受退休后的时光，让他们的爱情再次迎来了春天。当时美国正在热播电视剧《纸牌屋》，这个故事里的主人公经历与克林顿和希拉里的人生有着许多雷同之处。故事中的男主角在妻子的支持和帮助下，一步步走向了美国权利的巅峰。2014 年 8 月 15 日，在克林顿的慈善基金会上播放的一则短片中，《纸牌屋》男主角弗兰克的扮演者凯文·史派西出现了。但是这次他扮演的不再是虚构的政治人物，而是真实的政治人物。

这是希拉里给克林顿即将到来的 68 岁生日准备的惊喜。在短片中凯文假扮克林顿与希拉里通话，并说道："我希望我的 68 岁生日礼物是一头大象，名字可以取为'弗兰克'或者'克莱尔'。"希拉里则在电话另一头调侃道："我看可以叫'凯文'。"之后希拉里话锋一转，说道："我已经猜到你是凯文·史派西了，我能要一张你的签名吗?"

如此暧昧甜蜜的庆祝方式在希拉里和克林顿共同生活的 30 多年间实际上鲜少出现，他们的一言一行都被放在了聚光灯之下，所走的每一步都需要经过精确的计算。显然他们都希望像现在一样拥有轻松的相处模式。在褪去政治的外衣之后，希拉里也有俏皮细心的一面。这是在政治的风云舞台上我们无法看到的希拉里。

随着希拉里对克林顿慈善基金会的熟悉，她的慈善事业开始步入正轨，而原本的克林顿慈善基金会也改名为比尔、希拉里和切尔西·克林顿基金会。这是希拉里回归家庭的标志，这个温馨的名字也将他们这个小家庭紧紧地凝聚在一起。

"别人只在乎你飞得高不高，我却在乎你飞得累不累。"这便是最亲密无间的家人对希拉里的期盼。当她荣耀加身之时，他们毫无怨言地做她幕后的智囊团，为她摇旗呐喊；当她谢幕退场之时，他们用真诚热情的怀抱接纳她的归来，并为她提供一个休息避风的港湾。

希拉里全新的事业正在开展起来，她在 2013 年"克林顿全球倡议"的美国会议上，发表她退休之后关于基金会的第一次讲话，并申明了她接下来努力的方向：追求女性解放，重视社会责任。

同时她开始整理自己4年国务卿任期的经历，计划推出一本新的自传。这是她对自己4年国务卿生涯的祭奠，也是她向世界证明自己的一个窗口。一直以来，人们对希拉里的生活就充满了好奇，似乎她所在之处就是光芒的中心，总是一直追随着她的脚步。也是因为如此，希拉里出版的书籍都非常畅销，她的第一本回忆录《亲历历史》首印100万册很快就脱销。希拉里在退任国务卿职务之时就曾跟媒体透露，她将为自己的国务卿生涯写一部新的回忆录，对此广大民众给予了极大的关注。

妻子、母亲、演讲者、作家，在多个角色之间相互转换希拉里处理得如鱼得水，但她的角色远不止这些。而现在她的角色中又多了一个——外婆。

2014年4月17日，切尔西在与希拉里共同出席一个活动时，宣布了自己怀孕的消息。这对希拉里全家而言都是难得的好消息。不得不说这个孩子的出现与希拉里有着密不可分的关联。

切尔西在结婚之后，并没有生小孩的打算，甚至一直以来她都抱着“事业第一、生育第二”的观点，这与她的丈夫马可的想法背道而驰，夫妻因为生育的问题吵得不可开交，婚姻一度陷入了危机。最终让切尔西改变想法的正是希拉里。

事实上，希拉里并没有因为此事对切尔西进行任何的规劝，但是2012年末希拉里突然病倒住院，身体亮起了红灯，这让切尔西心中警铃大作，再加上克林顿多次表示希望能够有一个小外孙。切尔西为了不让父母失望，决定在2013年接受试管授精手术，完成父母希望享受天伦之乐的心愿。

克林顿出席达沃斯经济论坛时就曾说过：“比起当总统，希拉里更想先当上外婆。”

幽默健谈的丈夫、孝顺聪慧的女儿，再加上一个可爱活泼的小外孙，希拉里已然是人生赢家。但 2016 年总统大选的号角已经响起，希拉里的人生如果想要更加圆满，或许应该向前再迈进一步。

·第三节·
美国或许需要一位女总统

从1993年以“第一夫人”的身份入主白宫，到2008年向着白宫再度出击，直至今日希拉里又一次向着白宫迈进。这一路希拉里已经走了22年，甚至是更久的时间。美国历史上没有任何一个人能像希拉里一样与白宫有如此纠葛复杂的缘分。

2015年4月12日，希拉里正式宣布参加2016年总统大选，她在视频中微微勾着嘴角，带着她一直以来的标志性微笑说道：“美国需要一位捍卫者，而我想成为那个捍卫者。”这是希拉里蛰居多时之后做出的最终决定，对于这个时刻的到来她已经等待了许久。

在她最初辞去国务卿职位时，民意调查支持率一度超过奥巴马，达到70%，记者曾追问她：“你接下来会为2016年的总统大选做准备吗？”她始终微笑不语。因为时机尚未成熟，而她也需要重整旗鼓，开始筹划自己的未来。

对于总统竞选，希拉里曾经信心满满，但最终却惨淡收场，因此在2016年大选的问题上她异常谨慎。作为一个聪明的政治家，希拉里不会愚蠢到同样的错误犯两次，但这并不代表2016年参选她就稳操胜券。政治舞台上从来就没有什么“一定”，更无法精确计量出每一步。

但这是她的梦想，也是自己一生为之奋斗的目标，重新踏上白宫的这条路，她不再是“女主人”，而是要成为白宫的“主人”。曾经她放弃了2012年总统竞选的机会，对她而言，当时的她还没有从2008年大选的伤害中完全走出来，她更需要的是通过国务卿的工作证明自己的能力，而不是鲁莽地参加竞选。她在2010年出访巴林时曾对这个问题作出过回应。

然而，又一个4年过去了，这一场2016总统之战她已经别无退路，如果放弃或许就意味着彻底与总统无缘了。2016年，希拉里就已经69岁了。在漫长的政治岁月里曾经神采奕奕的希拉里也走向了苍老。这一路她从青丝到白发，从青春洋溢到历经风霜，2016年或许就是她最后的机会。因为政治没有同情心可言，政治竞争永远都是冰冷残酷的。希拉里的年龄只会成为政敌们攻击她的目标，而不是她获取同情的筹码。

从客观现实上看，希拉里的精力和体力也已经大不如前。这也将成为她整个竞选过程中的致命弱点。但同时岁月的蹉跎实际上也是一把双刃剑，它给予你重击，同时也赠予你财富。希拉里辉煌的阅历将成为她竞选成功的重要筹码，而长久以来积累的人气和支持也将成为她竞选的底气。

这场战役才刚刚打响就已经战火弥漫。关于克林顿的莱温斯基丑闻、希拉里在国务卿任期的失误决策全部被重新提起，成为攻击希拉里的利器。

走过必留下痕迹。无论这些曾经的过往孰是孰非，只要有心做文章，它就可以被颠倒黑白。但终究谎言无法战胜真实，抹杀也不能完全让那些成绩消失不见。

即便希拉里没有加入这场总统大选的博弈，历史也已经记住了这个叱咤风云的人物。在2013年美国广播电视公司评选的十大最有魅力人物中，希拉里二度当选。这时希拉里已经卸任国务卿职务了。曾经做过的事情终究会被世人所注意，而时间也会给予纷乱的是非最好的公断。

对于希拉里的未来人们曾经有无数种预测，但绝大多数人都曾想过她会继续角逐总统之位，因为这个时代需要一位女性总统。希拉里曾经的对手、后来的亲密伙伴贝拉克·奥巴马就曾公开表示对希拉里的支持："我相信希拉里会是一位好总统。"

在这个种族问题存在的国度，奥巴马成为总统这本身就是一个奇迹；在奇迹发生的8年之后，美国完全有可能实现另外一个奇迹。纵使这个社会依然有对女性的偏见，那些在2008年总统大选中曾经质疑希拉里不过是克林顿的"提线木偶"的人们或许已经无法再次说出那样尖刻的指责了。4年的国务卿生涯以及退休之后为了社会公益的奔走疾呼，都证明了希拉里是一个拥有自我魅力的独立女性。

而希拉里也意识到属于自己的幸运或许已经降临。在正式宣布参加2016年总统大选之前，她就曾在为新书《艰难抉择》宣传造势时提到，她有自信能够承担起一个国家的责任，有做好一个总统的自信。

对这趟熟悉而陌生的新的旅程，希拉里已经做了周全的打算。2014年7月17日，希拉里曾表示如果她决定参加2016年的总统选举，那么她将制定一份详尽的计划表。而事实也正是如此，在人们对她的年龄问题进行质问的时候，希拉里表示她会在选举中出示自己的医疗记录。

这个倔强的女人从方方面面做好了准备。虽然前路依然未知，并不能确保历史不会重演。江山代有才人出，2008年党内竞选的情况完全有可能再次出现。但无论别人的动向如何，无论竞争对手是谁。对希拉里而言，做好自己最为重要。

竞选过程中的困难都是一重又一重，解决掉一个又会出现另外一个。即便希拉里顺利通过党内初选，而后与共和党的对抗形势也并不乐观。在奥巴马执政的8年中，民主党的声望受到了很大的打击。而作为民主党党员的希拉里她的执政方略也会让民众产生担忧。

在希拉里退休之后，她让人瞠目结舌的“吸金”能力也成为选民们的巨大疑虑。从退任国务卿开始，希拉里凭借演讲、出书等活动使她的个人财富迅速得以累积，有调查显示她早已进入总数只占美国人口1%的“顶级富豪”行列。人们开始怀疑逐渐脱离中产阶级阶层的希拉里能否代表美国大多数人的利益。

对于这一疑问希拉里在2015年6月13的首次竞选演讲中给出了回答，她提出“要给穷人们一个机会”，并表示会更加关注低收入群体的生活、提高就业率和重视贫富差距等问题。

关于质疑和支持都只是考虑的方向不同造成的结果，同样有人对希拉里的参选报以极大的信心。一些电影制片人、图书出版社已经开始着手拍摄希拉里的纪录片、撰写传记，认为希拉里的当选将为他们带来巨大商机。

6月份，在希拉里进行了首场竞选演说之后，作为全球主要搜索引擎之一的Google预测希拉里将成为下一届总统。在Google的搜索引擎中输入“谁将成为下一届美国总统”或者“谁将成为总统”，得出的答案均是“下一届美国总统将是希拉里”。如此有倾向性的解答虽然可能会引起共和党人的极大不满，但希拉里的民意支持和呼声也可以从中窥探一二。

这样的信心同样有数据作为支撑。在最新的民意调查中显示，有63%的民众对希拉里的外交能力表示了肯定，而对奥巴马外交能力的认可度只有40%，在美国的内政经济等问题上，20%的民众对希拉里的期望高于奥巴马。

纵览全球，虽然女领导人依然占据的比例不大，但却一直呈现增长的趋势，2015年的一份统计中，全球共有19位女性国家领导人或首脑，而在政府担任重要职能的部门，女性官员的比例也呈现上升的趋势。2014年至2015

年，全球女性政府部长数量从 670 名增加至 715 名。自 2005 年以来，这一比例增长了 3.5%。此外，全球女议员比例超过 30%的国家和地区有 48 个，比前一年增加了两个，女议员在议员总人数中所占比例也创下新高，达到 22%。

首位登上月球的宇航员阿姆斯特朗曾经说："我的一小步，人类的一大步。"希拉里的参选本身就已经是历史性的选择。或许正如希拉里在竞选口号中说的那样："美国需要一位女总统。"英国已经出现了撒切尔夫人，亚洲也有昂山素季、英拉等女性领导人的出现。作为民主高度发达的美国，或许出现女总统只是时间问题。

2016 年转眼就要到来，希拉里能否成为改变整个美国历史的首位女总统，让我们共同期待。

·希拉里演讲词集·

一、2015年4月12日 希拉里发表视频宣布参加2016美国总统大选

“我也正在做着准备，我要竞选总统了！美国人民奋力扭转了经济的不景气，但天平还在向着塔尖上的少数人倾斜。美国需要一个捍卫者，我愿意成为你们的捍卫者。你不必只是得过且过，你可以奋勇争先并保持领先。因为家庭强则美国强。”

“我已经整装待发，准备争取你的选票。因为这是你的时代，希望你能与我一起踏上征途。”

二、2015年6月13日 希拉里首场总统竞选演讲

谢谢！谢谢大家！非常非常感谢你们。

能跟大家在这里相聚真美妙。

和我的家人来到纽约，见到这么多朋友，包括很多给过我那种荣幸，让我在参议院为他们服务8年的纽约人。

来到和对面联合国总部一水之隔的地方，在那里我曾多次代表我们国家参会。

在这个纪念富兰克林·罗斯福对美国经久不衰的设想的美丽的公园里，我

们希望这个国家能够实现那种设想。

而在这地方……绝对没有天花板。

要知道，罗斯福总统的四大自由证明了我们国家无与伦比的理想，以及对我们在国内外未成事业的提醒。他的遗产提升了整个国家，鼓舞后来的总统去遵循。其中之一是我为之担任国务卿的奥巴马，另一位是我的丈夫比尔·克林顿。

两个民主党员被其引导，哦，那会让他高兴死了。他们被美国的根本信念所指导，那就是真正的和持久的繁荣必须由全体国民来建成并由全体国民共享。

罗斯福总统呼吁每个美国人做他或她的一部分，每个美国人为之响应。他说，如何才能建立一个强大和繁荣的美国不是什么神秘的事："机会平等……为可以工作的提供职位……为需要安全的提供保障……结束少数人的特权。保护所有人的公民自由……为更广泛的和不断提高的生活标准。"

这些设想现在听起来仍然不错。

这是美国的基本契约。如果你做你的那部分，你应该能够获得成功。当每个人都做好自己的本职工作，美国也就领先了。

这份契约激励了几代人的家庭，包括我自己的。

这份契约，让我爷爷坚持每天去同一家斯克兰顿麻纺厂工作，一干50年。

这份契约，让我父亲坚信，如果他省吃俭用，他在芝加哥的印刷布料织物的小生意可以为我家提供一个中产阶级的生活。他做到了。

当克林顿总统尊重这份契约，我们有了历史上最长的和平时期的经济增长，平衡的预算，并第一次在十年间，我们都一起成长，底层20%的员工收入和顶层的5%有了相同的百分比增长。

当奥巴马总统尊重这份契约，我们从大萧条的边缘拉了回来，拯救了汽车工业，为1600万劳动人民提供医疗保健，更新工作岗位的速度比历史上金融危机后失去的速度还要快。

但是，现在不是1941年，或1993年，或甚至2009年，我们的经济和民主面对新的挑战。

我们仍在努力恢复的路上，脱离那个由于时间考验的价值观被虚假承诺所取代而导致的危机。

不是通过我为人人，人人为我的建设经济，我们反而被教唆，如果让那些在顶部的人支付较低的税收和扭曲规则，他们的成功将涓滴到其他人。

结果怎样?

不是预算的平衡，盈余可能最终还清了我们的国债，而是共和党两次为最富有的人减税，用从其他国家借来的钱来支付两场战争，家庭收入下降。你知道，我们的结果是怎样。

除非这事还没完。

就像我国建国那时一样，美国人有了一个新的开始。

你加班工作，打第二份工，推迟自宅维修……你绞尽脑汁平衡家庭账本。而现在人们开始思考自己的未来，要上大学，创业，买房子，终于能够攒下一些财产退休。

所以我们又站起来了。但是，我们都知道我们还没有以美国应该有的方式跑起来。

你看到大企业创纪录的利润，CEO创纪录的收入，但你的薪水几乎没有变化。

虽然很多人都干几份工作还是入不敷出，你看到排名前25名的对冲基金经理的收入超过美国所有幼儿园教师的收入总和。而且，他们往往还支付较低的税率。

所以，你不得不怀疑：“什么时候我的辛勤工作有合理回报？什么时候我的家人能获得成功?”

什么时候？我说现在。

繁荣不能只限于CEO和对冲基金经理，民主不能只为富豪和企业服务，繁荣和民主也是你们基本契约的一部分。

你们让国家恢复起来。现在是时候，是你们保障回报和迈向前进的时候。

而且，你知道吗?

只有你们成功了，美国才能成功。

这就是为什么我竞选美国总统。

在这里，罗斯福岛，我相信我们还会继续与命运相会。每个美国人和我们所珍视的国家。

我参选总统，让我们的经济为你为每一个美国人服务。

为了成功者和奋斗者，为了创新者和发明家，为了那些发现打破壁垒的技术和疾病疗法的人，为了整天站立工作的工厂工人和餐饮服务员，为了上夜班的护士，为了开几个小时卡车的司机，为了养活我们的农民，为了保家卫国的退伍军人，为了冒着风险的小企业主，为了那些曾被命运击倒但拒绝被淘汰的人。

我不是为某些美国人而参选，但是为了所有美国人。

美国面临的挑战并不是开始于大衰退，也不会与恢复一同结束。

几十年来，美国人一直在被强大的潮流所冲刷。

技术进步和全球贸易的兴起创造了几个完整的经济活动新领域，开辟新的出口市场，但他们也导致工作机会流失和压低数百万美国人的工资。

金融业和许多跨国公司过分集中于短期利润，太少注重长期价值，为小部分人创造了巨大的财富……太多复杂的交易机制和股票回购，太少的为新业务、就业和公平的补偿的投资。

我们的政治制度因为僵局和功能障碍而陷入瘫痪，大多数美国人已经失去了信心，不相信它能实现任何事。他们已经对政府和大企业改弦易辙的能力失去信心。

现在，我们可以将其一部分，责怪到超出了我们的控制的历史力量，但我们作为一个国家，领导人和公民的选择，也起到了很大的作用。

我们的下一任总统必须与国会，和整个国家的所有其他愿意合作的伙伴一起合作。我会做到这一点——力挽狂澜，让历史潮流为我们的服务大于对我们的伤害。

尽我们全力，这就是美国人的方式。我们是解决问题的，而不是逃避问题的。我们从不逃避变化，我们利用变化。

但是，如果我们回到之前失败了的自上而下的经济政策，我们不能实现成功。

美国人已经走得太偏，目睹我们的进步被剥夺走。

现在，可能共和党总统候选人合唱团在唱一些新曲，但他们也都唱同一首老歌—— 一首名为《昨天》的歌。

你们知道那首的，“所有的烦恼好像都摆不脱……我们需要一个地方藏起来……他们相信活在昨天。”

你们很幸运我没有也试着唱出来，我实话说！

这些共和党争先恐后为富人保证低税率，为最大的企业保证更少的规范，不考虑这将使收入差距更加雪上加霜。

我们以前听说过这首曲子。而且我们知道它会导致什么。

问问这些候选人气候变化问题，那是我们时代决定性的威胁之一，他们会说：“我不是科学家。”好吧，那么，他们为什么不听听科学家的想法？

他们承诺消灭对华尔街的硬性规定，而不是遏制风险仍很大的银行，这为将来的崩溃倒数计时。这种情况只能被看作是集体失忆症。

他们想剥夺超过1600万美国人的医疗保险，却没有提供任何可靠的替代方案。

他们羞辱和指责女性，而不是尊重我们的权利，让我们为自己的生殖健康做决定。

他们希望让努力工作、照章纳税的移民面临被驱逐出境的危险。

他们对深爱对方的同性恋人不屑一顾。

从根本上说，他们拒绝建设一个包容的经济。那需要一个包容的社会。我曾经称它为“村”，那里有每个人的所在。

现在，我的价值观和一生的经验给了我一个不同的美国愿景。

我相信成功不是由美国有多少富豪来衡量，而要看有多少孩子摆脱了贫困……

有多少创业公司和小企业开张并蓬勃发展，有多少年轻人去上大学而没有淹没在债务中，有多少人找到一份好工作，多少家庭获得成功，并保持领先地位。我没有从政治中学到这个。我从我自己的家庭中学会的。

我母亲告诉我，每个人都需要一个机会、一个拥护者。她知道两者皆无是什么样子。

她的亲生父母抛弃了她，14岁的她自己琢磨出如何生存，打工当保姆。多年以后，当我长大懂事，我问她是什么让她坚持下去。

你知道她的回答是什么？很简单的事情：是对她有信心的旁人的好意。

一年级的老师看见她没有吃午餐，并没有难为她，而是带来了额外的食物来分享。

雇她打扫卫生的女主人，让她去读高中，只要她的工作能做完。这份契约她愉悦地接受了。

而且，因为有些人对她有信心，她对我有信心。

这就是为什么我真心相信美国和每个美国人的潜力，去迎接每一个挑战，坚韧不拔……不管世界丢给你什么。

去解决最棘手的问题。

我相信我们可以做所有这些事，因为我已经看到成果。

当我还是年轻的女孩，我报名参加了我的卫理公会照看墨西哥农场工人孩子的工作，而他们的父母则在周末下地干活。后来，作为一个法律系学生，我号召国会，为农民工创造更好的工作和生活条件，为他们的子女提供更好的机会。

法学院毕业后，我的第一份工作是在儿童保护基金会。我挨家挨户去找，看有多少残疾儿童不能上学，并参与帮助起草法律，保障他们受教育的机会。

作为法律服务公司的领导，我捍卫穷人也有辩护律师的权利。看见因为一些虐待的婚姻结束或非法驱逐的停止，所带来的生活改善。

在阿肯色州，我监督在法庭和监狱做代理律师的法律系学生，设立鼓励单亲家长上大学的奖学金，为争取更好学校和医疗保健的努力，结识生活得到了改善的那些人。

作为参议员，我有幸代表在“9·11”事件中跑向危险的、勇敢的消防队员、警察、急救人员、建筑工人和志愿者，他们不下火线，让自己落下疾病。

经过多年的努力，国会最终批准了他们所需要的医疗保健。

有这么多的面孔和故事，我满怀在心。他们付出了最好的自己，同时自己也需要帮助。

就在几个星期前，我遇到了另一位那样的人，一位单亲妈妈，在社区大学和工作之间奔波，同时抚养3个孩子。

她不指望什么能来得容易。但她问我：还有什么可以去做，能让像她那样的家庭不过于困难？

我想成为她的拥护者，你们的拥护者。

如果你们给我机会，我会发动并赢得四场斗争。

首先是使经济为日常美国人服务，而不仅仅是为那些社会顶层的。

使中产阶层再次恢复存在的意义，伴随收入的增加和更广阔的视野。并给予穷人一个机会，让他们以自己的方式达到中产阶级水平。

中产阶层需要更多的成长和更多的公平性。成长性和公平性一起。为了持久的繁荣，你不能只有一个而忽略另一个。

在今天的世界，这可能吗？

我相信这可能，否则我就不会站在这里。

我认为这会容易吗？当然不会。

但是，有个好消息：变化的帮手无处不在，他们知道，我们不能袖手旁观，让不平等增加，工资停滞，让美国的诺言变暗。我们应该欢迎想要与我们一起前进的所有美国人的支持。

有公职人员，知道美国人需要一个更好的契约。

有工商界领袖，为员工争取高工资，支持男女同工同酬，反对对同性恋，群体的歧视。

有投资界领袖，想要更少的短线交易和更多长期投资。

有工会领袖，投资工会的养老基金，让人们有工作，共创明天的经济。我们需要大家来参与讨论，与我们合作。

在接下来的几周，我会提出具体的政策：

奖励投资于长期的价值，而不是急功近利的企业，因为这会导致较高的经济增长，更高的工人工资，更大的利润，每个人都会有受益。

我会重写税法，奖励国内辛勤工作和投资的人，而不是奖励从事快速交易或将利润积攒海外的人。

我会给那些将利润的公平份额拿出补偿员工辛勤工作的企业，新的激励机制。

我们将通过提供税收减免，减少繁文缛节，使新一代企业家和小企业主更容易获得小企业贷款。

我们将通过增加公共和私人的科研投资，恢复美国创新，占领科学和研究的前沿。

我们将让美国在21世纪成为清洁能源超级大国。

发展可再生能源——风能、太阳能、先进生物燃料……

建设更加清洁的电厂，更智能的电网，更绿色的建筑……

使用从化石燃料的开采收取的附加费和特许权使用费，来保护环境……

缓解贫困社区的过渡阶段困难，使其过渡到一个更加多样化和可持续的经济未来，从产煤乡村到印第安人乡村，从密西西比三角洲的小城镇到奥格兰德河谷再到我们的城市旧中心区，我们必须帮助我们美国同胞们。

现在，这将创造数百万就业机会和无数新的企业，并使美国领导全球应对气候变化的斗争。

我们也将使员工与他们的工作和企业建立联系。通过将道路、铁路、桥梁、机场、港口和宽带提高到21世纪的全球标准，客户将有更好的机会来真正得到他们需要的和奢求的。

我们将建立基础设施银行，并出售债券来支付其中的一些改造项目。

现在，建设明天的经济，还需要投资于我们最重要的资产——我们的人民，从年龄最小的开始。

这就是为什么我建议将幼儿园和高质量的保育，提供给美国的每个孩子。

我希望你们能记住这一点，因为对我来说，这绝对是最有说服力的理由，证明为什么我们应该这样做。研究告诉我们，在生命第一个5年内的早期学习，将影响终身的成功。事实上，80%的大脑的是在3岁时开发的。

有一件事我学到的是，潜力是普遍存在的——你可以在任何地方找到它——但机会却并非如此。我们太多的孩子永远没有机会学习和成长，错过他们应该和我们需要他们达到的。

如果我们不帮助更多的家庭，给他们孩子的生活一个最好的开始，我们的国家就没有竞争力或公平。

因此，让我们给我们的中小学雇佣世界上首屈一指的教师，并让激发每个孩子热爱学习的他们，获得应得的尊重。

让我们上得起大学，并提供给所有人机会……减轻学生债务的沉重负担。

我们为工人提供终身学习机会，来获得提升经济需要的技能，为更多美国人的成功打基础。

现在，第二场斗争是为了加强美国的家庭，因为当我们的家庭都很强大，美国就强大。

而今天的家庭面临着新的和独特的压力。家长需要更多的支持和灵活性，以做好本职工作，不论是在公司还是在家庭。

我相信你们应该享有带薪病假的权利。

我相信你们应该得到足够早的工作日程安排通知，让你们能安排托儿或参加大学课程，来获得成功。

我相信你们应该有期待退休的信心，而不是焦虑。

你们应该有平和的心态，知道当你们需要它时，医疗保健将在那里，你们不会因病破产。

我相信我们应该提供带薪探亲假，这样没人被迫在保住工作和照顾新生儿或患病的亲属之间进行选择。

早已过了结束可憎的工资不均的时间，许多妇女仍然赚得比干同样工作的男人工资少，有色人种妇女往往赚得更少。

这不是一个妇女议题，这是个家庭议题。就像提高最低工资标准是一个家庭议题那样。扩大托儿服务是一个家庭议题，下滑的结婚率是一个家庭议题，监禁的比例不平等是一个家庭议题，帮助更多成瘾或有精神健康问题的人是一个家庭议题。

在美国，每个家庭都应该有归属感。

因此，我们应该为勤奋、守法的移民家庭提供获取公民身份的途径，而不是二等公民地位。

而且，我们应该禁止对同性恋和他们的家庭的歧视，使他们只是像其他人一样生活、学习、结婚、工作。

要知道，美国的多样性、开放性、对人权和自由的信奉是吸引这么多人来我们海岸的原因。这鼓舞遍布世界各地的人。我知道的，我是亲眼所见。

而这些也是让我们能准备好的特质，来面对比以往任何时候都更加相互关联的世界的需求。

因此，我们有第三个斗争：要利用所有的美国的力量、智慧和价值，以保持我们对和平、安全和繁荣的领导。

地球上没有任何其他国家能够更好地在 21 世纪蓬勃发展。没有任何其他国家能更好地面对像俄罗斯、朝鲜、伊朗等国家的传统威胁，以及处理中国等新兴大国的崛起。

没有任何其他国家更好地做好准备，来面对新出现的威胁，从网络攻击、跨国恐怖网络，例如 ISIS（伊拉克与大叙利亚伊斯兰国），到跨越海洋和大陆的传播的疾病。

作为你们的总统，我会尽一切努力维护美国的安全。

如果你看我身后，你可以看到新的世界贸易中心在天空翱翔。

作为一个来自纽约的参议员，我全身心地投入到让我们的城市和国家得到恢复所需帮助的努力。而作为军事委员会的成员，我努力保持最训练有素、装备最好、最强的军队，应对今天和明天的威胁。

而当勇敢的男人和女人从战争中完成他们的任务回家，我会去关注，保证他们得到的不只是感恩的民族的感谢，还有他们应得的照顾和福利。

我曾勇敢地面对像普京那样的对手，增强和例如以色列盟友的关系。在我们抓到本·拉登当天，我就在白宫战略室。

但是，我知道我们必须要聪明和坚强。

面对当今全球性挑战，需要美国力量的每一个元素，包括熟练的外交、经济影响力，以及建立伙伴关系，以改善世界各地人们的生活，而不仅仅是他们的政府。

世界上有很多麻烦的热点地区，但也有很多利好消息。

我相信未来拥有比威胁远远更多的机会，如果我们运用创造性和自信的领导力，使我们能够塑造全球性事件，而不是被它们所左右。

大家都知道，为了在世界上强大，我们首先必须要在国内强大。这就是为什么我们必须要赢得第四场斗争——改革我们的政府和振兴我们的民主，使其适用于每个美国人。

我们必须停止秘密的不负责任的流不尽的资金扭曲选举，破坏政治进程，并淹没我们人民的心声。

我们需要的最高法院法官，将会保护每一个公民的投票权，而不是每个公司的选举购买权。

如果有必要，我会支持一项宪法修正案，取消最高法院在联合公民案的判决。

我想让每个公民的投票更加容易。这就是为什么我提出了全民的自动选民注册和扩大提前投票建议。

我会反击共和党对年轻人、穷人、残疾人和有色人种的弱化和边缘化。

民主的哪一部分，让他们害怕？

无论我们让投票多么容易，我们还是得给美国人些值得投票的东西。

政府永远不会知道所有的答案——但它必须更聪明、更简单、更高效，成为更好的合作伙伴。

这意味着，政府机构要获得先进技术，以便可以更有效地服务客户——美国人民。

我们需要的专业知识和来自私营部门的创新，以帮助减少浪费，并简化服务。

在美国有很多好点子。我们面临的每一个问题，都有人在美国某个地方在解决。硅谷很久以前就破解了共享和传播的密码。许多州正在开拓新的方式来提供服务。我想帮助华盛顿来追赶上。

为了做到这一点，我们需要通过产生结果来解决阻挡我们的问题，而不是一个极端的党派纷争和不灵活的政治制度。

现在，我会一直寻求与朋友和对手的共同点。但我必须坚持我的立场时，我会这样做。

这是我做参议员和国务卿时的工作——与共和党人合作，以扩大儿童保健，还有国民警卫队，或改善我们的寄养和收养制度，或通过条约，以减少可能威胁到我们的城市的俄罗斯核弹头的数量，这些工作，我当你们的总统时也会一直做。

我们美国人可能会有所不和、斗嘴、失误和跌倒；但当我们互相援救时，当我们互相扶持时，我们在展现最好的一面。

就像在任何家庭中，当我们珍惜所共同拥有的，并反击那些试图将我们分裂的，我们的美国家庭是最强健的。

世界各地的人们都问我："你和奥巴马总统在那次长时间的竞选反目成仇之后，怎么能在一起工作？"

现在，这是一个可以理解的问题，考虑到在世界很多地方，如果你输了选举，你可能被监禁或流放，甚至丧命，而不是被聘任为国务卿。

但是奥巴马总统要求我为国效力，我接受了，因为我们都热爱我们的国家。这就是我们美国人的做事方式。

有了这样的精神，我们共同努力，才能赢得这四场斗争。

我们可以建立一种通过辛勤工作可以得到回报的经济。

我们可以加强我们的家庭。

我们可以保卫我们的国家，并增加我们在世界各地的机会。

我们可以更新我们民主的承诺。

如果我们都尽自己的力量。在我们的家庭，在我们的公司，在工会，在教堂、学校，是的，在投票站。

我希望你能加入我的这个努力。帮助我建立这场竞选，变成你们自己的运动。

告诉你的朋友，你的家人，你的邻居。

编辑短信"J–O–I–N"（加盟）发到4–7–2–4–6。

登录hillaryclinton.com注册参与来拨打电话和上门活动。

那不是个秘密，我们要反对一些非常强大的力量，他们将做出和花费一切来推进一个非常不同的美国愿景。但是，我已经花费一生为儿童、家庭和我们的国家斗争。现在我也不会停止。

你要知道，我清楚这份工作有多难。我已经近距离和私密地领教过了。

我们每位总统刚到办公室时都这么生机勃勃。然后，我们看着他们的头发变得灰白，更灰白。

好吧，我可能不是这场大选中最年轻的候选人。但我会成为美国历史上最年轻的女总统，以及第一位奶奶总统。

有个额外的好处：你不会看到我的头发在白宫变白。好几年来我一直在染发呢!

所以我期待和民主党人、共和党人和无党派人士有场伟大的辩论。我不是只为那些已经赞同我的美国人来竞选总统。我是想为所有美国人来竞选总统。

顺便，我让你们知道这个小秘密。我不可能一直都正确。上帝知道我犯的错误。嗯，到处不乏指出它们的人!

我当然没有赢得每一场我争取的斗争。但是，领导力意味着毅力和艰难的选择。你必须克服挫折和失望，并坚持下去。

我想你们知道，现在，我已经被很多人定下很多称号，“逃兵”不是其中之一。

就像在我的生活中其他如此多的东西，我是从我的母亲学到这一点。

当我小时候，她从来不让我在任何欺凌或困难面前退缩。在她的晚年，妈妈和我们住在一起，她还在教我同样的教训。我从参议院或国务院劳累了一天回家，与她一起在小桌子吃早餐，她只是让我把一切都倾诉出来。她会提醒我，为什么我们继续斗争，即使在面对渺茫的机会和激烈的反对时。

我仍然能听到她在说：“生活不是发生在你身上的事，而是你面对发生在你身上的事的所作所为——所以回去继续努力。”

她活到 92 岁高龄，而每每想到她见证的上个世纪的斗争过程，这一切赢得的进步，是因为美国人拒绝放弃或退缩。

她出生于1919年6月4日——在美国妇女拥有投票权以前。但经过多年的奋斗，就在那一天，国会通过了宪法修正案，永远改变那种状况。

美国的故事是一场恶战，来之不易的进步的故事，并一直持续到今天。新的篇章正被男人和女人书写，他们相信我们所有人——不仅仅是一些人，而是所有人——应该拥有发挥我们天赋潜能的机会。

这不仅是因为我们是一个宽容的国家，或一个慷慨的国家，还是一个富有同情心的国家，也因为我们是一个更好的、更强大、更繁荣的国家，只要我们利用每一个美国人的天赋、勤奋和聪明才智。

我希望我的妈妈能伴随我们更长的时间。我希望她能看到切尔西自己成为一个母亲。我希望她能见到夏洛特。

我希望她能看到我们要共同建设的美国。

在这个美国，如果你做你的部分，你将获得应得的回报。

在这里我们不会让任何人出局，或抛弃任何人。

在这个美国，父亲能告诉女儿：是的，你可以成为你想成为的一切，甚至是美国总统。

谢谢大家。上帝保佑你们。愿上帝保佑美国。

·希拉里大事记·

1947年10月26日，在伊利诺伊州的芝加哥市的一个富商家庭，希拉里出生了。

1965年—1969年，希拉里就读于马萨诸塞州韦尔斯利学院学习政治学，并成为韦尔斯利学院第一个在毕业典礼上发表演讲的学生。

1969年—1973年，希拉里在耶鲁大学法学院就读，并取得法学博士学位。在此期间希拉里邂逅克林顿并开始交往。

1974年，希拉里加入尼克松水门事件调查小组，成为44人的律师团队里的三名女律师之一。

1975年10月11日，希拉里和克林顿在阿肯色的公寓中举行了婚礼。

1979年，克林顿成为阿肯色州州长，希拉里自此改姓克林顿。

1993年克林顿入住白宫，希拉里成为“第一夫人”，开始协助丈夫推动医疗改革方案。

1996年，希拉里和克林顿被卷入“白水案”风波，并开始长达6年接受调查听证的过程，这期间希拉里经历了克林顿的出轨事件“琼斯事件”“莱温斯基事件”以及弹劾总统的事件。

2000年，希拉里当选为纽约州的美国国会参议员，成为美国历史上第一位取得公职的“第一夫人”和纽约州的第一位女性参议员。

2006 年 11 月 7 日，希拉里连任纽约州的国会参议员，舆论称：“希拉里已经开始为 2008 年总统选举预热。”

2007 年 1 月 20 日，希拉里发表声明称自己将加入到 2008 年总统职位的角逐中，宣称：“我来了，为胜利而来。”

2008 年 6 月 7 日，希拉里以约 200 票之差在党内初选上输给贝拉克·奥巴马，她公开宣布退出党内初选，并全力支持奥巴马。

2008 年 12 月 1 日，美国总统当选人奥巴马提名希拉里出任美国国务卿，并于 2009 年 1 月 21 日正式就职。就职期间，希拉里已经出访了 112 个国家，有超过 400 天是在飞机上度过，是美国史上出访次数最多的国务卿。

2012 年 9 月 4 日–5 日，应中国外交部部长杨洁篪邀请，美国国务卿希拉里·克林顿访华。此访是希拉里 2012 年内第二次访华。在南海、钓鱼岛等热点问题升温之际，希拉里此访备受关注。

2012 年 9 月 11 日，美国驻班加西领事馆遇袭，造成 4 名美国人死亡(包括驻利比亚大使)，希拉里在事件中的角色备受质疑，一直受到共和党的批评。

2012 年 12 月底，希拉里因之前在家中晕倒导致轻微脑震荡，并于 30 日因出现血栓而入院治疗。而早在 2011 年 3 月，希拉里就曾表示自己不会再担任下一届国务卿。总统奥巴马于 2012 年 12 月 21 日提名约翰·克里继任。

2013 年 1 月 29 日下午，美国国会参议院以压倒多数票批准参议员约翰·克里出任下任国务卿。

2013 年 2 月 1 日，国务卿希拉里·克林顿卸任。

2015 年 4 月 12 日，希拉里正式宣布参选 2016 年美国总统选举。

2015 年 6 月 13 日，希拉里在纽约发表了首场竞选演讲。

·后记·
人生如戏，希拉里的电影人生

人生是五味杂陈的，而放在聚光灯下的人生，所有的情绪都被无限放大。希拉里的人生仿佛是一场正在热映中的电影，在无数人的目光之中，她按照自己的剧本从容地诠释着自己风雨飘摇的人生。

帕克里奇的那个脾气倔强的小姑娘在故事中一闪而过，父母的争吵、弟弟们的玩闹让这个原本就不孤单的童年显得越发喧闹了。

转眼之间，希拉里已经是青春洋溢的少女。这个朝气蓬勃的时期，希拉里怀着对外面世界的渴望告别了拥有全部童年记忆的老地方。她向着更广阔的天地而去。从韦尔斯利学院到耶鲁大学，她的世界逐渐变得宽广。

每个故事都无法缺少爱情的情节，无关你是否是爱情电影，爱情都是永恒的话题，希拉里的故事里也不例外。在耶鲁大学的校园里与“维京大盗”邂逅，开始谱写爱情的篇章，然后就是花前月下、甜言蜜语……如果这只是一场普通的文艺片，或许故事便会沿着这个方向发展，但显然希拉里不是多情的文艺女青年，这故事也无法发展成王子公主的浪漫童话。他们之间更多的是口沫横飞的讨论、一场又一场的辩论赛以及无数的学生运动和政治运动。

当故事播映到这里已经基本奠定了基调，随后的情节也就顺理成章了。这里面既有如同一般青年男女样的“毕业是分手还是继续走下去的”的探讨，也有“理想与现实相互碰撞”的迷茫，但最终它朝出人意料的方向发展。他们分开去寻找各自的天空，却又紧紧维系在一起。当希拉里踏上华盛顿这片热土，不知她是否记起过童年时跟父亲开的玩笑：“我以后要在那里（白宫）工作。”

两个狂热的政治青年在坎坷的政治路途上一路奔走，从州长和州长夫人到总统和总统夫人，携手相伴的日子已经足以印证他们之间的默契。但故事不可能一直平静无波，与无数狗血的剧本一样，这里也有背叛、谎言和阴谋。

无论发生了什么，无论过去如何，处在放映状态的这场电影没有暂停的时刻。从各自奔忙到相伴而行，再到各自奔走，人生就是这般循环往复。希拉里的独立人生伴随着风头正盛的参议员任职、叱咤国际政坛的美国国务卿工作，走向新的高潮——2016年的总统之争。这中间依然有为整场电影调剂风味的阴谋陷害、跌倒和爬起……

时光飞逝而过，书中的主角已历经风霜，岁月的痕迹留在了曾经清秀的脸庞上。但故事尚未终结，年近70岁的希拉里将在这场电影中缔造新的高潮。而这本书的故事就要在这里画下句点了，在书本之外，我们依然可以共同去见证铁娘子缔造奇迹的时刻。

图书在版编目(CIP)数据

我想成为冠军:政客希拉里 / 吴韵汐著.—北京:
时事出版社,2016.3

ISBN 978-7-80232-926-3

Ⅰ.①我… Ⅱ.①吴… Ⅲ.①希拉里,C.-生平事迹
Ⅳ.①K837.127=5

中国版本图书馆 CIP 数据核字(2015)第294141 号

出 版 发 行:时事出版社
地　　　址:北京市海淀区万寿寺甲 2 号
邮　　　编:100081
发 行 热 线:(010)88547590　88547591
读者服务部:(010)88547595
传　　　真:(010)88547592
电 子 邮 箱:shishichubanshe@sina.com
网　　　址:www.shishishe.com
印　　　刷:北京建泰印刷有限公司

开本:787×1092　1/16　印张:18　字数:298 千字
2016 年 3 月第 1 版　2016 年 3 月第 1 次印刷
定价:35.00 元
(如有印装质量问题,请与本社发行部联系调换)